도 시 클 리 닉

도시 클리닉

지은이 | 테오도르 폴 김
펴낸이 | 김성실
편집기획 | 최인수 · 여미숙 · 이정남
책임편집 | 이미경
마케팅 | 곽홍규 · 김남숙 · 이유진
편집디자인 | 하람 커뮤니케이션(02-322-5405)
제작 | 삼광프린팅
펴낸곳 | 시대의창
출판등록 | 제10-1756호(1999. 5. 11.)

초판 2쇄 펴냄 | 2011년 7월 8일

주소 | 121-816 서울시 마포구 동교동 113-81 (4층)
전화 | 편집부 (02) 335-6125, 영업부 (02) 335-6121
팩스 | (02) 325-5607
이메일 | sidaebooks@hanmail.net

ISBN 978-89-5940-199-4 (03610)

테오도르 폴 김의 도시 이야기

도시
클리닉

병든 도시를 치유하는 인문학적 방법론

LA VILLE CLINIQUE

시대의창

Pour Clara I. Marie, Charles I. Théo.

Je remercie le professeur André Sauvage, sociologue et docteur d'Etat qui m'a inspiré une vision de la ville, in situ veritas, confiante, durable, humaine et détentrice de sens, sens qui solidifie le monde commun pour 'vivre ensemble.'

도시는 그 시대의 시간과 공간이 끊임없이
영속적으로 살아 있는 장소다. 하지만 도시 영속성의 개념은
변화 없이 오랜 세월을 지나온 것만을 의미하지 않는다.
그것은 흘러간 세월이 아니라 창조되어 살아온 기간을 의미한다.

불운의 도시를 만들 것인가,
보편타당성의 도시를 만들 것인가?

2009년에 출간한 《사고와 진리에서 태어나는 도시》가 도시 분야의 이론과 사상을 통해 도시의 의미를 살펴본 개념서라면 이 책은 인권과 생존권이 박탈되고 자연과 문화가 파괴되어 병들고 죽어가는 도시를 '인간 중심의 도시'로 치료하는 방법론이라고 할 수 있다. 이를 위해 전작에서 살펴본 이론들을 도시개발에 직접 적용하여 정치, 사회, 문화, 건설, 경제 등 각 분야의 전문가들이 올바른 도시정책을 시행할 수 있도록 방향과 개념을 제시하는 데 중점을 두었다.

도시정책의 올바른 방향과 개념이란 도시를 정상적으로 성장 발전시켜 도시의 사회적, 정치적 혁신을 이루는 방법을 의미한다. 진정한 혁신은 과거의 잘못과 문제를 인정하고 반성할 때 우리가 사는 지역은 물론 인류 공동의 삶의 터전인 세계도 발전할 수 있다.

도시의 혁신은 그 도시의 사회적, 정치적 체제를 바탕으로 이루어지는데 그 결과는 국가의 영속적 발전을 책임지거나 반대로 반복적인 쇠퇴와 고통을 겪게 한다. 영속적 도시란 예기치 못한 외부 침입, 위기, 환란, 기근, 전염병이 닥쳐와도 시민들이 피해를 당하지 않는 '내구력'을 갖추어 인류가 멸망하지 않는 한 끝까지 존재하는 '불멸'의 영속성 도시다. 따라서 도시 혁신의 최종 목적은 '영속성의 도시', 즉 시간과 시대 상황에 변함없이 영구적으로 평화롭고 행복하게 사는 도시를 만드는 데 있다. 이러한 목적을 이루려면 진정한 의미의 사회혁신을 통한 혁신정책에서 가능하며, 이것은 영속성의 도시란 무엇이고 왜 반드시 추구해야 하는지를 깨닫는 데서 비롯된다.

그렇다면 혁신정책이란 무엇이며, 한국의 도시정책은 영속성의 도시를 추구하고 있는가? 한국의 도시들은 과거를 보전하여 도시의 영속성을 추구해온 도시인가 아니면 수십 번 헐고 짓기를 반복하는 정체성을 잃은 도시인가? 한국의 도시 권력자들은 미래의 영속적인 발전을 위해 도시정책을 추진하는가 아니면 재벌 세력과 유착하여 어제와 오늘이 다르고 내일을 예측할 수 없는 불운의 도시를 만드는가?

오늘날 도시는 이제 더는 커질 수도 없을 만큼 거대하고 흉측하며 생각 없이 덩치만 큰 메갈로폴리스megalopolis가 되어버렸다. 이 흉측하고 거대한 도시는 돈과 권력 그리고 차별을 기반으로 부익부 빈익빈 지역을 만들었고 그 안팎에는 민주주의를 가장한 권력 남용, 임금 착취, 인권유린, 이기주의, 진실 왜곡 등의 분쟁과 혼란만이 가득하다.

한국의 개발정책은 문화도시, 생태도시, 최첨단 과학도시, 행정복합도시, 신도시, 기업도시, 국제도시, 행복도시, 관광·레저도시 등 가지각색의 슬로건 아래 행정책임자들과 재벌기업이 합세하여 국가와 민족의 자산과 자연생태계를 파괴하는 중범죄를 저지르며 온 나라를 투기 사업장으로 만드는 데 여념이 없다. 이처럼 경제성장, 지역발전을 외치며 국가의 영토를 파괴하는 정치권력자들의 개발정책은 마치 비옥한 땅을 순식간에 초토화하는 굶주린 메뚜기 떼와 같다.

　국가의 운명을 가늠하는 중요한 국책사업은 정치인들의 장기 권력 집권을 위한 수단이며, 그들이 추진하는 온갖 유형의 정책은 도시, 사회, 시민, 문화, 역사 등의 발전과 보전 대신에 경제효과, 고용창출, 산업발전, 건설 경기 부양 따위의 위선적 단어들로 채워지고 모순은 반복된다. 그 결과 도시는 강남과 강북, 부자 동네와 버려진 동네로 나뉘어 인간 차별의 도시가 되고 말았다.

　정치권력자들은 경제대국, 주요 20개국G20 회원, 경제협력개발기구OECD, 아시아태평양경제협력체APEC 등 국제사회에서 차지하는 한국의 위상을 말하지만 실상을 들여다보면 경제부양 정책으로 늘어난 국민소득, 경제성장률은 수출 통계 수치일 뿐이다. 실제 기업과 부자들은 자식들에게 기업의 재산을 물려주는 족벌사회 체제를 고수하는 한편 시민의 삶은 점점 더 나빠지고 있다. 전 국토는 차별과 불균형으로 부자와 서민, 도회지와 시골로 분열된 수많은 게토ghetto가 형성되고, 도시는 인권, 평등, 자유, 존엄성이 무참하게 짓밟히는 아마겟돈의 장소로 변해간다.

　그렇다면 권력과 재력에 파괴되는 이 도시를 어떻게 치료하고 회복할 것인가? 병들고 죽어가는 도시를 치료하려면 우선 시민 모두가 도시의 병든 곳이 어디인지, 도시의 정체가 무엇인지, 진정한 의미의 도시란 어떤 도시인지 인식해야 한다. 시민들이 도시에 대한 올바른 인식을 할 때 비로소 이 도시가 어떤 병에 걸렸는지, 무엇이 문제이고 어떤 심각한 사태가 벌어지는지 정확하게 파악할 수 있다. 그 이후 문제의 원인을 제거하는 치료가 진행될 때 도시는 건강하게 회복될 것이고 이렇게 치유된 도시는 면역이 생겨 다시는 재발하지 않는다.

이러한 도시치료법은 시민 모두가 도시는 '보편타당성의 복합체 Universal Complexity'임을 인식하고 동의해야 가능하다. 보편타당성의 개념은 인간이 고통을 호소할 때 신체와 정신을 동시에 점검하는 일과 같다. 도시도 인간의 신체와 마찬가지로 건강한 도시는 관련 분야에서 다 함께 공감하고 도시를 이해하고 해석해야 무결점의 도시로 거듭날 수 있다. 시민이 도시를 보편타당성이라는 종합 진단으로 세밀하게 점검하고 감시한다면 외부의 위기와 위협에도 강력한 보호망 체계가 형성되어 시민의 권리와 자연생태계가 보존된 삶이 보장되며 자연스레 사회와 국가는 발전한다.

그러면 보편타당성의 도시는 어떻게 만들어지는가? 보편타당성의 도시는 경제대국, 자유주의를 외치는 정경유착의 정치·사회체계에서는 결코 만들어지지 않는다. 경제성장, 산업발전을 밀어붙이는 정책은 정부와 재벌의 금고를 채워주는 대신 인구 과밀, 주택 부족, 사회빈곤, 혼란, 시위, 출산율 감소, 실업률, 자살률, 범죄 증가 등의 결과를 가져온다.

보편타당성의 도시는 인간의 기본 윤리와 도덕을 중요시하는 정치 철학에서 만들어진다. 인간이 이 도덕성을 무시하고 영혼을 담보로 악마와 흥정하여 엄청난 재물은 얻을지 몰라도 결국 양심을 버린 삶은 진정한 행복이 아니라 과시와 허상임을 깨닫게 하는 이야기가 현실이 되고 만다.

혁신정책은 부자 10퍼센트가 서민 90퍼센트가 사는 도시를 마음대로 장악하고 독점하는 사회체제에서 만들어지지 않는다. 권력과 재력으로 통치되는 비정상적 사회는 수십만의 서민이 참혹하게 길바닥에 내버려지고 굶어죽어도 꿈쩍하지 않는 까닭이다. 이런 사회 관행에서 만든 정책은 10퍼센트의 부자와 권력자들의 재산 증식, 장기 권력, 족벌체제를 위한 수단일 뿐이다.

지금 한국은 미분양, 부동산 하락 등으로 도시 전체가 도산하고 공기업과 행정부의 부채는 역사상 최대를 기록하고 있다. 이러한 결과의 근본 원인은 바로 정치가들의 무지에 있다. 그들에게는 도시가 무엇인지, 도시를 어떻게 만들어야 하는지 지식과 경험이 존재하지 않는다. 정치가들이 생각하는 도시정책이란 빈 땅에 최신 유행의 건물을 건설하여 투자비용과 이익을 단기회수하고, 그 건물을 산 사람들은 다시 되팔아 이익을 남기는 이익 창출의 전략과 재테크의 수단으로 인식될 뿐이다.

필자는 이 책을 통해 도시란 무엇인지, 혁신 도시란 어떤 유형의 도시인지를 살펴보고, 국가와 민족을 증명하는 영토와 문화가 무참히 파괴되고 병들어 죽어가는 이 나라의 도시를 치료할 방법론을 제시하고자 한다. 이 방법론은 지난 30년간 유럽연합, 프랑스 건설교통부, 유럽 지방자치도시, 프랑스의 시·도의회와 지역개발위원회, 국립인문사회과학연구소(CNRS, LARES, LAS, etc), 지리학, 사회, 인류, 철학, 건축, 환경, 심리, 교육 분야의 대학 및 연구기관에서 제시하고 발표한 정책, 이론 등을 정리한 것이다. 그중 프랑스 도시정책의 핵심 요인에서 빼놓을 수 없는 소바즈A. Sauvage, 바상M. Bassand, 유네스C. Younès, 파코T. Paquot, 로피Laupies, 쇼애F. Choay, 데이J. Theys 등의 이론을 중심으로 살펴보았다. 특히 국립건축학교ENSABretagne(브르타뉴)와 렌느대학원 사회정치과 학장이며 인문사회연구소 창시자인 사회학자 소바즈와 국립건축학교 ENSAParislaVilette(파리-라 빌레트), 파리사립건축학교ESAP, 파리 8대학 교수인 철학자 유네스에게 감사를 드린다.

또한 도시를 철학과 인류학적 사고와 논리의 현상학적 개념으로 발전시켜 인간의 모든 문화를 상호의존성의 틀 안에서 유지하게 한 인류학 클리닉 이론의 창시자로 이미 고인이 된 장 가뉴뺑^{J. Gagnepain} 교수께 심심한 감사를 드린다.

끝으로 도시, 건축, 사회 등의 전공자 이외에 일반 독자도 도시, 사회, 시민의 정체가 무엇인지, 우리가 살아가는 도시는 어떤 장소가 되어야 하는지, 자신이 도시에서 어떤 존재인지를 인식하고 이해할 수 있도록 쉽게 풀어 쓰고자 노력했다. 더불어 독자들의 도시에 대한 이해를 돕기 위해 2010년 1월부터 4월까지 《경향신문》 문화면에 게재된 〈테오도르 폴 김의 도시·사회·시민 이야기〉 칼럼을 함께 실었다. 이 책에서 인용하고 참고한 모든 자료, 문헌, 저자 등은 도시 관련 전문가, 학생, 행정공무원, 독자들이 손쉽게 찾아볼 수 있도록 필자가 참조한 원본을 각주에 표기해놓았다.

차례

머리말 · 6

1부 도시, 과거 현재 미래가 살아 숨 쉬는 곳

정상적인 도시가 되기 위한 원칙

공공성의 가치를 잃어가는 도시 · 19
인문사회학에서 바라본 도시 진단법 · 22
보편타당성의 도시와 도시 다이너미즘 · 26
도시의 균형발전과 경제활동의 공정성 · 31
더불어 사는 도시를 만드는 정치 사회제도 · 38
도시의 운명을 결정하는 문화 그리고 철학 · 47

도시의 진화, 중세에서 현대까지

봉건주의, 절대군주주의, 농경사회의 도시 권력 구조 · 59
재벌 부르주아 탄생과 약육강식의 도시 · 68
정보사회, 메트로폴리탄, 도시의 몰락 · 77

도시 · 사회 · 시민 이야기

공공성이 파괴된 도시 '시민'을 내쫓다 · 90
불공평 · 차별적인 도시가 파괴적 불법집단을 만든다 · 93
드레스덴과 세종시는 다르다 · 96
'역사적 실체' 파괴하는 개발은 테러 · 99
심장이 없는 도시는 미래도 없다 · 102
철학 없는 정치가 만든 왜곡된 도시 · 105
'산업사회'로 후퇴한 대한민국 · 108

2부 사회성의 장소에서 만나는 도시의 얼굴
      그리고 시민 파수꾼

도시사회를 구성하는 사회적 요인

시민공동체, 개인성 · 사회성, 시민의 권리 · 115
불균형의 늪, 차별사회와 계급사회 · 125
사회공동체의 기원과 진화 · 137
도시의 권력 구조와 시민 파워 · 143
도시 형태가 알려주는 공간성, 사회성, 정체성 · 153

도시의 본질을 잃어버린 모순과 변이의 시대

위협받는 도시의 현상학적 실재 · 169
도시의 실체를 말해주는 빌르, 시테, 코뮌 · 176

도시 · 사회 · 시민 이야기

정치권력 위해 '암흑도시' 만들 것인가 · 194
권력자 욕망에 의한 4대강 사업 · 197
그 골목, 그 건물, 그 광장엔 '신비'가 있어야 · 200
인간 영혼과 존재성 담아야 '성스러운 도시' · 203
삶을 귀중히 여긴 도시가 아름답다 · 206
정경유착이 서울을 '아파트 도시화'로 만든다 · 208

3부 도시를 치유하는 인간과 자연의 조화로운 공존

도시의 미래를 결정짓는 혁신

도시 혁신을 위한 사회개혁 · 215
도시 유동성이 빚어낸 현대도시의 모순 · 217
사회혁신의 출발점, 글로컬리즘 · 223
혁신과 개혁의 도시정책 그리고 메트로폴리스의 변화 · 235

현재를 진단하고 미래를 예측하는 영속성의 도시

프랜차이즈 도시와 대체도시화 · 253
도시개발의 민주주의적 평가 기준 · 265
무결점의 도시, 에코시티 · 275
자연 그대로의 실존 도시 · 289
도시의 영속성, 도시의 존재성 · 300

맺음말 · 311

도시 · 사회 · 시민 이야기

생명력 없는 '디자인 수도'는 '소모품 도시' · 319
시민의 결단만이 '돌연변이 사회' 바꾼다 · 322
신도시는 '비인간적 도시' · 324
'서울디자인' 도시 정체성이 없다 · 327

찾아보기 · 331

1부

도시, 과거 현재 미래가
살아 숨 쉬는 곳

인문사회과학적 관점에서 도시, 사회 그리고 시민이란 무엇인가? 도시는 인류의 오랜 역사를 거치면서 완성된 문화의 총체적 장소다. 도시는 사회·문화·인구·자연·생태·경제·정치 분야가 균등하게 발전해야 시대에 역행하지 않게 변화한다. 권력자가 정치공약과 경제를 이유로 도시를 건설한다면 그 도시는 변형의 결과일 뿐이다. 도시는 오랜 경험과 지식으로 형성된 기존의 도시에서만 변화한다. 도시는 사회체제·유형에 따라 변화하는데, 사회를 형성하는 요인은 복잡하고 다양해 별안간 만들어지지 않기 때문이다.

정상적인 도시가 되기 위한 원칙

공공성의 가치를 잃어가는 도시

도시사회학 관점에서 도시는 확고부동한 구조 위에 다양하고 복잡한 목적을 가진 공공의 장소들로 형성된 복합체이다. 이곳에서 시민들은 문화적 삶을 누리고 미래의 번영을 꿈꾼다.

다양한 모양과 역할의 장소들이 복합된 도시는 인간의 '사회활동'과 지리학적 개념의 '영토'라는 두 요인으로 형성되어 고대도시의 폴리스Polis, 시테Cité, 중세 고전도시, 산업도시 그리고 현재의 거대한 메트로폴리탄으로 변화했다.

원시시대에 같은 혈통끼리 모여 살았던 공동생활의 장소가 인류 문화의 총체적 장소인 거대한 도시로 발전할 수 있었던 원인은 인류가 과거에서 현재까지 각 시대의 문화를 꾸준히 보전하여 축적한 지식이 있었기에 가능했다. 과거 삶의 경험과 지식을 가지고 새로운 시대의 문화를 창조했기에 도시 형성이 가능했던 것이지 어느 날 갑작스런 신도시

건설로 도시가 만들어진 것이 아니다.

　도시는 기존에 만들어진 도시의 형태학적, 인류학적 틀과 사회구조 위에서 발전될 때 진정한 도시문화가 형성될 수 있다. 과거에 형성된 도시의 기존 틀을 중요시한다는 것은 곧 도시가 건설의 장소가 아니라 사회학적, 문화적 장소임을 말해준다. 또 도시는 공동사회의 사회성과 삶의 가치를 형성하는 문화의 결과로 만들어진다. 도시는 사람들의 문화 정도에 따라 그 사회가 어떤 유형의 체제인지, 어떤 유형의 가치 있는 삶을 사는지 혹은 그렇지 않은지 판단할 수 있다.

　예를 들어 절대권력을 가진 왕정 정치의 농경사회는 고대도시 시테와 중세도시를 완성했고 전제정치의 봉건사회는 화려한 양식의 고전도시로 발전했다. 근세의 입헌전제정치는 산업도시를 재촉했고 오늘날 민주정치의 정보사회는 메트로폴리스를 만들었다. 도시는 장소의 건축양식, 배치의 외형 형태로 만들어지는 것이 아니라 도시 내부의 사회, 경제, 인구, 정치, 문화의 조건으로 만들어진다는 사실을 증명한다.

　지금까지 인류의 역사를 보면 수많은 권력자들은 현실적으로 혹은 비현실적으로 이 세상에서 가장 이상적인 도시 건설을 소원하고 갈망했다. 이상 도시의 갈망이 몹시 절실했기에 때때로 권력자들은 지나친 집념으로 시민공동체 사회라는 도시의 본질을 망각하고 독재자로 군림했지만 도시는 수천 년간 공공의 장소로 오늘날까지 진화하고 발전했다.

　도시의 변천 과정을 보면 도시는 고대 그리스와 중세 초기에 문화를 번영시켰고 16세기 이후 르네상스를 통해 인류 역사상 가장 큰 개혁의 변화를 맞이했다. 그 개혁의 혁신적 사고는 근세 이후 시민혁명으로 이어져 시민공화정치를 낳았다. 이 신정치는 절대군주 체제의 도시를 시민 중심의 사회공동체로 성숙하게 했으며, 각 사회공동체는 시민과 단체의 이익에 민감하게 반응하는 거대 도시 세력으로 등장했다.

　프랑스 시민혁명을 기점으로 탄생한 사회공동체의 출현은 현대에 이르기까지 인문사회학자, 철학자에게 관찰과 감시의 대상이었다. 왜냐하면 시민단체란 민주사회를 입증하는 사회공동체의 활동이지만 종종 공동책임 사회체제를 거부하는 불순집단들이 등장했기 때문이다. 도시에서 이러한 소수의 이익을 추구하는 집단 조직의 출현은 다수의 행복을 원칙으로 추구하는 전체주의에 정면 위배되는 것이다.

　민주주의는 종종 자유주의로 해석되어 '도시는 개인의 부를 축적하는 장소가 아니다'라는 도시의 본질은 사유재산의 권리를 법으로 인정하는 정치제도와 산업혁명의 탄생으로 오랫동안 잊혀졌다. 도시는 이제 시민 모두의 사회공동체 장소가 아니라 기회와 성공의 장소로 변질되어 시민들의 사회활동과 사생활을 평등하게 보장해야 할 '민주주의 개념의 도시'는 돈을 많이 벌기 위해 경쟁하는 '생존 투쟁, 재산 증식의 장소'로 변하고 말았다.

　그 결과 도시는 소수의 세력 다툼, 권력 쟁취의 장소가 되어 공공성의 가치보다 개인과 집단의 권력자들의 돈을 벌어들이기 위한 정책의 희생양이 되었다. 따라서 정상적인 도시를 지탱하게 하는 문화, 경제, 사회, 정치, 교육, 예술과 같은 각 분야의 균형은 깨어지고 선호하는 쪽만 비대해지는 비정상의 도시가 되고 말았다.

　인문사회학자들은 이러한 현상을 마이크로코즘microcosm(소우주)과 매크로코즘macrocosm(대우주)의 불안정한 연관성에 원인이 있음을 강조한다. 소우주란 나와 내 가족의 삶을 보장하는 삶의 권리이며 대우주란 공동사회에서 벌어지는 사회활동의 보장으로 두 세계의 상호관계가 없다면 도시라는 시민공동체의 사회는 존재하지 않거나 발전하지 못한다. 만일 소우주의 삶이 보장되지 않는다면 어떻게 대우주의 사회공동체가 형성되겠는가? 가난한 시민을 돌보지 않으면서 경제대국의 국제 위상만을 고집하는 사회라면 그 도시는 시민 중심의 사회공동체가 아니라 권력자들이 지배하는 폭력 사회다.

오늘날 사회공동체는 정당, 언론, 시민단체, 조직, 협회 등의 분야로 세분화되어 자신들의 이익을 위해 시민의 권리는 아랑곳하지 않는다. 이러한 사회공동체는 사회가 불안정한 체제일수록 그럴듯한 규모와 조직력을 동원해 시민을 대상으로 행패를 부린다. 문제는 이 같은 행패를 민주주의의 정상적인 행위로 공공연하게 인정한다는 데 있다.

인문사회학에서 바라본 도시 진단법

도시는 복합체로 도시계획화된 휴머니즘의 장소다. 서로 다른 수많은 사람과 장소들이 연결된 복합 장소이며 질서와 조화의 맥락을 이루는 도시계획화된 장소다. 또한 도시에는 시민들에게 인간의 존엄성과 삶의 권리가 평등하게 보장되는 민주주의 정신의 휴머니즘이 존재해야만 한다.

오늘날 도시는 정치, 경제, 인구 통계, 역사, 사회, 수리, 생물, 자연 생태, 물리, 화학 등 사회 각 분야의 관점에 따라 전혀 다르게 해석된다. 지리학자는 도시를 지형학적 공간과 지역으로 구분한 대지와 땅의 영역으로 인식하고, 정치인은 지방자치구역의 선거구와 행정구획으로 간주한다. 경제인은 도시를 이익 창출의 시장으로 보며 수리학水理學 분야의 사람들은 강과 바다가 도시의 근원이자 흥망성쇠의 주요인으로 여긴다. 기술 과학자들은 도시를 'YES or NOT' 식의 단순명료한 공식의 해답으로 판단하여 '삶의 장소'보다 '제품 발명의 성과'로 간주한다. 그래서 그들은 자연생태계를 파괴해도 아랑곳하지 않고 거대한 컨테이너 운반선을 해발 1000미터 산으로 끌어올리는 갑문식 수문을 만들거나 최첨단의 로봇 물고기가 헤엄치는 데 감격한다.

건설과 관련한 건축, 도시계획, 토목, 조경, 교통, 정치, 금융 분야에서는 도시를 자기 업적의 과시 장소로 생각한다. 건설은 곧 그들의 자기성취, 명예, 권위, 우월성을 증명하는 가치 기준이기에 그들은 독특하고 거대한 건설을 찾아다니며 그런 건물을 만든 사람들에게 박수갈채를 보낸다.

언론과 작가들에게 도시는 사건과 문제의 장소다. 이들은 도시에서 일어나는 독특하고 다양한 사건, 놀랍고 흥미로운 것, 문제점들을 밝히기 위해 구석구석을 찾아다닌다. 이들의 특징은 사회문제가 발생하면 문제점의 해결보다는 객관성과 전문성 없는 자신들의 관점에서 미사여구의 장황한 설명만을 늘어놓거나 사회여론을 조작하여 자신들의 인기몰이 수단으로 이용하기도 한다.

인문사회학자들은 도시를 문화의 근원이 되는 장소로 간주한다. 그들에게 도시는 소우주와 대우주의 균형으로 만들어지며 이 균형은 과거를 보전한 역사적 경험을 통해 만들어진다고 믿는다. 도시에 문제가 발생하면 모든 분야가 평등한 사회체제가 아닌 현시대의 유행이나 비정상의 사회체제에 원인이 있다고 생각한다. 그들에게 균형적 도시는 국회에서 만들어지는 것이 아니라 오랜 세월 역사적 경험을 거쳐 형성된 사회·정치체제에서 만들어진다고 확신한다.

오늘날 사회문제의 원인은 정의, 단결, 공동책임, 평화, 자연보호, 문화재 보존 등의 가치를 망각한 과거의 잘못된 정치·사회체제에 있다. 오늘 잘못된 도시의 사회적 문제를 발견하여 수정하더라도 그 성과는 수십 년이 지난 후 나타나기에 현시대의 정치·사회체제가 정상인지 비정상인지에 따라 국가의 운명이 달라진다.

인문사회학적 관점에서는 잘못된 도시를 두 단계 방법으로 진단한다.

첫 번째 단계는 지난 10여 년간, 30년간, 60년간 도시의 변화 과정을 분석하여 현재의 도시가 어떻게 진화하는지 살펴본다. 도시가 급작스럽게 비대해진 현 시점에서 결과의 원인이 경제성장이나 인구증가에 따른 부분 변형인지, 도시구조조차 알아볼 수 없는 완전한 돌연변이의 변화인지 확인 분석하여 그 도시의 정치·사회체제가 정상인지 비정상인지를 확인하는 방법이다.

옛 시테 형태의 오랜 역사를 지닌 한양이 불과 수십 년 사이에 과거의 흔적조차 없이 아파트 집합소로 변질되었다면 지금까지의 개발정책이 현재에만 초점을 맞추었을 뿐 미래에 대해서는 생각조차 하지 않았다는 증거다. 정권이 바뀔 때마다 시행된 잘살기 위한 정책은 결국 일관된 도시 개념, 논리, 경험적 지식보다는 정치·경제적 이권에 눈이 멀어 그 시대의 사회·정치적 요인은 정책에 전혀 반영되지 않았다.

도시에 형성된 사회·정치적 요인에 대한 분석은 도시를 치료하고 변화시키는 필수불가결한 요소다. 그래서 도시의 변화를 주도하는 사회 요인에 대한 연구와 대책 모색은 아무리 오랜 시간이 걸려도 신중하고 완벽하게 진행되어야 한다. 도시를 개발하면서 도시개발에 대한 정책 개념을 변증법적 방법으로 검증하지 않는다면 그 도시의 정책은 올바른 변화가 아닌 기형적 도시가 되어버린다.

도시의 사회적 요인들을 변증법으로 세밀하게 대조, 분석하는 것은 사회의 모든 분야가 균등하게 발전하고 상호의존관계가 형성되는지 진단하는 일이다. 도시를 움직이는 사회적 요인들은 융합 혹은 독립하여 불가분의 관계를 유지하거나 거리를 두고 긴밀하게 얽혀 도움을 주고받기도 한다. 따라서 도시의 사회적 요인이 어울려 정상 기능을 발휘하는지, 오랫동안 그 기능이 정지되었는지, 돌이킬 수 없는 최악의 상태인지를 파악하고 나서 두 번째 단계로 진입하게 된다.

두 번째 단계는 사회 각 분야의 기능과 역할을 알아보기 위해 상호연관시스템을 적용하여 진단하는 방법으로 정상적인 사회통제, 질서유지, 시민화합 등의 역할을 살펴볼 수 있다. 가령 정부가 특정 분야의 투자개발정책을 추진할 때 그 분야와 직접적인 관계는 없지만 수많은 분야가 서로 연관되는 사회시스템이 작용한다면 투자개발은 그 분야만의 발전이 아니라 모든 분야를 발전시키는 정책이 된다. 이 시스템은 정부가 정치공약 등을 비롯한 특정 지역발전과 고용창출을 이유로 재벌과 연합하여 도시를 엉망진창으로 만들지 못하도록 역사, 문화, 사회, 예술, 교육, 철학 등 모든 분야의 지식인이 동시에 감시하고 통제한다. 이러한 시스템은 인류학 중재이론, 변증법, 현상학적 이론을 근거로 도시를 성장하게 하는 동력의 핵심이 무엇인지, 사회적 문제의 원인이 무엇인지를 밝히는 접근 방법에 따라 거시사회학, 거시역사학 등의 학문으로 세분화된다.

도시정책에서 이 두 가지 인문사회학적 접근 방법이 꼭 필요한 이유는 보편타당성의 도시로 시민 모두가 공동책임을 지고 살아가는 장소가 되어야 하기 때문이다. 행정부, 지방자치단체 정책의 최종 목적은 학교, 협회, 모임, 후원회, 단체 등 도시의 모든 사회공동체의 활동이 실질적이고 효과적으로 이루어지는 데 있으므로 사회 모든 분야의 조건에 충족되어야 한다.

전문가도 아닌 행정공무원과 몇몇 기술 전문기관의 역할만으로 현실의 위기를 대처하고 미래를 보장하는 국가정책을 결정한다는 것은 국가의 미래를 어둠 속으로 이끄는 매우 위험하고 심각한 과오를 저지르는 일이다. 그 결과 재벌들이 벌인 부동산 투기사업으로 많은 가정과 기업이 파산하고 자살이 증가해도 원흉자인 금융재벌은 해체하지 않고 시민의 허리띠를 졸라매도록 강요할 뿐이다.

보편타당성의 도시와 도시 다이너미즘

인문사회학자들은 고대도시, 중세에서 근세 중기까지의 고전도시를 '보편타당성의 복합체'라고 표현한다. 보편타당성의 도시란 포괄적이고 공통적 관점에서 형성된 역사와 설정된 지리학적 영역을 벗어나지 않고 사회와 자연이 완벽하게 조화된 도시다. 보편타당성의 도시는 대부분 산업화로 변형되기 전까지 존재한 도시로 경제와 산업발전으로 급성장한 근대의 산업도시와 현대의 거대한 메트로폴리스를 보편타당성의 도시라고 말하지 않는다. 또 수천, 수백 년 동안 이어온 역사적·문화적 흔적, 고유의 전통, 민속 유산을 훼손하고 그 위에 재개발, 신도시라 불리는 흔해빠진 닭장 건물들만 가득 채워놓고 보편타당성 도시라고 말하지 않는다. 엉뚱한 건물을 줄줄이 세워놓고 최첨단과학, 행정복합, 행복도시 등을 운운하는 장소들은 모순과 죽음의 도시일 뿐이다. 보편타당성 도시는 기존의 형태를 유지하면서 같은 맥락으로 펼쳐나가는 연속성, 영속성의 논리를 준수한다. 도시의 확장은 반드시 도시 중심의 구심력 작용에 응집력의 원칙을 준수해야 하며 기존 도시의 영역 밖으로 확장되는 새로운 영역은 반드시 그 지역만의 정체성을 찾아야 한다.

유럽의 도시들은 거대한 메트로폴리탄으로 비대해졌지만 한 덩어리의 복합체 개념으로 옛 도시를 중심으로 도시의 실체와 정체성이 보전되어 보편타당성의 도시라는 평가를 받는다. 옛 도시 중심에서 사방으로 뻗은 도시의 축이 같은 맥락, 같은 환경으로 형성되어 하나의 문화 장소로 발전이 가능했다. 이러한 유럽 도시의 연속성은 영국의 런던에서 출발하여 네덜란드, 독일의 루르와 라인 강, 스위스를 거쳐 이탈리아 롬바르디아에 '대도시 계곡Metropolis Valley'을 형성했다. 이 대도시 계곡은 정치, 경제적 목적으로 비대해진 미국의 메갈로폴리스와 달리 각 나라가 보편타당성의 원칙을 가지고 서로 연결되어 상호관계를 형성한다. 각 나라의 도시들이 그 지역에 일치하는 도시구조, 교통, 통신, 커뮤니케이션의 조직망을 형성하며 전체가 하나로 연결되어 있다.

미국은 워싱턴에서 볼티모어, 필라델피아, 뉴저지, 뉴욕, 보스턴까지 광대한 면적의 메갈로폴리스들이 끊임없이 펼쳐 있다. 한국의 인천에서 서울을 거쳐 대전까지 온갖 모양의 건물이 끝없이 반복해서 나타나는 것과 비슷한 양상이다. 여러 도시가 줄지어 있는 이런 도시들의 공통점은 도시 중심에는 고층건물이 모여 있고 그 외의 지역은 낮고 낡은 건물들이 오랜 세월 방치되어 있다는 사실이다.

도시의 형태가 전혀 다른 두 영역으로 구분되어 있다면 이 도시의 사회는 차별과 불균형의 사회다. 두 개로 분열된 도시를 하나로 복원하려면 한 지역이 낡아 없어질 때까지 기다리거나 일부러 다 부수고 처음부터 다시 건설해야 한다. 이렇게 극심한 차별이 형성된 도시일수록 그 도시의 내부와 외부, 개방공간과 폐쇄공간에서 벌어지는 시민들의 삶은 극한 대립 상황을 이룬다.

도시의 보편타당성 정책은 모든 학문 분야의 전문가들이 상호연관성을 가지고 도시를 합리적으로 검증하는 것이기에 이런 차별사회를 사전에 방지할 수 있다. 그러려면 도시정책은 역사, 지리, 경제, 정치, 사회, 심리학 등의 인문사회과학 분야와 건축, 도시계획, 엔지니어링, 의학 등의 예술 및 기술공학 분야 그리고 화학, 생물학, 물리학 등의 순수 자연과학 분야에서 바라보는 관점이 통합되어야 한다. 각 분야의 상호연관성으로 형성된 폭넓은 지식시스템은 도시에 만일의 사태를 대비할 수 있는 사전 보안시스템을 갖추게 할 뿐만 아니라 졸속 행정에 시민의 혈세가 낭비되는 일도 철저하게 통제할 수 있다.

보편타당성의 정책은 곧 인문사회학자, 물리학자, 건축가, 역사학자, 교육자, 음악가 등이 도시라는 주제를 놓고 서로 의견을 제시하여 절충된 결론에 도달하는 과정이다. 도시의 본질은 사회적 장소, 책임과 인권 존중의 사회이므로 전공 분야가 다르다 할지라도 그들이 말하는 삶의 가치는 같기 때문에 결국 공감하는 결론에 이른다. 그 공감하는 결론이 바로 가정, 지역, 도시에서 이루어지는 활기찬 사회활동을 말하는데 그것을 '도시 다이너미즘Dynamism'이라 한다.

도시 다이너미즘은 인간 문화라는 인류학적 가치에 근거를 둔 도시 공동생활에서 나타난다. 하지만 오늘날 대부분의 메트로폴리스에는 이러한 인류학적 가치관의 삶보다는 개체화, 개별화의 개인주의, 독단주의를 더 중요하게 여기면서 공공성, 연대책임의 사회 가치관은 사라지고 있다. 도시는 더 이상 타인과의 공동체가 아니라 성격과 주관이 중요한 개인의 장소가 되었다. 그 결과 도시라는 공동책임의 장소는 조각

조각 파열되어 더불어 사는 공동장소 대신 개인이 중심이 되는 재산 증식의 터전으로 변질되어 사회 모든 분야의 동시 성장을 방해하는 흉측한 도시가 되고 말았다.

도시 발전은 신도시와 재개발에 따른 고층건물의 교체가 아니라 도시의 '정체성'과 '사회성'의 확립에서 시작한다. 이 두 개념은 도시마다 독특하고 유일한 스타일, 성격, 주제는 물론 '사회성'의 사회적 역할을 부여해 도시가 아무리 거대하고 복잡해도 각 지역의 주민들이 동일한 삶의 수준을 유지하게 한다. 이처럼 균일하고 동질의 삶을 유지하게 하는 도시 활동의 가능성, 도시 기능의 원동력이 다이너미즘이다.

도시에 다이너미즘이 있다면 그 도시의 활동은 경제적 이익을 낳고 다시 사회에 재투자되어 차별 없는 평등사회를 지속한다. 이는 사회의 통치체제가 모든 시민에게 공정하게 자유와 권리를 보장하고 있음을 증명한다. 그러나 산업 및 경제발전을 목적으로 급성장한 도시는 다이너미즘 대신 여러 유형의 사회적 변수가 사회를 좌우한다. 경제가 안정되면 사회가 평온하지만 조금만 불안해도 경기침체, 정치 혼란, 부실경영 같은 문제가 발생한다. 도시에 다이너미즘이 형성되어 있지 않기에 공정성, 형평성의 원칙이 없는 사회에서 살아가는 도시의 삶은 하루 앞도 내다볼 수 없는 하루살이의 삶으로 혼란의 악순환을 반복한다.

이런 도시의 행정책임자들은 외환위기, 공황, 노사분규, 환율 불안정 등의 악순환이 반복되어도 근본적인 원인이 도시 다이너미즘의 부재에 있음을 모른다. 그래서 그들은 문제의 근본 대책보다 긴급 정부지원금, 기업융자, 외환율 안정대책 같은 임시방편의 수단으로 순간순간을 모면한다. 도시라는 곳은 다이너미즘이 존재하지 않는 비정상의 도시라 할지라도 기형적이고 비정상적인 사회현상의 징후가 쉽게 드러나지 않는다. 도시는 워낙 거대한 몸집이기에 몸의 일부분이 썩어도 여론과 언론에서 위장하면 정상으로 보이기 때문이다.

오늘날 선진국의 도시개발계획, 건설정책에서 도시 다이너미즘은 필수불가결의 이론이며 이 개념이 무시된 개발정책은 존재하지 않는다. 다이내믹한 도시의 개발정책은 기존에 형성된 도시를 현시대의 상황에 맞게 재설정하여 삶의 다양성과 사회활동의 변화를 추구하는 것이지 새로운 건물을 건설하여 분양하는 행위가 아니다. 그런 식의 개발정책은 오히려 민주주의의 정신에 위배되는 범죄행위로 차별사회를 조장할 뿐이다.

도시 다이너미즘은 보편타당성 개념에서 정의한 도시의 형태학, 사회 관행, 문화의 세 가지 기준을 따라 형성된다.

첫째, 도시의 형태는 장소의 위치, 사용한 재료, 공간의 부피와 면적으로 결정되는 건축, 도시계획, 조경, 토목, 조형예술 등에서 요구하는 면적, 자연환경, 동선, 조형성, 설비, 안전 등의 조건이 고려된다.

도시 형태는 도시 유동성, 접근성, 교통 및 통신 네트워크 등의 기술조건에 충족해야 하며 시민과 장소의 상호의존적 효과가 작용해야 한다. 예술적 감동을 불러일으키는 미학적 관점에서, 생산 효과가 이루어지는 경제적·사회적 관점에서, 개개인의 생존권과 존엄성을 보장하는 정치적·도덕적 관점에서 도시 형태는 모두 충족되어야 한다.

둘째, 사회 관행은 시민들의 공통된 관습, 일상생활의 습관, 공공의식 등을 형성하는 사회적 요인으로 사회환경, 대인관계, 공중도덕, 윤리관, 타인에 대한 배려, 도시 정체성 등으로 결정된다.

대부분 사회에는 세분화된 단체와 차별계급이 존재한다. 만일 그 도시의 사회가 시민들의 단체활동을 강제로 제한하거나 남을 배려하지 않는 개인 위주의 사회라면 그 도시는 권력과 재력으로 지배되는 세력 쟁취와 재산 증식에 초점을 맞춘 약육강식의 사회가 된다. 이러한 사회에는 사회성이 상실되어 일반 시민 중심의 공동체는 사라지고 개인의 세력 쟁취와 이익을 편취하려는 진보, 보수, 노동자투쟁, 안보연합 등의 극렬 집단만이 가득하다.

셋째, 문화 수준은 시민들의 삶을 기반으로 한 공동의식, 지식, 문화적 가치를 평가하는 방법이다. 시민들의 정치관, 과학과 기술 능력 보유, 경제성장, 교육 수준, 안보의식 등은 그 사회의 가치관을 확립하고 국가의 발전은 물론 그 시대의 문화를 창조한다. 도시의 문화 수준은 도시의 다이너미즘을 형성하는 도시 형태, 사회 관행보다 더 중요한 기준으로 인간의 최종적 삶의 결과를 문화로 인식하는 사회일수록 시민들의 삶의 수준은 높다.

따라서 차별이 없는 일관된 도시 형태, 타인을 존중하는 이타주의의 사회 관행, 뛰어난 문화환경의 도시가 될 때 그 도시에는 다이내믹한 삶이 형성된다.

도시의 균형발전과 경제활동의 공정성

도시는 공동체, 집단, 단체, 조직 등으로 형성된 사회 영역으로 크게 도심, 근교, 교외로 분류된다. 도심은 도시를 상징하는 중심으로 다른 지역보다 발전된 정보통신, 운송의 커뮤니케이션이 형성되지만 그보다 중요한 점은 인류의 탄생과 기원을 증명하는 인류학적 근거의 장소라는 사실이다. 그래서 도심에는 국가 혹은 그 지역을 대표하고 상징하는 행정, 사법, 입법기관이 있으며 민족을 상징하고 기념하는 수많은 시대의 역사가 기록되어 있다. 즉, 도심은 도시의 심장과 얼굴로 도심이 없다면 그 도시의 생명과 정체성도 없는 것이다.

오늘날 급성장하는 신흥개발국의 도시를 보면 공통적으로 도심은 사라지고 상가와 오피스 빌딩만 잔뜩 모여 있다. 두바이처럼 사막 위에 탄생한 신흥도시는 건물 집합소의 도시를 건설하여 사회적 문제를 불러일으켰다. 마찬가지로 한국처럼 5000여 년의 역사를 지닌 나라에 도심이 존재하지 않는다면 그 도시의 역사는 조작되거나 거짓일 가능성이 크다.

부르댕[*]은 현대의 이런 유형의 사회는 더 이상 도심의 개념에 의미를 두거나 중요하게 간주하지 않는다고 말한다. 도심의 보전보다 부동산 상품 등의 경제 요소들을 더 중요하게 여겨 도심의 본질을 잊어버린 것이다. 현시대의 풍요로운 개개인의 삶의 문화는 도시가 문화적으로 발전하고 성장했기에 가능하다는 사실을 인식하지 못한다. 과거의 노력과 헌신의 과정이 있었기에 오늘날 풍요로움이 있다는 순리를 무시하고 과거의 문화를 다 지워버렸다. 그래서 현재 도시의 삶에는 문화 대신 과소비와 재산 증식의 세태만이 남아 미래가 보이지 않는다.

도심이 없는 도시는 정상적인 사회 기능이 형성되지 않아 시민의 공동생활이 이루어지지 않는다. 시민 모두의 사회활동이 활발할수록 그 도시의 사회공동체, 민족연합, 국가체제는 활발하게 발전하여 풍요로운 문화를 만든다.

---

*   Alain Bourdin, *La metropole des individus*, Paris : L'Aube, 2005.

그렇다면 더불어 사는 공동사회란 어떤 사회인가? 가뉴뺑[*]은 중재
이론에서 사회가 존재하는 최종 목적은 문화이며 이는 도시에서 이루
어지는 사회활동의 결과로 형성된다고 정의했다. 그는 "인류의 문화는
도시의 장소에서 사회학, 언어학, 인간활동학, 도덕가치론의 네 영역으
로 구분되어 서로 균형을 형성하는 사회활동을 통해 발전 성장했다"고
말한다.

소바즈^{**}는 이 중재이론을 빌어 도시공동체를 도시현상학이론으로
전개했는데 도시는 실용성, 예술성, 사회성, 법과 규칙의 가치체계가
상호균형을 이루어 영속성의 도시문화를 창조해온 것이다. 실용성은
정치, 산업, 과학, 법의 영역이며, 예술성은 문학, 조형, 생태환경을, 사
회성은 책임과 의무에 충실한 공동책임 사회를 의미한다.

바상^{***}은 정치, 사회, 경제, 인구 통계, 문화, 영토, 자연환경 등의
분야가 상호작용하여 균형을 이룰 때 정상적인 도시공동체가 형성됨을
강조했다. 즉, 사회 모든 분야에 상호관계가 형성되어 도시는 공공이익
을 위한 장소가 되어야 한다. 모든 시민은 공정하고 평등한 사회를 위
해 각자 책임과 의무를 이행하고 만일 잘못된 것이 있다면 반드시 이의
를 제기하고 합리적 대안을 제시하여 불균형의 사회를 유발하는 모든
유형의 권력과 세력을 통제, 감시해야 한다. 만일 우리 사회가 권력자
들이 이익을 편취하는 사회라면 모든 정책은 경제발전만을 목적으로
추진되어 도시의 사회적 균형은 상실된다. 권력자들은 경제적으로 이

*   Jean Gagnepain, *Mes parlements*, Bruxelles, 1994.
**   André Sauvage(Professeur ENSAB), directeur Master Maîtrise d'Ouvrage
      Urbaine et Immobilière, Universités Rennes 1, 2 et IEP.
***   Michel Bassand, *Les raisons et déraisons de la ville*, 1996.

익이 많이 남는 장사를 해야 기업이 고용을 창출하고, 그들의 이익은 사회를 위해 투자할 때 국가가 발전한다고 착각한다.

이처럼 도시가 문화의 탄생지라는 개념을 무시한 채 권력을 기반으로 정책을 추진한다면 권력자들의 세력 유지와 재테크의 수단이 될 뿐이다. 그들은 경기침체 때마다 주택보조금, 중소기업대출, 세금완화, 그린벨트 완화, 재개발 촉진 등의 대책을 내놓지만 이는 소수의 특권층을 위한 구제조치일 뿐 이미 부패된 사회를 회복하기 위한 대책은 결코 아니다. 그들이 경기활성화를 목적으로 추진하는 대대적인 개발사업은 경기가 어려워도 권력과 재벌들은 변함없이 재산을 증식하겠다는 의도일 뿐이다.

이 같은 경제 분야는 도시가 발전하는 데 반드시 필요한 요인인가 아니면 차별사회를 만드는 불확실한 요인인가? 도시의 발전을 위한 진정한 의미의 경제란 무엇인가?

경제는 생산과 분배, 소비활동이며 노동의 결과로 생성되었다. 노동의 결과는 개인에게 임금을 지불하여 윤택한 삶과 경험의 지식을 얻게 하고, 제품의 생산으로 산업이 발달하고, 도시는 현대화되었다. 하지만 이 과정에서 고용주와 고용인, 지배자와 피지배자의 관계가 형성되어 자본가와 노동자, 부르주아와 서민 계급의 차별사회가 출현했다. 근세 이전의 사회는 왕족과 귀족의 혈통 그리고 지식을 재능으로 지배자와 피지배자의 사회적 위치가 결정되었지만 산업사회 이후 사회적 계급은 단순히 돈을 기준으로 부자와 가난뱅이로 나뉘었다.

중재이론에서 인간의 활동은 실용적 관점에서 산업을 발전시키고 동시에 기술과 과학의 경험적 지식을 바탕으로 학문을 발전시켰다. 또 예술적 관점에서 인간의 노동은 조형예술을 발전시켜 건축, 토목, 조경, 디자인 등의 분야가 발전했다. 인간의 활동은 처음에 생산이 주목적이었지만, 만들어 팔고 이익을 남기는 경제활동을 거쳐 산업, 지식, 예술이라는 문화를 창조하고 발전했다. 즉, 경제의 본질은 산업과 지식과 예술을 발전시키는 것이지 재벌 독점사회, 황금만능주의, 빈부 차이의 산물은 아니다.

오늘날 경제의 의미는 재산 증식, 기업 확장, 독점 재벌, 물질만능주의로 해석된다. 경제 분야에서 일하는 사람들은 더 많은 돈을 벌기 위해 자유주의, 시장경제, 자본민주주의 등의 이념을 악용하고 악법을 합법으로 둔갑하여 돈을 긁어모은다. 이러한 경제행위는 민주주의의 사유재산에 대한 권리로 재산 증식은 합법적이지만 그 재원이 불공평한 계급 위주의 상여금, 노동 착취, 노동의 대가가 아닌 주식이나 금융기법을 이용한 이익이라면 이 경제행위는 인권과 사회를 파괴하는 범죄행위와 같다.

정상적인 경제 개념은 공정한 사회체제에서 형성된다. 공정한 형평성 원칙에 따라 경제적 이익은 급료, 세금 등으로 지급되어야 할 것이다. 편법으로 일확천금의 부자가 되겠다는 욕망은 타인을 착취하는 방종이며 이 방종이 경제행위로 간주되는 사회라면 그곳은 돈의 세력과 돈의 하수인인 권력으로 지배되는 사회다. 세계주의를 지향하는 21세기임에도 절대군주 사회에서 행하던 족벌 세력의 세습체제가 그대로 재연되는 것이다.

19세기 이후 세계의 주요 도시들은 활발한 경제활동으로 산업, 금융, 통신, 기술, 교통 분야를 더욱 세분화하여 발전시키는 한편 더 많은 자본과 권력이 유착된 경제체제를 조직화했다. 정경유착의 결과 많은 개발도상국의 기업들은 고도의 금융기술, 교묘한 기법의 수많은 금융

투자 상품으로 전 세계인의 돈을 긁어모아 국가의 경제 규모를 키웠다. 하지만 이런 나라 대부분이 결국 과도한 금융상품 추진에 스스로 빚더미에 앉거나 거품경제로 수년 동안 서민들만 고통 속에 허덕이게 했다.

돈에 혈안이 된 사회체제의 도시는 아무리 세계 최강의 국가라고 해도 비인간적 차별사회의 모순으로 가난과 빈곤에 늘 허덕인다. 돈을 모으는 기술과 기법은 발달된 반면 경제적 이익을 공정하게 배분하는 원칙과 과정이 없는 까닭이다. 다시 말해 소수의 정치권력과 재벌 세력이 도시의 전체를 장악하고 있기에 정의, 공동책임, 도덕 대신 부정부패, 탈세, 위장 전입, 허위 조작 등의 사회 관행은 불평등과 차별사회를 낳았다. 이러한 사회의 불평등과 불균형으로 생겨난 차별사회는 19세기 초부터 시작되었다.

산업시대에서 현대사회로 진입하는 과정에서 도시에는 수많은 종류의 직업이 생겼고 직업의 기준과 사회적 조건에 따라 사람들의 사회적 위치와 계급이 정해졌다. 직업에 종사하는 사람들의 교육 수준, 급료, 사회에 미치는 영향력, 리더십과 능력 등을 기준으로 최상, 상중하의 피라미드식 사회 등급이 형성되었다. 하층, 중간층, 상층, 최상층으로 구분된 피라미드 계급에서 하층은 전공도 직업도 없고 기술이나 자격증이 없는 육체 노동자다. 중간층은 기능 기술을 취득하고 작업복을 입고 일하는 노동자, 넥타이를 맨 화이트칼라의 사무직, 영세기업인, 공·사기업의 사무직, 부장급 이하 직위의 사람들이다. 상층은 공기관의 국장급 이상, 국회의원, 변호사, 건축사, 의사, 회계사, 세무사 등의 전문직 종사자, 중소기업 사주, 대기업의 전문경영인 및 임원 등이다. 최상층은 재벌기업의 사주, 동산과 부동산의 소유자, 공기관의 장관급 이상 등이 해당한다. 이러한 직업의 분류는 재력의 독점으로 이루어진 까닭에 차별주의와 물질만능주의를 수반하는 독점자본주의 체제의 사회를 형성했다.

경제수입으로 형성된 계급 차별은 곧 국가와 지방자치단체의 정책 결정권자로 등장하여 국가의 모든 정책이 그들의 확실한 투자이익을 보장하는 건설, 무역 등의 특정 분야에만 집중적으로 투자하도록 부추겼다. 또한 눈에 보이지 않는 교육, 건강, 예술, 문화, 복지 등의 균형발전은 의무사항이 아닌 선택사항이 되어버렸다. 그 결과 지역발전을 위한 개발계획이 수시로 바뀌거나 전 국민을 도박 중독으로 만드는 선상의 카지노 같은 사업들이 정책으로 거론되기도 한다.

경제행위에 대해서도 단기 고수익을 창출해야 한다는 인식 탓에 정상적인 경제정책 대신 증권투자, 채권매입, 펀드 조성, 부동산 투기 등의 요행수를 부추기는 사회로 전락했다. 뿐만 아니라 국가의 주요 정책이 증권 및 금융투자 분야를 강조하다 보니 부익부 빈익빈의 현상이 심화되고 나아가 외환위기, 노사분규, 자연생태계 훼손, 인권침해 등이 끊이지 않고 일어난다. 재벌들은 여전히 뇌물공여와 탈세를 저지르고 범법자들이 국가 고위직에 임명되어도 아무런 문제가 되지 않는 물질만능주의, 도덕 불감증의 사회가 되었다.

유럽 사회는 산업혁명 이후 이런 과정을 경험했기에 20세기 초부터 상층계급의 독점적 경제행위를 철저히 통제하는 사회체제를 확립했다. 직업과 임금에 상관없이 서민과 중간계층에도 상층계급과 똑같은 수준의 평등한 삶을 보장하는 제도를 만들었다. 이 제도는 개인과 기업의 소득과 자산에 대한 철저한 세금 징수, 기업의 공공자산에 대한 소유 금지, 실업대책, 정년퇴직연금, 의료, 교육, 문화 등이 균등하게 발전되도록 형평성을 강조한 것으로 오늘날 유럽 전체로 확산되었다.

결과적으로 유럽은 사회 각 분야에 공정한 형평 원칙이 준수되는 사회제도가 확립되어야 안정적 경제활동이 보장되어 경제가 성장하고 도시는 영속적으로 발전한다는 사실을 경험으로 알게 된 것이다.

더불어 사는 도시를 만드는 정치 사회제도

도시는 모든 사람이 서로 믿고 의지하며 함께 살아가는 장소다. 동일하게 만들어진 로봇들이 사는 장소가 아니라 서로 다른 성격의 개인들이 모여 공동으로 살아가야 하는 곳이므로 사회학적 조건에 충족된 사회일 때 도시가 발전한다. 여기에서 사회학적 조건이란 나와 타인이 다 함께 잘 살아갈 수 있는 대인관계를 의미한다.

인간 사회는 선사시대의 공통된 언어와 혈통을 가진 원시민족의 생활공동체에서 출발하여 고대와 중세를 거치며 서로 잘 살아갈 수 있는 합리적이고 이상적인 사회를 추구하게 되었다. 고대 그리스·로마 사회를 건설했던 그 당시 지식인들은 이상적인 사회의 실현은 시민 중심의 공화정치에서 탄생할 수 있으며 이러한 이념만이 정상적인 사회를 만드는 필수불가결한 요소임을 인식했다.

오늘날 세계는 선진국과 개발도상국의 사회로 양분되어 있다. 선진국 사회는 역사 과정에서 터득한 경험으로 과거에 저지른 잘못을 반복하지 않으며 예측불허의 사건들에 대비해 사회시스템을 갖추고 있다. 때문에 금융위기, 경기침체 같은 문제가 발생해도 신속한 대처로 가난한 서민들에게 피해와 희생을 강요하지 않는다. 반면 개발도상국 사회는 과거의 경험을 지식으로 여기지 않고 기억하기조차 싫은 악몽으로 판단한다. 이러한 사회는 형식적으로 겉모습만 모방한 채 새롭고 독자적인 변화 대신 시대착오적 사회체제로 독재, 부정부패, 사회 혼란 등이 끊이지 않는다.

눈에 보이는 현실적 이익만을 추구하는 사회는 시민 모두가 공동으로 책임지며 서로 존중하는 상호의존관계의 사회를 거부한다. 자기중심주의는 도시공동체라는 사회적 장소에서 중요한 인간의 자유와 개성의 개념을 무관심으로 변질시킨다. 시민의 상호의존관계가 강할수록 그 사회공동체는 날로 번창하지만 자기중심 사회는 사회화의 개념을 정면 거부하여 단절과 분열을 가져온다. 한국 사회 역시 고위직, 고학력일수록 위장 전입, 탈세, 병역 기피, 투기, 뇌물 등의 범죄행위가 대수롭지 않게 일어나는 이유가 바로 자기중심적 사회에 기인한다.

하지만 상호의존 사회는 대인관계를 형성하는 사교성을 중요하게 인식하여 유아교육 때부터 강조한다. 대인관계의 중요성을 배운 어린 아이들이 성인이 되었을 때 그들은 사회를 공동체의 장소로 인식하여 사회활동에 적극 참여하게 된다. 시민 모두가 사회는 공동의식의 장소라고 인식할 때 시민 중심의 도시가 만들어지고 시민 중심의 사회로 발전한다.

공동의식의 사회는 길에서 스쳐 지나가는 사람들이라 할지라도 시민들 사이에 믿음이 형성되어 그 지역에 어떤 문제가 발생하더라도 해결할 능력이 있다. 이웃과 친밀한 대인관계는 곧 지역 주민의 단합을 가져오고 이는 자신들의 주거지역을 더 살기 좋은 환경으로 만든다.

오늘날에는 시민단체, 지역단체 등이 그 사회의 특성과 정체성을 나타낸다. 간혹 정치권력과 재벌 세력에 대항하는 시민단체들의 과격한 가두시위, 쟁의 등이 벌어지기도 하지만 이러한 반대 세력의 출현은 오히려 잘못된 체제를 분석하고 반성하여 성숙하고 체계화된 사회로 발전시키는 기회가 된다. 이들의 출현은 사회의 모순과 부패를 알리고 그 원인을 밝혀주기 때문이다.

반면 정치권력 쟁취를 위해 투쟁을 벌이는 정치단체들은 사회발전을 위한 외침이 아닌 오로지 정권쟁취만이 목적이므로 자신들에 반대하는 의견은 일축해버리는 경우가 많다. 특히 권력을 쟁취한 일부 정치인들은 시민들의 시위나 시민운동을 자신들의 권력에 대항하는 반대 세력으로 간주하여 집회를 원천 봉쇄하거나 공권력을 동원하기도 한다.

도시를 영속적으로 발전시키는 사회정책은 권력과 재력 중심이 아닌 개개인의 시민을 중시하는 공동체 사회활동을 통해 실현된다. 정상적인 공동체 사회는 시민들이 사회를 '더불어 사는 공동의식의 영역'으로 인식할 수 있도록 재정적, 정신적, 교육적으로 지원하는 사회제도에서 만들어진다.

그렇다면 더불어 사는 공동의식의 사회제도를 형성하는 정치란 무엇인가? 정치의 기원은 인간이 모여 살기 시작한 공동사회에서 찾을 수 있다. 인간관계가 중요한 사회가 형성되면서 그 사회를 운영, 관리하기 위한 제도와 규칙이 필요했고 이를 위해 정치가 등장했다.

인류는 기원전 청동기시대 이전부터 같은 민족의 혈통을 지키기 위한 통치체제를 확립했고, 고대의 공화정치, 의회정치에서 정치의 이념과 권력을 정의하면서 통치체계가 정치철학으로 등장했다. 이 시기에 출현한 정치철학은 중세, 근세를 거치며 정치를 '정치 이념'과 '권력 기간'으로 정의한 '계약정치'와 공동통치 개념의 '연합정치'로 발전했다. '계약정치'는 오늘날 다양한 유형의 정당으로 세분화되어 대통령 중심제와 연방제가 되었고, 연합정치는 의회정치로 발전했다. 통치에 대한 정치가의 사고와 정치철학의 이념은 관료정치, 나치즘, 파시즘, 공산주의, 사회주의 등의 형태를 낳았다.

정치의 궁극적 목적은 '국민이 잘사는 사회'를 건설하려는 이상적 이념이지만 시민 중심의 민주주의를 외치면서 정당들은 역설적이고 모순적 집단으로 변질되기도 했다. 그들은 보수, 혁신, 진보, 극우, 노동투쟁 등의 집단을 만들고 세력 쟁취를 위해 어떤 행동도 서슴지 않는 파벌집단이 되었다.

그러나 정치철학에는 실용적, 예술적 의무가 부여되어 있다. 정치는 어떤 환란이 찾아와도 시민의 평화로운 삶을 지켜줄 사회체제를 확립해야 할 책임이 있다. 하지만 오늘날 정치는 의무가 요구되는 철학 대신 '세력과 특권의 자리'가 되어버렸다. 이렇게 본질이 변질된 정치는 공동의식의 사회보다 물질만능주의에 빠진 수많은 정치단체를 만들게 된다.

오늘날 대부분 사회를 이끌어가는 민주주의 정치제도는 근세 중기에 가톨릭 국가의 유럽 문화에서 비롯되어 현재까지 이어져 왔다. 그러나 이 민주주의는 나라마다 권력자에 유리하도록 교묘하게 해석되어 아직도 많은 국가에서 민주주의를 독재체제로 변형하여 언론을 탄압하고 인권을 유린하는 사례가 보고된다.

이처럼 민주주의의 본질을 마음대로 왜곡하여 독재의 범죄를 저지른 현상은 과거에도 있었는데 바로 수많은 목숨을 앗아간 십자군 시대다.

십자군 시대는 1095~1291년까지 로마 문화가 유럽과 아시아에 전파되어 인류 문화의 발전을 이루었다. 하지만 시간이 지날수록 십자군은 가톨릭의 권위, 권력, 영토 장악 등으로 변질되어 독재 세력의 집단으로 전락하며 십자군의 본질을 망각하고 말았다. 유럽에서 아시아의 경계선인 그루지야, 모스크바, 스칸디나비아반도까지 장악했던 십자군은 이슬람 세력으로부터 성지와 기독교 보호를 위해 출범했지만 결과적으로 죄 없는 이교도들을 무차별 학살하는 범죄를 저질렀다. '남을 위해 희생해야 하는' 가톨릭 신앙의 본질이 유대교의 '용서가 없는 신의 권능, 신의 심판'으로 변질되어 영토 확장과 세력 다툼을 위해 이교도들을 살육하는 참상을 빚었다. 이후 십자군전쟁의 참혹한 학살은 유럽 곳곳에 십자군전쟁을 반대하는 비폭력 신앙 단체들이 생겨나는 계기가 되었다. 그러나 이들은 이단으로 몰려 처형당하고 이 사건은 가톨릭교회에 반발하는 종교개혁으로 이어졌다.

마찬가지로 시대는 다르지만 오늘날 많은 국가가 본질이 변질된 가짜 민주주의 정치체제를 모방하고 있다. 이 국가들은 민주주의의 자유와 권리 보장을 내세우며 정권을 쟁취하지만 결국 시민을 압제하는 권력 행사로 막을 내린다. 국가의 주인은 국민이라는 민주주의의 정치철학을 무시한 채 강제적이고 독재적인 전제정치 형태의 권력으로 변질되기 때문이다.

오늘날 정치권력은 국민의 선택에서 나온다. 국민은 정치가들의 정책을 판단한 후 민주주의의 다수결로 정치가에게 행정집행의 권한을 맡긴다. 국민 과반수의 선택으로 정치 권한을 얻은 정치가들은 국민이 평등한 삶을 누릴 수 있는 사회를 만들어야 할 의무와 책임이 있다. 하지만 시민들은 선거 전에 내세운 정치가들의 공약이 구체적 방법론으로 제시되기보다 국민 위에 군림하여 그들을 착취하고 지배하기 위해 꾸며낸 정치 홍보였음을 깨닫는 데 그리 오랜 시간이 걸리지 않는다. 정치인들의 선거공약용 정책들은 취임과 동시에 부도 처리되고 선거 전에 약속한 공약들은 엉뚱한 사업들로 바뀐다. 그 결과 행정부, 공기업, 금융기관, 지방자치도시를 통치하는 권력자들은 국가의 번영 대신 천문학적 부채의 채무 유예 및 법정관리를 선언하고, 국민의 혈세를 국가 지원금으로 대체하여 국고를 바닥나게 한다. 그러나 그 누구도 책임을 지지 않는다.

왜 서양의 민주주의라는 정치철학이 한국에서는 도덕성과 철학이 아닌 개인의 출세와 욕망으로 변질되고 왜곡되는가? 수세기를 거쳐 완성된 민주주의의 본질과 원칙들이 왜 한국에서는 제대로 작동하지 못하는가?

이러한 질문에 많은 학자가 서양으로부터 민주주의제도를 도입한 대부분의 나라가 경제성장을 위해 반민주주의 체제로 통치하더라도 민주주의로 믿기 때문이라고 말한다. 예를 들어 경제성장률이 높은 어느 한 나라가 연합의 회원국으로 가입할 자격을 얻었다고 가정해보자. 국민소득과 국민총생산은 거의 선진국 수준이고 정치체제 또한 대통령중심제, 국민투표제, 정당정치, 의회정치, 지방자치단체의 지방분권주의를 시행하는 등 민주국가로서 충분한 자격이 있었다. 하지만 그 나라의 사회 내부는 부익부 빈익빈의 심각한 차별사회로 인간의 생존권, 빈부 격차와 인권, 시민의 권리 등이 보장되지 않는 황금만능주의와 정치권력의 지배에 시민의 투쟁과 시위로 얼룩져 있었다. 행정책임자들은 그들의 정책을 반대하는 지식인들을 강압하고 잘못된 행정집행에 항의하는 시민들을 '좌익 반동분자'로 몰아 폭력을 행사하고 구속하는 사회였다. 이에 선진국의 지식인들은 민주주의 정신을 좌익단체 혹은 국가파괴 단체로 간주하여 위협하고 악용하는 이 나라가 어떻게 세계평화와 평등한 발전을 이끌어갈 회원국이 될 수 있는지 의문을 제시했다. 그러자 이 나라의 행정책임자들은 이렇게 말했다.

"우리는 민주주의 정신을 수호하는 자유민주주의 국가다. 하지만 빈곤과 가난에 허덕이는 국가의 경제력을 발전시키려면 강력한 사회질서가 필요하다. 국민은 민주주의를 방종으로 인식할 만큼 수준이 낮으며, 사회가 혼란스럽고 무질서하여 공권력을 강화하고 집회를 금지한 것이다. 우리나라는 전쟁 도발의 위험에 국민의 안보의식을 감시하고 치안을 유지해야 하는 상황이기 때문에 철저하게 통제할 수밖에 없다. 그렇다고 자유를 억압하는 나라가 아니다. 돈만 있으면 무엇이든 할 수 있는 자본주의 국가다. 우리나라가 회원국이 되면 국가 경쟁력이 향상되고 국민의 수준도 더 높아져 선진국 사회가 될 것이다."

이는 독재를 민주주의로 착각하고 흉내를 내는 것이나 다름없다.

오늘날 통치행정은 읍, 면 같은 작은 소도시의 '지방정치', 도 단위의 '행정정치' 그리고 수도를 관장하는 정부 차원의 '중앙정치'로 구분되어 상호의존관계를 형성한다. 작은 마을의 행정은 지방의 행정수도가 관리하고 지방행정수도는 중앙정부가 파악하는 시스템으로 연결되어 전국의 행정을 동시에 감시하고 통제한다.

행정부는 각 분야의 기관, 단체, 대학과 긴밀한 관계를 유지하여 업그레이드된 지식과 정보를 정책에 반영하는데 탁아소부터 대학원은 물론 관계된 모든 단체 및 기관과 긴밀한 네트워크가 형성되어야 한다. 그러려면 인구 1000명씩 지역 주민을 한 단위로 조직화하여 그들이 성장하고 발전할 수 있도록 출산, 교육, 의료, 문화 등의 일상생활을 철저하게 보살피고 관리해야 한다. 특히 출산율, 영토, 실업률, 교육, 의료 등의 분야는 국가의 흥망성쇠를 결정하는 정치체제에 따라 국가의 운명이 결정되는 이유에서다.

오늘날 핵가족 사회의 가정은 한 치의 여유 없이 경제적, 사회적 책임과 의무에 이끌려 강요된 삶을 살아간다. 현재의 사회시스템은 부모는 집과 회사로, 아이들은 학교와 학원으로 시간에 쫓기며 끌려 다닌다. 여기에 불평등한 사회구조와 체제는 출산율 저하에 커다란 영향을 줄 수밖에 없다. 국민의 생활과 삶의 질을 책임져야 할 국가의 책무가 부재한 까닭이다.

다음으로 영토는 국가, 사회, 도시의 실체와 정체성을 증명하고 정치체제에 따라 자연과 인간 문화의 환경을 이익 창출의 시장으로 왜곡하여 해석하기도 한다. 하지만 영토의 현상적 본질은 생명과 에너지의 자원이며 이를 터전으로 복잡하고 다양한 생태계가 형성되었다.

파코*는 이에 대하여 '영토는 사고의, 지배의, 목적의 개념을 가진 공간이다. 영토는 문화의 산물이자 인간이 인지하는 인식의 결과다. 인식이란 영토 안에 있는 모든 것을 의식하는 일'이라고 정의한다. 영토는 소유하는 것이 아니라 인간의 존재성을 나타내는 인식의 영역을 말한다. 인간이 영토를 통해 자신의 존재성을 지닌다는 사실은 바로 영토에서 자신의 업적과 삶을 표현함으로써 나타난다.

1850년 프랑스 백과사전을 편찬한 라루스**는 영토란 개념에 대해 영토를 뜻하는 라틴어 테리토리움Territorium의 테라Terra는 땅, 지구를 뜻하며 오늘날 영토에 대한 정확한 의미는 '나라에 넓게 펼쳐진 영역으로 권한과 재판으로 설정된 땅'이라고 정의한다. 즉, 영토란 법적 권한을 가진 땅으로 지배할 수 있는 권한, 활동할 수 있는 영역 그리고 범위가 설정된 한계를 말한다.

•   Thierry Paquot(Philosophe), *Le territoire des philosophe*, Paris, 2009.
••   Pierre Larousse, *Grand dictionnaire universel de XIX siécle*, 1875.

인류의 역사는 인간의 재능과 영토의 만남에서 시작되었는데 인간이 이 땅에서 가축을 키우고 농사를 짓는 생산활동을 하면서 영토에 정착한 것이다. 삶에서 가장 중요한 영토를 소유하고자 하는 인간의 욕망은 고대시대부터 현재까지 이어져 국가와 기업들은 자원의 영토를 확보하기 위해 다른 나라의 영토를 침략하고 전쟁을 일으키곤 했다.

오늘날 지구의 영토는 200여 개가 넘는 국가로 쪼개져 있으며 서로 다른 모양으로 형성된 400여 개의 대도시들은 도시를 확장하는 과정에서 자연생태계의 영토를 심각하게 훼손했다. 대표적인 도시로 상하이, 뉴델리, 상파울루, 서울, 로스앤젤레스 등이 있다. 이곳은 모두 인구 고밀도의 수도권으로 외곽도시에 도로·항만·항공·전철 등의 산업 인프라시설과 도시 유동성을 위한 커뮤니케이션의 네트워크, 비즈니스 업무와 고층아파트 단지, 상가 등을 마구 건설했다.

영토를 개발 혹은 사용하여 얻는 경제적 이익은 그 사회의 활력을 공급하고 산업을 발전시키지만 지나친 남용은 석탄, 철광, 석유, 금, 보석, 물, 나무, 산소 등의 자원고갈로 지구의 재앙을 가져온다. 이러한 이유로 1987년 4월, 세계환경개발위원회WCED는 〈우리 공동의 미래Our Common Future〉 보고서를 발표했다. 이 보고서는 현세대의 개발을 충족시키면서 미래 세대의 개발 능력을 저해하지 않는 지속가능한 개발을 정의함으로써 환경과 개발의 중요성을 일깨웠다.

그러나 아직도 수많은 국가에서 정치적, 경제적 목적으로 자연생태계를 훼손하는 일을 심각하게 간주하지 않는다. 만일 세계가 현재처럼 자연생태계를 훼손한다면 지구의 생명은 얼마나 더 존속할 것인가? 영토를 소유했다고 자연환경조차 자기 마음대로 할 수 있다는 개발정책은 지구의 종말을 앞당길 뿐이다.

결론적으로 정치는 모든 사람이 더불어 사는 정상적인 사회를 이루는 데 가장 어려운 임무를 맡고 있다. 정상적인 사회가 형성되려면 지구 전체에서 일어나는 모든 일을 감시하고 견제하고 통제하는 사회체제를 만들어야 한다. 어떤 방법과 과정의 통치시스템을 구축해야 하는지, 행정책임자들은 어떻게 의무를 이행하고 책임질 것인지, 어떤 분야에서 국정운영을 총괄해야 하는지, 정치제도에 대한 법적 효력과 한계는 어떤 근거로 설정해야 하는지 등의 내용이 구체화되어야 한다. 또 사회의 모든 분야가 균형적 발전을 이루려면 사회 각 분야의 지식인들이 확인, 점검할 수 있는 네트워크가 설정되어야 한다. 모든 분야의 지식인들이 상호의존관계로 연계된 정책위원회를 구성하여 행정관료들이 국가의 주요 정책을 마음대로 추진하지 못하도록 철저하게 감시하고 직접 운영해야 한다.

그렇다면 전문성이 다른 분야와 연관된 사회시스템이란 어떤 논리와 이론을 기준으로 확립할 수 있으며 한 분야의 성장과 발전을 다른 분야의 영역에서 관찰하고 감시하는 다각적 관점이란 무엇인가? 다각적 관점은 바로 도시를 사회와 문화가 만들어지는 터전으로 이해하는 것이다. 그러기 위해서는 문화의 정체와 삶의 가치가 무엇인지를 밝히는 인류학적 그리고 철학적 관점에서 도시를 인식해야 한다.

도시의 운명을 결정하는 문화 그리고 철학

도시에서 문화와 철학이란 무엇인가? 우선 문화를 이해하기 위해서는 인간을 주제로 연구하는 인류학과 철학적 관점에서 접근해야 한다.

과학자들은 지구는 약 45억 년 전에 탄생했고 포유류의 영장류 중 인간의 조상으로 간주되는 여러 종류의 원시인은 약 250만 년 전에 출현했다고 한다. 그러나 인간이 모든 영장류에서 인류로 구분되어 살아온 시점은 20만 년 전에 불과하다. 인간은 이 시기에 동물이 아닌 현명한 존재 호모사피엔스로 분류된다.

인간의 현명함은 동물과 달리 언어를 사용하고, 스스로 부족한 점을 깨닫고, 옳고 그름을 판단하고 인식하는 능력에서 비롯된다. 인간은 사회성이라는 복잡한 관계를 유지하며 주거환경을 만들어 자손 번식을 했고, 추상적 사고는 언어를 통해 논리, 기술, 예술로 발전되었고, 나아가 대중과 사회를 발전시켰는데 이것이 바로 문화다. 문화라는 인류의 업적은 사회적 공간인 도시에서 사회관계를 통해 더 완벽하게 발전할 수 있었다.

학자들은 문화에 대해 보존된 자연생태계 안에서 인간의 존엄성을 지키는 휴머니즘이 번영될 수 있으며 그것이 진정한 문화임을 강조했다. 자연생태계 안에 휴머니즘이 형성된 문화만이 인류의 가치와 삶의 의미를 증명한다고 보았다. 문화는 거짓이 아닌 진실한 사고와 진리로 만들어져야 찬란하고 풍요로운 현재의 삶과 미래의 번영을 누릴 수 있기 때문이다. 그래서 인류는 아무리 시대가 변해도 과거의 문화를 귀하게 보존하고 현재의 문화를 지속적으로 창조했는데 그 문화를 만드는 장소가 바로 도시다.

도시의 기원은 인류가 출현한 선사시대인 1만 2000년 전 플라이스토세Pleistocene에서 시작했다. 그 당시 인류의 조상은 한 지역에 모여 살면서 공통 언어와 도구를 사용하고 석기시대의 작은 공동체를 이루었다. 이후 인간은 1만 년 전 후기 구석기시대부터 홀로세Holocene를 살아

기원전 400년경 청동기시대의 프랑스 코르시카 섬 남부 지방 쿠쿠루주 마을 유적.
ⒸJean-pol Grandmont

가며 철기시대의 문화 도시를 형성했다. 인류가 출현하고 250만 년이라는 긴 세월을 거쳐 터득한 지식으로 완성된 문화의 결산이었다. 즉, 도시는 현재의 삶을 미래의 꿈과 이상의 삶으로 더 훌륭한 문화를 제조하는 공장인 셈이다.

고대 그리스·로마 시대에 지식인들은 인간 삶의 가치인 경험적 지식에서 도시의 발전을 추구할 수 있다고 보았다. 경험적 지식이란 삶을 통해 터득한 지식으로 이는 보전된 과거 문화를 바탕으로 현시대의 삶을 객관적으로 분석하여 한계에 다다르지 않게 해주는 철학적 의미의 지식이다.

다시 말해 경험적 지식은 타인을 착취하고 속이고 독재로 탄압하여 얻는 부의 결과물이 아니라 타인과 공유하는 삶의 가치를 나타내는 문화적 결과다. 이 문화는 지식, 신앙, 예술, 도덕, 법, 풍습 등으로 인간이 혼자가 아닌 타인과 공동으로 만족스런 삶을 살아가게 하는 인간 능력의 총체적 결과로 역사를 통해 나타난다.

문화는 라틴어 쿨투라Cultura에서 유래되어 '어느 장소에서 살아가다', '땅을 경작하다', '존경하다, 영광스럽다'의 의미가 함축되어 있다. '어느 장소에 살아가다'는 떠돌아다니지 않고 한 장소에 정착하여 집을 짓고 가정, 동네, 도시 그리고 국가를 형성한다는 의미다. '땅을 경작하다'는 농사를 짓고 가축을 기르는 경제활동을 의미하며 '존경하다, 영광스럽다'는 쿨투스Cultus에서 유래되어 인간이 되기 위한 규준, 자격을 말한다. 즉, 인간은 문화를 행하는 올바른 정신을 소유한 존재가 되려면 교육과 훈련으로 정신과 육체를 꾸준히 도야하고 수련해야 함을 의미한다.

역사의 히스토리History 어원은 그리스어 히스토리아Historia에서 유래하여 '앙케트, 조사로 터득한 지식'이라는 의미와 히스토르$\,\acute{\iota}\sigma\tau\omega\rho$, hístōr의 '지혜, 증인' 혹은 '벌을 내리는 심판자, 판사'라는 뜻에서 기원했다. 역사를 히스토리아로 명명한 시점은 고대 그리스 역사의 아버지라 불린 헤로도투스의 앙케트에서 시작되었다. 그 당시 고대 그리스에는 지역별 언어가 많이 있었지만, 플라톤과 아리스토텔레스의 저서에서 나타나듯이 문학, 법률에 사용하는 공식 언어는 이오니아 지방의 아티카어로 이는 고대 그리스의 중심지인 아테네 언어로 사용되었다.

이오니아 아티카 언어에서 히스토리아는 '연구', '탐험', '조사'의 의미였으며, 기원전 유럽과 경계를 이루는 인도, 서부 아시아에서 사용된 인도유럽어Indo-European의 '확인하다', '보고 확인하여 지식을 얻는 것'이란 의미에서 유래되었다.

오늘날 역사는 과거의 사실을 제유법Synecdoche으로 연구하는 학문이다. 제유법이란 한 사물을 가지고 전체를 이해하는 '동시화법적 이해'의 뜻을 가진 고대 그리스의 제유법sunekdokhê에서 유래되었다. 제유법은 환유법Metonymy과 함께 어떤 사물로 그 안에 함축된 의미를 포괄적이고 개념적으로 정의하는 방법이다. 제유는 일부분으로 전체를 말하는 것이며 환유는 한 사물의 특징으로 전체를 상징한다.

환유는 고대 그리스 시대에 유래되어 문학에서는 어떤 대상을 직접 가리키는 대신 그와 유사한 단어를 사용하여 그 속성을 표현하고, 언어학에서는 개별적 사물을 나타내는 단어가 전체의 의미를 나타내는 대체적 의미로 쓰인다. 환유의 대체적 표현 방식은 은유법Metaphor과 비슷하다. 은유의 어원은 고대 그리스의 메타포라metaphora에서 나왔으며, '본래의 완벽한 의미대로', '옮겨놓는 것'이란 의미로 유사 혹은 유추에 의거하여 대상을 나타내는 방법을 뜻한다.

은유는 애매모호하고 추상적 형상 혹은 주관적 감정들을 상세하고 구체적 용어의 의미적 영역을 빌어 표현하는 방식으로 오늘날 문학, 수사학으로 발전했다. 문화를 창조하기 위한 인간의 체험적 지식은 애매모호한 은유가 아닌 정확한 사실과 실체, 진실에서만 얻어진다. 기록의 모든 요소를 분석하고 연구하여 과거의 숨어 있는 진실이 밝혀질 때 진정한 지식을 얻게 되고, 그 지식은 또 다른 실수를 예방하므로 문화 발전에 도움이 된다. 그러려면 제유법의 대상과 의미가 서로 동일한 개념의 언어학적 연관성을 가지고 결합해야 한다. 소쉬르가 언어학 이론에서 사물을 정의할 때 단어라는 기호의 의미와 단어에 부여되는 청각 이미지의 표시로 시니피앙signifiant(기표), 시니피에signifié(기의)로 구분한 것과 같은 맥락이다.

이 세상에 존재하는 모든 동물, 식물, 사물은 유일한 존재이므로 같은 이름, 같은 의미가 부과되지 않는다. 더구나 땅 속에서 우연히 발견되는 문화의 흔적에서 나타나는 시간적, 공간적 의미와 가치판단은 그 시대로 돌아가서 체험하기 전에는 결코 판단할 수 없으므로 잠재된 문화적 가치를 파헤칠 수 있는 상관적 개념 논리로 접근해야 한다. 즉, 결과가 있으면 그 원인이 있고, 내용이 있다면 그 내용을 함축하는 동기와 배경이 있다. 훌륭한 명작이 있다면 그 안에는 훌륭한 예술가의 삶과 정신이 존재하고, 살았던 흔적이 있다면 그 흔적의 공간에 그 시대의 사회환경이 숨어 있다.

인간은 축적된 문화의 지식으로 오늘날 행복하고 풍요로운 문화적 삶을 살고 있으며 오늘의 문화는 더 나은 미래를 위한 삶의 가치를 완성하기 위해 더 나은 도시와 사회적 발전을 계속 진행한다. 진정한 문화는 방법과 수단이 아니라 모든 문화의 기준을 엄격하게 판단하고 검증하는 '객관적이고 합리적인 지식'과 '지혜의 판단'에서 탄생하는데 그것이 바로 철학이다.

철학은 라틴어로 필로소피아Philosophia라고 표기하며, 그 기원은 고대 그리스어 필로스와 소피아의 복합어에서 유래했다. 필로스는 '사랑하다, 좋아하다'라는 뜻이고, 소피아는 '지혜, 지식'을 의미하므로 '지혜를 사랑하는 학문'이라고 표현하기도 한다. 여기서 '지혜, 지식'은 일상생활을 좀 더 편안하고 안락하게 영위하기 위한 실용적 관점의 지혜가 아니라 인간이 수천 년 동안 살아온 인생관, 세계관, 삶의 가치관에 대한 지식을 의미한다.

그런데 인류의 존재성, 세계에 관한 주제, 문제점, 의문점에 관한 지식은 인간 혼자만의 주장에서 만들어지는 것이 아니라 모든 사람이 공통적으로 인정하고 납득하는 보편적 지식, 해석, 판단, 동의에서 기인

한다. 철학이란 다른 사람과 인식 차이를 극복하는 보편 개념으로 이해되어야 하는 지식이라는 점에서 다른 학문보다 어렵고 까다로운 원칙이 정해진다. 철학은 모든 학문의 최종 목적이 삶의 아름다움, 행복, 기쁨, 진실이며 서로 다른 사람들의 생각, 주장, 의견을 교환하여 이 세상의 모든 사람이 만족할 수 있는 최상의 결론에 이르러야 함을 요구한다. 그래서 인간의 학문은 인문과학, 자연과학, 논리과학으로 그 전문성과 한계가 분류되지만 철학은 모든 분야의 지식을 총괄하는 학문으로 한계가 없다.

철학은 추론과 증명의 법칙을 연구하는 논리학, 인간의 올바른 행실을 인도하는 도덕과 규범의 윤리학, 세상의 모든 존재의 근원적 본질을 탐구하는 우주론과 존재론의 형이상학, 정의사회와 세계평화를 구현하는 정치철학 그리고 자연과 지식의 근원, 내용, 범위, 방법을 연구하는 지식철학 등을 포함한다. 또 철학은 과학철학, 정신철학, 인류학 철학, 예술철학, 법철학, 언어철학 등으로 세분화되어 모든 학문의 기초를 이룬다. 곧 형이상학적 논리를 바탕으로 사회학, 윤리학, 정치학, 심리학, 미학, 언어학 등의 분야를 형성하는 중요한 기초 학문인 동시에 문화를 엄격하게 판단하고 검증하는 객관적, 합리적 체계다.

과학철학은 물리와 생물학을 연구하는 자연과학과 인간의 심리와 경제학을 연구하는 사회과학, 인식론, 존재론으로 구분된다.

정신, 심리, 영혼에 관련된 정신철학은 인격을 형성하는 종합적 심리, 정신 능력과 상태, 잠재의식 그리고 정신과 육체의 관계를 연구한다. 심리는 곧 영혼으로 그 어원은 라틴어 스피리투스Spiritus의 '바람을 넣다'라는 뜻이다. 구약성서에서 하느님이 흙에 영혼의 입김을 불어넣어 인간을 만든 것과 같은 의미다. 정신철학자들은 올바른 정신, 진실한 마음과 양심으로 행동할 때 정상적인 영혼으로 간주했다.

인류학 철학은 인류학을 데카르트 이원론과 이상주의적 비평론으로 1920년과 1930년 사이에 독일 학자들을 중심으로 발전했다.

예술철학은 예술의 가치를 판단하는 학문으로 1750년 바움가르텐이 처음 '미학'이라는 용어를 사용했다. 예술을 개인적 취향이나 주관적 느낌이 아니라 객관적 '아름다움'으로 정의하기 위해서는 철학적 가치 판단 기준이 요구되었다. 미학은 18세기에 '아름다움의 과학', '취향을 비판하는 학문'으로 불렸으며 19세기에 이르러 예술철학으로 변모하게 된다.

법철학은 삶의 기초를 이루는 사회제도를 확립하기 위해 법과 권리를 분석하고 연구하는 학문으로 헤겔이 1820년 베를린 대학에서 강의한 《법철학 강요》*에서 유래했다. 이 저서는 법 이론만이 아니라 사회, 정치 분야의 이론을 담아 19세기와 20세기 유럽의 마르크스주의, 자유주의, 파시즘에 막대한 영향을 미쳤다. 오늘날 법철학은 법학과 정치과학으로 분류되어 발전했다.

언어철학은 언어의 의미를 연구하는 학문으로 올바르고 정확한 번역, 전달을 목적으로 의미를 가진 단어와 소리라는 말이 결합하여 언어를 만든다. 소쉬르는 언어를 음성 '파롤Parole'과 언어 규칙 '랑그Langue'로 구별하여 개념(기의)과 음성기호(기표)의 결합으로 정의했다. 어떤 언어로 정의되는가에 따라 사물에 대한 정확한 개념을 전달할 수 있다.

철학에서 정의하는 도시에서의 인류 문화란 무엇인가? 바로 과거에

•   Georg Wilhelm Friedrich Hegel(1770~1831), *Grundlinien der Philosophie des Rechts*, 1821.

서 현재까지 살아오면서 창조한 인간의 삶 자체로, 인간은 크게 네 분야의 문화를 창조했는데 언어, 사회, 도덕, 생산이다.

언어문화는 수사학, 문학, 시, 음악 등의 예술 분야와 과학, 논리, 기술, 커뮤니케이션, 통신, 교육, 언론, 방송 등의 실용 분야로 발전했다. 사회문화는 공동사회가 발달하면서 정치, 사회, 보수와 혁신주의, 독재 공산주의와 자본독점주의, 공동체, 조직, 협회 등의 사회제도와 공동생활, 축제, 종교, 전통 행사, 관례, 의식 등의 사회생활이 발전했다.

도덕문화는 양심을 지키는 금욕, 도덕주의와 방종을 일삼는 쾌락주의로 구분되어 도덕주의는 법, 규칙, 윤리, 의무, 애국심, 영웅주의로, 쾌락주의는 유흥, 소비, 범죄, 자살, 한탕주의, 이기주의로 변했다. 생산문화는 산업발전, 경제, 무역, 실리주의, 도시개발, 건축, 조형, 조경, 부동산 등의 분야를 발전시켰다.

이처럼 네 가지로 세분화된 문화의 영역에서 철학의 역할은 각 분야의 문화가 연계되는지 혹은 공정하고 균등하게 발전하는지를 검증하는 데 있다.

오늘날 문화는 종교, 예술, 언어, 과학, 커뮤니케이션, 건설, 도덕, 교육 등의 분야로 다양하게 세분화되어 있지만, 각각의 문화 영역들이 상호관계를 유지한다면 어느 한 분야가 다른 분야를 지배하거나 인기가 떨어질 이유도 없다.

예를 들어 오늘날 여러 종교는 자기 종교의 장점과 특징을 내세워 신도들을 끌어 모으고 사회에 영향력을 행사하거나 다른 종교단체와 세력 다툼을 벌인다. 만일 이 종교단체들이 자신들의 신도만을 위한 골수분자 집단이 아니라 시민의 행복을 위해 존재하는 집단이라면 정의를 위해 악한 자들과 대항하여 싸울 것이며 모든 사람과 협력하고 공생하여 사회와 나라를 발전시킬 것이다.

다시 말해 공통된 가치관과 같은 신념을 가진 종교인이라면 뜻을 모아 시민의 삶을 위협하는 독재정치에 대항하여 시민을 보호할 것이다. 또한 신도들을 농락하여 수천억 원의 부동산을 사서 건물을 짓고 재산을 늘려가는 사이비 종교집단을 몰아내고 자연 파괴, 기업 특혜, 악화되는 서민 경제, 언론 장악 등의 독재를 행하는 권력에 결사적으로 대항할 것이다. 이는 종교가 현실도피의 세계가 아니라 현실의 삶 자체로 문화를 주도하는 주역임을 증명한다.

회화, 연극, 영화, 음악, 문학 등의 예술 분야도 마찬가지다. 만일 예술철학이 없다면 서로 자기 작품에 대하여 '예술성이 있다, 없다'의 시비를 가리는 논쟁과 토론의 쟁점이 끊이지 않을 것이며 엉뚱한 작품을 명작으로 인정하는 해괴한 결과를 가져올 것이다. 작품이 훌륭하다면 예술가의 입에서 가치판단 되는 것이 아니라 다른 분야의 사람들이 그 작품을 보기 위해 모여들 것이다. 이처럼 사람들의 마음에 감동을 주는 예술 가치가 있는 작품은 당연히 예술철학의 기준에 따라 훌륭한 작품으로 평가된다.

과학은 연구와 발명으로 신제품이나 특허를 생산하는 것이 주목적은 아니다. 현재의 현실적 한계를 세밀하게 탐색, 관찰하여 상황에 적합한 대책과 방법으로 삶의 수준을 끌어올리는 임무가 과학이다.

커뮤니케이션은 신문, 라디오, TV, 광고, 이동통신, 인터넷 등의 방법을 통해서 대인관계, 정보교환, 통신의 커뮤니케이션을 촉진하고 최적화하는 분야이다. 이 세상에서 일어나는 흥미롭고 경이로운 사건은 물론 과학, 예술, 문학의 작품들을 밝혀내 대중에게 전달하고 현시대의 삶이 어떤 유형인지 밝혀준다. 커뮤니케이션의 또 다른 역할은 각 사회 분야가 영역의 범위와 경계를 벗어나 다른 영역을 침범하지 않는지, 정치가들이 지나친 월권이나 권력 남용을 하지 않는지 감시하는 정의구현의 의무가 있다.

건축, 조경, 토목의 건설은 도시의 공간과 풍경을 계획하는 분야로 모든 계획은 '형평성, 타당성, 효율성, 예술성'의 네 가지 원칙에 일치해야 하는데 이 네 가지 기준에 일치하는 작품이 나오려면 모든 학문 분야의 지식을 갖추어야 한다.

형평성의 원칙에서 건설은 지역사회의 평등한 삶의 균형을 위해 추진되어야 한다. 예를 들어 달동네의 지역 전체를 불도저로 밀어버리고 그 위에 고층건물을 지었다고 이 지역이 더 나아지거나 발전하지 않는다. 오히려 이 고층건물로 이곳의 원주민들은 하루아침에 다른 지역으로 쫓겨날 운명에 처할 것이며, 다른 개발자들이 더 높은 건물을 지어 음침하고 삭막한 아파트 수용소로 변하고 말 것이다. 가난한 지역을 재개발한다고 고층아파트를 건설하기 이전에 이 지역의 사회학적, 지연생태학적, 형태학적 환경이 무엇인지 분석하여 지역의 정체성과 특성을 찾아주는 일이 우선 검토되어야 한다. 그러려면 공무원과 건설 관련 기업의 기술자의 머리에서 재개발사업이 추진되어서는 안 된다. 반드시 사회 전 분야의 지식인들이 머리를 맞대어 추진해야 한다.

도덕문화는 올바른 양심을 가진 사람들만 모여 사는 공동체에서 가능한데 만일 그렇지 못하다면 공동생활이 효율적으로 공정하게 지속되도록 규칙과 규범이라는 법으로 강제 조정된다. 법은 강제적이지만 확실한 사회제도의 확립을 의미하며, 정치적이 아닌 합리적 근거를 기반으로 제정하고 민주주의의 절차에 따라 의결 공포하면 효력이 발생한다. 만일 민주주의 정신이 부재된 정치·사회체제의 도시라면 그 도시의 법은 정치가들의 변덕에 따라 원칙 없이 수시로 바뀐다.

교육은 탁아소, 유치원, 초중고등학교·대학교육, 전문교육, 대중교육 등의 형태로 세분화되며 신체장애, 가난, 인종에 관계없이 그리고 차별과 편견 없이 모든 이에게 의무적으로 기회가 주어져야 한다.

LA VILLE
CLINIQUE

도시의 진화, 중세에서 현대까지

봉건주의, 절대군주주의, 농경사회의 도시 권력 구조

인류학 관점에서 도시는 언어, 사회, 생산, 도덕 네 분야의 문화를 발전시켰으며 각각의 문화는 정치, 경제, 사회, 예술, 법, 생태환경, 과학, 산업 등으로 세분화되어 성장했다. 도시는 세분화된 사회 각 분야에 따라 도시 형태, 사회체제, 정치 유형 그리고 시민들의 사회공동체 활동에 따라 그 특성도 다르게 변화했다.

고대시대 이후 유럽을 통일한 고대 로마제국이 476년 게르만 민족의 이동으로 멸망한 이후 유럽의 전 지역에는 5세기부터 영주를 중심으로 하는 봉건주의 통치제도의 농경사회가 세워졌다. 그 이후 유럽은 330~1453년 중세 말기까지 비잔티움을 중심으로 세워진 로마왕국과 봉건 세력을 귀족으로 통합한 중앙집권적 군주정치는 농경사회를 산업사회로 발전시켰다. 16세기 이후 시민혁명으로 입헌군주정치와 입헌공화정치 사이를 오고가며 근세는 자본주의의 근대사회를 형성했고, 현대 민주주의 정치는 도시를 정보사회로 발전시켰다.

이렇게 각 시대마다 다른 정치 유형으로 형성된 사회는 각각 사회적·정치적 배경에 따라 도시는 폴리스, 시티바스, 시테, 고전도시, 산업도시 그리고 오늘날 메트로폴리스로 진화했다.

유럽은 5세기 이후부터 15세기까지 봉건체제였고 16세기부터 18세기까지 전제주의의 농경사회로 주요 생산활동은 농업이었다. 이 시대에 영토는 부유함과 생명을 상징했기에 경작하는 모든 농산물은 귀족과 성직자들의 엄격한 통제 아래 이루어졌다.

모든 영토는 지배계급인 영주, 귀족, 성직자들이 소유했고 일반 농민들은 영토를 소유할 권리가 없었다. 농민들은 지배계급이 시키는 대로 땅을 경작하고 일정한 대가를 받는 노예나 다름없는 소작인의 위치였으므로 농민들 대부분이 가난하게 살았다. 귀족으로부터 땅을 받아 농사짓는 농부들은 극소수였고 경작기술 또한 원시적인 육체노동이 전부였다. 사람들 대부분은 마을에 모여 살았고 몇몇 사람들은 따로 근처에 모여 작은 부락을 형성하기도 했다.

마을에는 농민과 농기구를 만드는 장인들이 함께 살았으나 이들 또한 삶의 수준이나 사회적 위치가 농민과 다를 바 없었다. 귀족과 성직자들은 농민들의 마을에서 벗어나 돌로 축조한 요새 같은 성에서 살았는데 그 성에는 귀족, 성직자, 빵과 고기를 파는 상인, 연모를 만드는 장인, 소수의 잡상인들이 함께 살았으나 농민은 없었다. 이 요새의 도시가 바로 농경사회의 도시 시테다.

봉건사회의 인구는 계속 증가했지만 시테의 도시에 사는 사람들은 전체 인구의 20퍼센트를 넘지 않았다. 시테에는 귀족과 가톨릭 성직자, 군인, 상인, 장인들이 사는 구역이 구분되어 마치 군대 같은 계급체계가 형성되었다.

농경사회의 사회계급은 봉건사회부터 산업사회까지 오랜 시대를 통치한 귀족과 성직자, 시민으로 요약되며 시민을 제3계급으로 구분했다. 제3계급은 농민, 장인, 상인이었는데 이후 상인들은 교역을 통하여 재력 있는 신흥 부르주아 계급으로 변신하지만 재력 있는 상인이라 할지라도 반드시 도시에서 살았던 것은 아니다. 무역과 상업이 발달하면서 상인들은 그들이 축적한 재력을 기반으로 귀족 및 성직자들과 가깝게 지냈고 이런 사회계급의 변화는 곧 두 종류의 도시 발전 과정을 보여준다.

첫 번째는 귀족, 성직자, 농민 계급이 형성되어 도시와 마을이 명확하게 단절된 도시 형태다. 두 번째는 무역과 상업의 발달로 많은 장인과 상인들이 도시로 집중하는 바람에 시테의 성곽을 허물고 도시 주위의 마을까지 확대된 형태다.

농경사회 도시의 사회, 문화, 교육, 예술 등 모든 시민의 활동과 삶은 가톨릭의 가치관 안에서 형성되었으며 도시는 성당을 중심으로 건립되었다. 성당에서 거행되는 가톨릭 의식은 그 당시 도시와 시골로 신분 차별을 받는 사람들에게 같은 백성 같은 도시의 주민이라는 공동의식을 심어주었다. 그 결과 시테에 사는 가난한 농민과 격이 높은 도시인들은 평등한 위치에서 서로 단결된 공동사회를 형성할 수 있었다. 시민들에게 인간은 평등하다는 인식을 심어주는 일은 그 당시 로마 가톨릭 성직자들에게 중요한 임무이자 사명이었다.

봉건사회를 지배했던 귀족과 성직자 두 계급은 서로 침해하지 않는 통치 영역에서 세력을 형성했다. 귀족은 각자 자신들이 통치하는 지역의 군주로서 군대를 보유하고 세력을 유지했으며, 왕에게 예속된 지역의 군주들은 제후의 자격으로 왕을 섬기고 그 대가로 더 많은 영토와 높은 직위를 얻었다. 하지만 왕과 각 지역 영주의 밀접한 관계는 다른 지역의 군주와 귀족들의 시기로 종종 마찰을 빚어 전쟁이 발발하기도 했다. 이처럼 봉건시대 왕의 권력은 군주들의 세력과 맞서야 하는 한계가 있었다. 이와 달리 성직자는 로마 가톨릭 교황청이 조직한 계급체계로 위계질서가 형성되어 교황, 추기경, 주교, 신부, 수사의 직위에 따라 역할과 세력이 구분되었고, 그 지역의 군주와 귀족들의 간섭을 전혀 받지 않았다.

한편 봉건주의 사회의 도시는 시테에서 중세도시로 발전했다. 시테는 기원전부터 작은 규모로 시작되어 10세기 전후에는 왕궁, 성당, 수도원, 시장, 상점 등이 요새와 성벽으로 둘러싸여 형성되었고 중세도시로 확장되었다.

시테에서 물물교환, 상업활동이 발달하면서 시테 성 밖 주변은 물론 변두리 외곽까지 농민들이 거주하는 마을이 크고 넓게 형성되었으며 근처에는 땅 소유자인 귀족들의 성과 수도원 등이 군데군데 세워졌다. 시테 주위는 점차 도시의 영역이 확장되었는데 이 도시가 바로 중세의 비잔틴, 고딕, 르네상스, 바로크 문화의 고전도시다. 이 같은 고전도시는 10세기부터 16세기 전까지 시테를 기반으로 발전했다. 특히 고전도시는 산업혁명 이전의 15세기부터 시테의 형태에서 완전히 벗어나 엄숙한 고딕과 찬란한 바로크 문화의 예술성과 정통성을 중요시하는 도시로 발전했다.

도시의 규모가 커지면서 시테의 중심을 벗어난 주변에는 활발한 물물교환이 이루어지고 대규모의 시장이 형성되었다. 농법이 발달하여 도시의 외곽에서는 포도 재배, 가축 방목, 다양한 곡식과 식물재배 등이 활발했고 그 시대의 주요 생산활동이 되었다.

10세기 이전에는 농민이 물품과 도구를 구매하기 위해 시테로 모였지만 이 시대에는 반대로 시테에 사는 시민 대부분이 외곽이나 시골로 가서 농사와 목축 일을 했다. 도시 외곽의 농업이 도시 안에 사는 시민들에게 주요 직업이 되는 새로운 사회구조가 형성된 것이다.

　농업 위주의 농경사회에서 상업과 교역이 발달하기 시작한 15세기부터 새로운 사회계급이 탄생했는데 바로 부르주아의 출현이다. 부르주아는 왕, 귀족, 영주, 성직자 그룹과 농부, 상인, 장인들의 낮은 지위의 이원화된 계급사회 사이에 탄생한 신흥계급으로 이들은 상업 거래로 부유해진 장인과 상인들이었다. 장인들은 농부들의 농기구와 연모 제작 등의 단순 생산에서 벗어나 전문화된 다양한 제품을 대량생산했고, 상인들의 상업활동은 고정 지역에서 벗어나 먼 지역 혹은 다른 나라와의 교역으로 확대되었다.

　상인들의 교역, 무역활동은 유럽의 중남부 지중해 지방에서 북부 유럽, 러시아, 인도, 중국까지 확대되었고 각 지역의 주요 도시에는 물건을 전시하고 판매하는 시장, 돈을 안전하게 보관하는 은행 그리고 높은 이자로 돈을 빌려주는 고리대금업이 발달했다. 장인과 상인들 중 엄청난 재력을 소유한 부르주아는 귀족, 성직자들과 대인관계를 맺으며 경제적, 정치적으로 귀족 세력 못지않은 영향력을 행사했다. 즉, 도시는 이 시대부터 돈의 세력과 직업의 귀천이 사회적 신분과 지위가 구별되는 차별사회로 변하기 시작한 것이다.

　직업은 더 분업화되고 경제활동의 영역은 국내에서 국제적으로 확산되어 대량생산과 분배로 교역활동의 증대는 곧 운반 및 수송기관의 발전을 가져왔다. 즉, 세계의 주요 도시들은 경제활동을 증대시키기 위해 철도, 도로, 항만시설 같은 사회간접시설의 건설을 촉진했다. 이처럼 활발하게 발전한 경제활동은 농경사회에서 산업사회로 변화할 수 있는 기반을 형성했지만 경제적 이익에 따른 부의 축적은 실질적으로 귀족과 부르주아만의 특권이 되어 부자와 일반 시민의 빈부 차이는 더욱 심해졌다.

한편 프랑스 북부, 벨기에, 네덜란드의 서유럽에서 활성화된 중세시대의 교역은 프랑스 남부 에스파냐, 이탈리아, 북아프리카로 확산되어 발전했다. 도시들은 활발한 경제활동으로 경제성장에 힘입어 자치적으로 통치 행정권과 경제력이 있었지만 자치 능력을 가진 도시의 이면에는 소수 특권층의 권력자들로부터 지배를 받고 있었다. 즉, 도시는 특권층의 소유물과 독점 무대로 전락해버린 것이다.

이 시대에 나타난 도시의 권력구조를 살펴보면 첫 번째 상층계급은 파트리시아트Patriciate라 불리는 귀족계급으로 도시와 지방의 모든 땅과 건물을 소유하고 있었다. 한편 신흥 재벌인 부르주아들은 귀족들과 동등한 인간관계, 사회적 대우를 얻기 위해 땅과 건물을 사들이기 시작하여 왕족, 귀족, 가톨릭교회만큼 재산을 소유하게 되었다. 많은 부동산을 소유한 부르주아의 세력들로 말미암아 문화의 공동사회는 결국 돈이면 무엇이든 소유할 수 있고 세상을 자기 마음대로 바꿀 수 있는 사유재산제도의 자본주의 사회로 변천하는 계기가 되었다.

부르주아들은 귀족처럼 조상들로부터 전수받은 대지와 성과 같은 역사적 유산이 없었기에 돈이 모이는 대로 땅과 성들을 마구 사들였고 보물, 현금, 향수, 비단 같은 값비싼 물건들도 대량으로 사들여 창고에 저장해놓았다. 그들이 돈, 건물, 땅을 이용하여 높은 고리대금, 월세, 소작료 등을 철저하게 챙긴 반면 그 시대의 귀족들은 소유한 모든 자산이 조상들에게 물려받은 명예의 재산이므로 남에게 빌려주거나 살게 하지 않았다. 이런 이유로 경제활동은 하지 않은 채 품위를 유지하는 귀족들의 삶은 무척 어려웠다. 일부 귀족들은 재산을 탕진하여 몰락했지만 대부분의 귀족은 재산을 합리적으로 운영하여 귀족들만의 품위를 유지하고 살아가기 위한 토대를 마련할 수 있었다. 바로 귀족과 부르주아 간의 경제적 동업이었다.

이 당시 중산계급의 부르주아들은 뚱보, 돼지란 뜻의 '그로Gros', 그 외의 시민들은 잔챙이, 푼돈을 뜻하는 '므니Menu'라고 불렀다. 므니는 작은 점포를 운영하는 잡상인, 머슴, 농민, 노동자, 가사를 도와주는 잡일꾼 등을 뜻했다. 그리고 일도, 직업도, 거처도 없이 궁핍에 허덕이는 가난뱅이와 거지들은 거주자의 자격에서 제외되었다. 이들은 돌보거나 관심을 두지 않는 비참한 존재로서 '레미제라블Les miserables'이라고 불렸다.

경제적 번영으로 사회와 도시가 발전하고 부자들이 출현했지만 도시에는 수많은 레미제라블이 굶주림과 병으로 거리에서 비참하게 죽어 갔다. 중세사회의 이러한 현상은 비록 가난했지만 시민들이 굶어죽지는 않았던 고대, 중세 중기까지의 농경사회에서는 볼 수 없었던 현상이다. 바로 재벌의 탄생으로 중세사회는 극심한 계급 차별의 분열사회로 변질된 것이다.

계급사회로 생겨난 사회 분열은 결국 가난한 잔챙이와 부자인 뚱보 사이에 충돌을 빚었고, 곧이어 두 계급의 치열한 격돌은 유럽 전역을 폭동이 난무하는 혁명의 시대를 맞이하게 했다. 가난과 차별로 말미암은 서민의 울부짖음은 인류 역사상 가장 큰 이변의 시대를 가져왔고, 곧 불평등의 정치적 결과로 세계대전이라는 혹독한 희생의 대가를 치러야 하는 불행의 시대를 맞이했다.

인간을 차별하는 비인간적 현상에 대한 중세사회의 관행을 살펴보면 부르주아들이 시민들을 사업의 이익을 창출하는 노동력을 가진 노예로 간주했기에 발생한 것이다. 시민들은 생존을 위해 그들의 기본적 요구를 주장했지만 부르주아들은 그들 노동력을 최소 임금으로 착취했다.

그 당시 사회를 지배하는 귀족 신분은 부르주아와 적대관계였다. 그 이유는 귀족들은 부르주아가 재력으로 그들의 영역을 침범하거나 점령하는 것을 용납하지 않았기 때문이다. 그래서 귀족들은 시민들과 부르주아 간의 갈등으로 심각한 사회적 문제가 발생해도 시민과 부르주아 중 한쪽 편을 들어주거나 간섭하거나 표면에 나서지 않았다.

그러나 가톨릭교회는 시민과 부르주아 간의 마찰을 조정하는 중재자 역할은 물론 그들을 화합하여 사회의 경제와 문화발전에 적극 나서는 지도자 역할을 했다. 그 당시 가톨릭교회는 도시부터 시골까지 많은 영토와 건물의 소유주였기에 사회의 혼란을 방지하여 도시와 시골을 발전시키는 것은 부동산의 주인으로서 당연한 일이었다. 하지만 가톨릭교회는 세속화된 성직자들이 로마가톨릭의 정통성과 의무를 벗어나 자신들의 권위 혹은 세력을 확보하려는 목적으로 부르주아들과 유착하여 그들 편에 서거나 성서를 왜곡하여 해석하거나 가르치는 일을 엄중히 통제했다.

이러한 정통 가톨릭 교리의 중요성을 강조한 성직자들의 감시와 통제체제는 결국 참된 신앙을 추구하는 사제수도원, 베네딕트파의 수녀원, 프란체스코의 수도회, 도미니크파의 성직자, 사제, 수녀들에게까지 확대되었다. 로마 가톨릭교회의 이러한 노력은 무책임한 산업사회에서 인간의 존엄성을 귀히 여기는 고전사회로 변화하기까지 가장 중요한 보호자, 선구자의 역할을 수행하게 되었다. 그들은 헐벗고 굶주리고 불치의 병으로 죽어가는 환자들을 교회로 맞이해 치료하고 보호했다. 가톨릭교회가 헐벗고 굶주리고 병든 사람들의 귀하고 순수한 영혼의 가치를 중요시했기에 성직자들은 레미제라블을 돌보는 일을 성직자의 당연한 의무이자 도리로 여겼다.

중세 말기의 도시는 어느 시대보다 독특한 정치체제의 자치도시였다. 부르주아들끼리 상부상조하여 결속된 거대한 상인 연합과 조합들로 도시는 급속한 경제성장을 이루었고, 각 도시는 외부의 도움 없이 자체적으로 자생할 수 있었다. 종종 국왕의 권력이 소수의 부르주아와 유착하여 그들에게 특혜를 주면서 성직자, 귀족계급, 영주들과 마찰을 빚고 전쟁이 일어나기도 했다. 하지만 지역을 통치하는 영주들은 왕의 간섭에서 벗어나 자신들의 능력과 지역 특색에 따라 그들의 도시를 독립적이고 자유로운 자치도시로 발전시켰다.

활발한 경제활동으로 풍요롭고 안정된 중세사회는 곧 정치제도를 발전시켜 훗날 민주주의의 기본이 되는 자치도시의 개념을 갖추었다. 도시의 중심에는 고딕, 비잔틴 양식의 성당, 궁전, 수도원, 관공서의 건축물이 건설되었고 광장, 대로, 공원 등을 제외하면 비어 있는 곳이 없을 만큼 상업조합의 길드, 군대, 상점, 제작소 등의 장소가 치밀하게 형성되었다. 또한 모든 유형의 학교, 대학들이 이 시대에 설립되었다. 도시에는 다양한 축제 행사가 일상생활화되어 연극, 음악이 발전했고 권위를 드러내는 군대조직이 발달했으며 가톨릭 의식을 통한 삶의 활력으로 정신문화가 발전했다. 그러나 카니발, 무도회, 춤의 축제는 일반시민을 제외한 부르주아 또는 귀족들만의 특권 행사로 이는 근세 말기까지 계속되었다.

재벌 부르주아 탄생과 약육강식의 도시

봉건주의의 절대군주 사회는 14세기부터 시작하여 16세기 말에 일어난 르네상스에 영향을 받아 18세기 중기부터 19세기 초기에 일어난 산업혁명 이전까지 중세도시를 발전시켰다. 중세는 1492년 콜럼버스가 아메리카대륙을 발견한 시점에서 막을 내리고 그때부터 프랑스 시민혁명의 시점인 1789년 혹은 프랑스 왕조가 몰락하고 입헌군주제가 확립된 1792년까지 근세 초기로 정의한다. 입헌군주제가 확립된 1792년 이후부터 지금까지를 현대시대로 정하는데 1792년부터 제1차 세계대전이 종식된 1920년까지 제1현대시대, 1920년 이후부터 현재까지를 제2현대시대로 구분한다.

르네상스의 문예부흥이 일어나기 시작한 15세기 이후 프랑스 왕은 고위계층의 성직자, 귀족, 부르주아들에게 왕의 권한을 강화하기 위해 엄숙하고 화려한 고전문화의 도시를 만들도록 강요했다. 그 당시 유럽사회의 인구는 해마다 증가했지만 정치·사회체제가 오랫동안 농경사회와 같은 봉건정치를 유지하고 있었기에 도시는 차별된 사회계급으로 불평등한 삶이 계속되었다. 이 시대의 사회는 중간계급인 예술가, 장인, 소매상인들이 몰락했고 거대한 재력을 확보한 은행가, 도매상인들의 지배를 받는 가난한 하층민은 나날이 증가했다. 헐벗고 굶주린 서민들은 빈익빈 부익부 현상으로 더욱더 가난해지고 사회에 대한 불만은 나날이 쌓여갔다.

책임정치가 아닌 과두정치의 사회였기에 레미제라블에 대한 사회의 인식은 동정과 배려보다 무관심과 멸시로 바뀌어 그들을 불치의 병을 옮기는 전염병의 원인이자 사회질서를 어지럽히는 반역자로 간주했다.

과두 권력은 결국 군대를 동원하여 길거리에 방황하는 노숙자, 병들어 길거리에 버려진 사람들을 마구 잡아 가두었다. 그 당시 군인들은 전쟁에 참여하는 일보다 군주와 부르주아의 하수인으로 서민들을 잡아 가두는 일을 했고, 감옥이 모자라 도시에 있는 모든 병원은 환자를 돌보는 일보다 거지들을 수용하는 장소로 사용되었다.

국왕의 명령을 받들어 형을 집행하는 군부의 횡포는 결국 도시의 하층계급의 서민뿐만 아니라 재벌들의 독점으로 파산에 이르게 된 중간계층의 상인과 장인들로부터 반감을 불러일으켜 군주정치에 강력하게 대항하는 사회환경이 조성되었다.

그 당시 모든 경제활동을 독점한 소수의 재벌들은 방대한 규모의 무역, 상업활동으로 더 강력한 재력을 키웠고 국제적으로 확대된 경제활동은 상업과 교역 중심에서 대량생산의 산업발전으로 바뀌는 초기 산업도시로 그 변형을 재촉했다. 또한 귀족계급은 신분을 꾸준히 유지해 왕정의 고위층 임무를 수행하거나 부르주아에게 조상의 모든 재산을 탕진하고 몰락한 속물계급의 두 유형으로 분류되었다. 부르주아들도 시민혁명 바로 이전까지 엘리트 그룹의 상층, 중간층, 하층계급으로 나뉘었다.

한편 산업발전과 인구집중으로 중세도시의 영역은 더욱 확장되었고 새로 확장된 도시에는 더 많은 광장과 질서정연한 고전 이미지의 도시가 조성되었다. 기존의 도시 중심에 형성된 중앙 축을 중심으로 도시 주변으로 넓게 뻗은 대로, 강변의 산책로, 도시 한복판에 나무로 우거진 생태공원, 도시 곳곳에 만들어진 넓은 뜰과 작은 마당, 건물 내부에 설치된 안마당과 뜰, 대칭성과 비율을 준수한 고전양식의 건축 등이 서로 조화되어 연속적인 도시 맥락이 형성되었다.

근세의 바로크 건축양식으로 건립된 폴란드 베르사유 궁전으로 불리는 바르샤바의 빌라노프 궁전.
©GNU Free Documentation License

　근세도시는 이전에 완성된 중세도시를 연장하고 산업발전의 이미지를 상징하는 조직적인 도시계획의 맥락 안에서 바로크와 르네상스식 건축양식으로 도시를 표현했다. 고전의 규칙과 질서에서 불규칙하지만 대칭적 균형으로 변화된 바로크 양식은 기둥, 지붕의 돔, 빛의 대조를 이용한 건축 형태로 현재 유럽 대부분의 주요 도시에서 볼 수 있다.

　근세 말기 산업도시는 중세의 사회구조와는 근본적으로 달랐다. 마치 도시 전체가 끊임없이 자동장치에 연결된 것처럼 자체적으로 작동하는 기계시스템의 도시로 변화했다. 고전도시가 낭만, 고전, 서민 중심의 사회였다면 산업도시는 노동, 생산, 명령체계의 시스템으로 작동되는 사회였다. 이 사회는 일단 기계시스템이 가동되면 무조건 그 명령에 복종해야 하며 자신에게 할당된 임무 완수가 철저하게 요구되는 사회였다. 즉, 삶과 지식의 중요성은 잊은 채 생산량 증가에만 목적을 두고 온갖 수단과 방법으로 노동자들을 감시, 통제하고 착취했다.

이 시대의 사회는 공동체 사회라는 정상적인 사회 기능보다 서비스와 물건 생산을 위한 방법과 수단만이 중요하게 인식되는 생산 위주 체제로 전락했다. 사람들은 거대한 기계들로 꽉 찬 커다란 공장에 갇혀 그날 할당된 생산량을 달성하기 위해 노동을 강요당했다. 그날그날의 급료는 생산량의 결과에 따라 계산되어 지급되었고 노동자들이 돈을 더 벌기 위해서는 기업주에게 무조건 복종하고 맡은 물량보다 더 많은 일을 완수해야 하는 사회 관행이 조성되었다.

증기기관이 발명됨에 따라 농업, 제조업, 운송과 서비스업 등의 생산량이 급격히 증대했다. 부르주아들은 증기기관을 이용하여 더 많은 생산 이익을 취했고 더 완벽한 기술과 생산시스템을 집중적으로 개발하여 생산성을 높였다. 결국 노동자에 대한 노동 착취가 심각해지고 그에 따른 부르주아와 노동자들 사이에 생긴 마찰의 불씨는 커다란 분쟁으로 번져 사회적으로 혼란한 시대를 맞이했다.

산업사회는 기업주의 임금과 노동자의 육체노동의 상관관계로 움직이는 사회체제였기에 분쟁이 일어나자 가톨릭교회의 중재도 소용이 없었다. 부르주아는 프롤레타리아 무산계급과 근로자들을 인간적 대상이 아니라 노동 상품으로 간주하고 있었기에 재벌들이 원하는 만큼 육체노동이 강요되었다. 일이 힘들면 공장에 나오지 말아야 하고 일을 시키는 대로 하지 않으면 임금을 지불하지 않는 것이 그 사회 재벌들의 당연한 논리였다.

산업주의 초기에 발단된 부르주아와 노동자들 간의 분쟁은 힘없는 소수 노동자들과 벌이는 투쟁이었기에 사회에 영향력을 미치지 못했다. 또 노동자 대부분은 좀 더 나은 대가를 받기 위해 부르주아 편에서 충성을 맹세했기 때문에 부르주아 추종자들은 노동자들의 움직임을 철저하게 간파하여 분쟁이 일어나기 전에 주동자를 색출했다.

노동자에 대한 부르주아의 비인간적 착취가 확대될수록 그 사회의 중간계층인 예술인, 지식인, 귀족들로부터 비난을 면치 못했다. 이 시대의 부르주아는 겉으로는 고귀한 귀족처럼 행세했지만 일반 노동자와 같은 평범한 지식 수준의 사람들이 벼락부자가 된 신흥 부르주아 출신들로 서민들에게 자비를 베풀었던 중세 고전사회의 부르주아와는 근본적으로 달랐다.

노동자들은 저항조직을 형성하여 부르주아와 맞서 더 나은 노동 조건을 요구했지만 그 당시 절대군주주의 명령체계에서 시민의 항거는 용납할 수 있는 협상 대상이 아니었다. 시민의 요구가 받아들여지지 않는 만큼 그들의 시위와 항거는 점점 더 치열해졌으며 시민들은 임금 인상, 노동환경 개선의 요구 조건에서 벗어나 이 시대의 산업주의시스템 자체를 거부하고 공장의 대량생산시스템의 완전 폐지를 요구하기에 이르렀다.

결국 프롤레타리아 무산계급의 근로자들과 자본주의 부르주아들과 벌인 싸움은 폭력과 파괴의 극한 상황까지 치닫게 되었다. 또 노동자들의 집단은 서로 세력 쟁취를 목적으로 변질되거나 여러 종류의 파벌을 형성하여 격렬한 싸움이 벌어지기도 했다. 노동자들의 항쟁은 이 시대를 지배하는 재벌 세력과 싸워 이길 승산이 없는 투쟁으로 간주되었지만 훗날 그들의 항쟁에 모든 시민이 공감하면서 결국 왕권의 권력은 물론 시대를 개혁할 만한 강력한 힘을 가진 시민공동체의 사회가 탄생한 것이다.

이 시대의 권력구조를 살펴보면 봉건주의의 중세부터 절대군주주의의 근세까지 도시는 절대권력을 가진 군주와 하느님의 대변자인 성직자들의 지배를 받았다. 중세 말기 경제력을 가지고 출현한 부르주아의 세력은 날로 커졌지만 왕과 귀족들은 그들끼리 맺은 혈통과 가문을 방패삼아 부르주아를 견제하며 변함없는 권력을 지켜나갔다. 반면 부르주아들은 왕과 귀족들의 견제가 심해지자 자신들의 세력 확보를 위해 귀족에게 대항할 만한 세력을 가진 성직자들과 친밀한 관계를 유지해나갔다. 이들은 가톨릭교회와 친밀한 관계를 맺음으로써 왕과 귀족들의 간섭과 통제 없이 자유롭게 상인조합 길드를 결속하고 활발한 경제활동으로 더 큰 부자가 되었다.

한편 상인조합 길드는 부르주아 성직자와 밀접한 관계라는 사실이 알려지면서 전능하신 하느님으로부터 보호를 받는 조합으로 인식되어 그들의 사업은 날로 번창했고 이를 계기로 수많은 부르주아 중산계급이 출현했다. 가톨릭 성직자의 보호 아래 발달한 상업활동은 수많은 상인을 늘 성당 주위에 모이게 했고, 성당은 도시에서 가장 중요한 구심점이 되었다.

이런 상황에서 왕과 귀족들은 성직자와 부르주아의 결속을 견제하기 위해 더 강력한 권위를 내세웠다. 바로 국왕의 절대권력을 상징하는 가장 화려하고 찬란한 궁전과 관공서의 건립이었다. 이를 위해 사회의 모든 지식인과 예술인이 총동원되어 이성과 합리성이 추구된 고전 예술의 도시가 탄생한 것이다.

찬란하고 화려한 도시를 건설하여 절대왕정을 지키려는 왕의 의도는 그 당시 지식도 없이 돈만 벌려고 했던 수많은 부르주아에게 종신형을 선고하는 일이나 다름없었다. 부르주아가 아무리 돈이 많다고 해도 도시를 그들 마음대로 공략할 수는 없었다. 도시에서 발생하는 모든 건설은 귀족 세력인 통치자와 사회가 인정하는 올바른 사고와 진리를 추구하는 지식인들의 승인이 반드시 필요했기에 재벌들은 엄청난 손해를 감수해야 했다.

왕은 자신들의 권위와 영광의 상징은 아름다운 도시를 건설하여 모든 시민으로부터 감탄과 존경을 받아야 가능하다고 판단했기에 오늘날 찬란한 고전의 도시가 탄생한 것이다. 만일 왕의 권력이 부르주아의 재력과 유착되었다면 오늘의 유럽은 존재하지 못했을 것이다. 과시와 욕망보다는 이성을 중요하게 여기는 왕과 귀족의 정치였기에 재력을 가진 재벌과 결탁하지 않았고, 아름답고 찬란한 도시가 될수록 왕과 귀족들은 세력과 명성을 얻었다. 그리고 귀족들은 훌륭한 도시를 위해 공을 세운 부르주아를 귀족으로 서임했다.

이렇게 이상을 추구하는 왕정 정치는 시민혁명을 맞이하여 공화정치로 바뀌면서 정반대의 현상이 벌어졌다. 왕정은 시민정치의 민주주의의 힘 앞에 몰락했고 절대권력의 자리는 귀족 대신 돈 많은 부르주아가 차지하여 도시와 사회 전체를 독식·지배하는 혼란스런 세상이 된 것이다. 자신들을 꼼짝 못하게 견제했던 왕과 귀족의 절대권력이 붕괴되자, 부르주아들이 최고 권력자가 되어 도시를 돈에 복종하고 돈을 좇아 천방지축 날뛰는 사회로 만들어버렸다. 즉, 고대부터 프랑스 시민혁명 시기인 1790년대까지 국가 권력의 권위와 영광의 상징이자 문화의 장소였던 고대, 중세, 근세의 도시들이 갑자기 재벌들의 재산을 증식하는 장소로 변질된 것이다. 그리고 도시는 더 이상 예술적·문화적·상징적 가치로 인식되지 않았다.

시민혁명으로 탄생한 공화정치는 시민을 위한 통치체제이기보다 부르주아의 권력에 좌우되었으며 시민정치를 낳은 시민들은 재벌들이 만

베르사유 궁전은 루이 13세가 건설하여 루이 14, 15, 16세가 살았다. 이 왕궁은 고전양식에 바로크 양식이 함께 표현되었다. 이 성은 방 700개, 창문 2513개, 벽난로 352개, 계단 67개, 800헥타르의 정원으로 구성되어 있다. ⓒGNU Free Documentation License

든 기계의 생산시스템에 노예처럼 착취당했다. 역사학자, 사회학자들은 이 현상에 대해 시민혁명의 발단은 부르주아의 착취로 빚어졌지만 결국 부르주아는 살아남고 왕족이 몰락한 이유는 왕족이 재력의 재벌들을 장악하여 시민을 위한 선의 정치를 구현하지 못했기 때문이라고 말한다. 수천 년 동안 왕족의 보호 아래 유지된 본래의 도시는 결국 왕족의 몰락과 동시에 산업혁명 이후부터 20세기 중반까지 재벌의 횡포로 비참한 암흑시대를 맞이해야 했다. 그리고 21세기인 지금도 많은 나라에서 재벌 독점의 시대는 여전히 진행 중이다.

왕족의 몰락은 도시의 쇠퇴기를 가져왔지만 제1현대시대의 도시는 산업개발과 함께 생산과 기술 분야의 혁신을 가져왔다. 대량생산과 노동 착취로 돈을 많이 번 부르주아의 세력은 더욱 커졌고, 그들에게 대항했던 시민계급의 움직임도 활발해져 새로운 정치와 사회제도가 확립되고 문화가 발전했다.

 이처럼 격랑의 시기를 겪은 사회는 시민공동체의 활동과 시민의 단결, 화합의 사회성을 중요하게 인식하면서 발전했지만 보수와 진보로 양분된 정치 세력은 늘 격렬한 논쟁으로 사회 혼란을 동반했다. 공화정치라는 새로운 정치체제는 종교의 자유를 선언하였기에 가톨릭의 권한이 퇴보하고 이슬람교의 세력은 더욱더 강화되었다. 또 이 시대에는 처음으로 도시계획이라는 학문이 체계화되어 토지와 영토가 조직화되어 관리되었으며 도시행정청의 정책 운영에 중요한 방법론으로 응용되었다.

 이 시대에 가장 중요한 사회적 이슈는 바로 정치적 변화였다. 부르주아와 시민의 투쟁은 새로운 사회체제의 발전을 도모했고 이는 과거의 절대군주주의의 통치제도로 역행하지 않는 현실을 의미했다. 시민의 단결로 탄생한 민주정치의 개혁은 곧 시민의 세력이 그 어떤 권력과 재력보다 강력한 사회임을 말해준다. 이제 도시는 사회공동체라는 정체성의 장소로 재탄생되었다. 사회공동체의 정착으로 시민들은 재벌의 착취에서 벗어나 스스로 활동하는 사회생활의 주역이 되었고 도시는 시민 중심의 근대사회로 발전할 수 있는 기초가 마련되었다. 시민사회는 곧 노동과 생산에 집중된 기계시스템 체제에서 벗어나 경제적·사회적 혁신, 기술혁명 그리고 가장 중요한 입헌정치의 개혁을 이루었다.

 입헌정치란 법을 제정하여 통치하는 정치로 옛 중세시대의 봉건체제와 전혀 다른 공화정치로 입헌군주정체와 입헌민주정체로 구분된다. 19세기 중기 유럽 대부분의 국가는 이 공화정치의 방식을 적용하여 각 국가는 다양한 모자이크 형태의 정치체제를 갖추게 되었다. 그러나 경험 부족으로 공화정치의 법과 제도는 수십 년간 재벌 독점의 자본주의 체제를 거치면서 심각한 빈익빈 부익부의 계급사회를 만들어 민주정치는 썩고, 병들고, 남용되고, 훼손되었다. 이후 오랜 기간을 거쳐 공화정치는 중앙집권체제 혹은 연방제도 등의 새로운 민주주의의 정치제도로 정착했다.

오늘날 민주주의 정치는 세계평화와 번영을 위해 국가 간 화합을 이야기하지만 뒤로는 경제, 산업, 수출 등에서 전 세계를 치열한 경쟁으로 내몰고 있다. 민주주의가 인종과 종교의 차원을 초월하여 세계평화와 번영만을 추구하는 완벽한 정치철학으로 완성되기 위해서는 아직 더 많은 과정의 시기를 거쳐야 한다.

이런 가운데 유럽연합의 탄생은 새로운 시대로 도약할 수 있는 정치개혁의 가능성을 보여주었다. 미국이 앞장서서 선진국을 모아 선진 7개국G7, G20의 연합을 구성하고 제3국의 국가들을 관리 대상으로 고려하는 모순된 상황에서 유럽연합은 21세기 민주주의에 대한 새로운 방향과 비전을 제시한다. 수천 년 동안 서로의 국가관, 전통 등을 내세워 세계에서 가장 많은 전쟁의 역사를 거친 모자이크 조각과도 같았던 유럽 국가들이 유럽연합이라는 이름 아래 하나로 통합된 사실은 21세기의 혁명과도 같다.

정보사회, 메트로폴리탄, 도시의 몰락

19세기에서 20세기까지 유럽의 도시는 제1, 2차 세계대전의 대란을 겪었다. 전쟁이 끝난 이후 수많은 사람이 대도시로 모여드는 바람에 주택난을 해결하기 위해 도시 변두리에 날림공사로 만들어진 싸구려 주택가 비동빌bidonville을 건설했다.

쇼애*는 그 당시 유럽에서 추진되었던 도시개발정책을 두 가지 유형으로 분류했는데 바로 '전통성이 함축된 문화 중심의 도시개발'과 '현대화의 변형을 추진하는 급진주의 정책'이다. 전자는 1947년부터 4년간 유럽의 재건설을 추진한 유럽부흥계획ERP인 마셜플랜**을 들 수 있다. 이 정책은 제2차 세계대전으로 폐허가 된 유럽의 도시를 시골의 평범한 건물에 이르기까지 이전의 모습과 똑같이 복원하는 계획이었다. 건축양식이 특별하거나 문화재도 아닌 평범한 건물까지 똑같은 건물로 복원한 데에는 도시란 이전의 문화를 반드시 보전해야 하는 의무가 있다는 이유에서였다.

후자의 급진주의 정책은 인구 급증과 팽창으로 위기에 직면한 도시의 문제를 해결하기 위한 방법이다. 이 정책은 19세기 말부터 20세기 초기에 시작되었는데 그 당시 유럽 대부분의 도시는 전쟁 이후 심각한 기근과 빈곤에 시달렸다. 사회는 혼란 그 자체였고 도시는 늘 뜻밖의 돌발사건이 연출되었다. 시민들은 마치 사회개혁을 위해 투쟁도 불사할 수 있는 노동쟁의의 혁명투사로 착각할 만큼 사회 전체가 빈곤했다. 사회를 지배하는 부르주아 세력을 제외하고 대부분이 굶주리고 가난했기에 그들은 우익이나 전통 보수주의를 거부하고 스스로 사회주의, 공산주의로 자칭하며 재벌 독재의 자본주의 사회체제에 대항했다.

그 결과 1930년대 유럽의 주요 도시 가운데 40여 곳에서 국회의원 과반수가 사회주의, 공산주의 정당 출신이었다. 사회주의 정부는 시민을 위한 정책으로 주택난 해결을 적극 추진했다. 그 당시 사회주의 정

-    Françoise Choay, *L'Urbanisme, utopies et réalité*, Paris : Seuil, 1965.
-   George Marshall(1880~1959), ERP(European Recovery Program).

책은 노동자들의 폭력과 시위로 불안한 주택지역의 환경 개선, 휴머니즘, 인권회복 등의 주제를 놓고 열띤 논쟁을 벌였다. 하지만 그들의 정책은 실질적인 도시의 안정보다 정치권력 유지를 위한 인기 위주의 정책으로 변질되고 말았다. 사회주의 정부는 주택난을 해소하기 위해 도시 근교에 광대한 공동주택 단지를 건설했지만 가난한 노동자와 외국 이민자들 외에는 누구도 원하지 않는 비위생적이고 낙후된 피난민 수용소가 돼버렸다.

제2차 세계대전 이후 도시로 집중된 인구이동은 전쟁만큼이나 심각한 대혼란을 일으켰다. 전쟁 이후 정권을 차지한 우익은 주택난, 실업자 증가, 복지시설의 낙후, 교육 등의 문제를 해결하기 위한 개발정책을 시도했지만 결국 폭동과 시위가 반복되는 사회적 혼란만 가중되었다. 문제의 핵심은 바로 도시 외곽을 이전의 도시처럼 공동사회의 장소로 여기는 도시사회학적 개념의 부재에 있었다.

대도시 주변은 도덕적 양심을 저버린 건축가, 부동산 건설업자들의 무분별한 날림공사로 1960년대를 지나면서 싸구려 빈민가로 전락하여 청소년들의 비행 장소와 우범지대가 되고 말았다. 좌익이든 우익이든 그들이 추진한 개발정책의 결과는 1968년 시민 폭동으로 이어졌고, 그 결과 프랑스 정부는 신개념의 개발정책을 추진하게 되었다. 여기서 말하는 신개념이란 건설 공법, 자재, 기술, 설비로 건설되는 고층빌딩이 아니라 문화 중심의 도시로 재창조하는 도시 개념의 혁신을 의미한다.

도시에 발생하는 이러한 불균형과 차별지역의 원인은 바로 도시를 질식케 하는 인구밀집 현상이었다. 산업이 발달하여 도시가 생산의 장소가 되면서 발생한 인구밀집은 도시의 외곽을 건물로 가득 채우고 내용물 없는 덩치만 큰 메트로폴리스를 만들었다. 도시 주위에서 오랜 시간 형성된 작은 동네와 마을들은 메트로폴리스의 외곽으로 흡수되어 아파트 수용소 단지 안에 갇혀버렸다.

메트로폴리스와 이전 도시의 차이점은 사회, 문화, 자연환경과 조화를 이루는 도시가 아니라 커뮤니케이션의 조직망, 교통망의 통제와 운영이 그 목적이라는 데 있다. 관리하기 손쉬운 도시를 만들었기에 도시는 하나가 아닌 여러 조각으로 만들어져 여기저기에서 가지각색의 모양으로 고립되어 오랜 세월 똑같은 모양으로 방치돼버린 것이다. 이러한 메트로폴리스의 도시구조는 1960년대 유럽 사회의 모든 경제활동에 변화를 가져왔다. 1차, 2차, 3차 산업 비율은 3차 산업 위주의 경제구조로 완전히 바뀌면서 도시구조는 신속한 사회활동 시스템으로 진화했다. 도시는 신속한 정보와 서비스를 공급하기 위해 초고속 인터넷, 택배 운송, 광케이블, 빠른 공정시스템 등에 맞춰졌다.

그 결과 오늘날 현대인들은 인터넷과 택배 서비스에 의존하여 외부와 단절된 채 생활하는 경우가 많다. 특히 한국 사회는 가상공간에서 거짓 정보로 엉뚱한 사람을 영웅으로 만들거나 개인의 사생활을 들춰내 문제 삼는 등 어처구니없는 일들이 종종 발생한다. 이와 더불어 언론 매체에서는 검증되지 않았거나 당사자의 허락 없이 개인 블로그의 글을 기사화하는 일까지 벌어진다.

이러한 현상은 도시의 구조가 비정상적으로 고립되어 있고 사람들은 통신망을 통해 사회적 관계와 교류를 갈망하기 때문에 생겨난 결과다. 하지만 언론 매체들이 검증조차 하지 않고 알지 못하는 사람을 비방하는 글들을 여론화한 점은 비정상의 도시 현상학적 결과에서 나타나는 도덕성 결핍 증세로, 근본 원인은 수준 낮은 언론기관보다 그 도시의 사회체제가 비정상이라는 데 있다.

벨과 투렌*은 산업도시가 메트로폴리스로 변화하면서 발생한 사회구조를 후기산업도시의 과정에서 설명하고 있다. 산업사회에서 중요하게 간주된 신상품 개발을 위한 생산과 판매시스템 중심의 사회구조는 30년 세월이 지나면서 정보통신 체제로 변형되었다. 산업도시에서 정보사회로 변화한다는 것은 단순히 정보통신 분야뿐 아니라 사회, 정치, 문화, 예술 등의 사회 모든 분야가 이전의 도시와 전혀 다르다는 사실을 말해준다. 그 이유는 사람들이 도시의 번영에 자연생태환경과 사회공동체의 영역을 반드시 필요한 요소로 간주하지 않았기 때문이다. 현시대의 사람들은 갇힌 도시의 공간일지라도 신속한 정보와 교통망이 있고, 자연생태계가 훼손되고 단체보다 개인생활을 더 중요시하는 사회환경일지라도 불편함 없는 삶에 길들여 있다.

사람들이 생각하는 도시의 번영은 더 좋은 시설의 공항, 고속철도, 대형 쇼핑몰, 교량, 공장, 상하수도 시설, 쓰레기 소각장, 화장터, 주차장 시설, 고층아파트의 건립일 뿐 지역과 도시만의 특성, 국가의 발전, 세계화, 지구환경 등은 생각할 겨를조차 없었다. 마찬가지로 행정책임자들이 추진하는 도시개발정책은 그 지역 주민들에게 이권의 특혜만 부여하면 그 어떤 개발정책에 방해하는 요소가 발생하지 않았기에 사회는 정치권력과 재벌이 지배하는 족벌사회로 변질된 것이다. 심지어 국가의 중대한 도시개발정책을 추진하기 위해 기업에 땅값을 싸게 팔거나 세금 면제 등의 특혜를 준다는 사실은 국가의 사업이지만 실제로는 기업의 사업임을 말해준다.

- Daniel Bell, Alain Touraine, *La société post-industrielle, Médiation*, Paris, 1969.

국가의 땅을 시민의 동의도 없이 행정책임자가 무슨 권리로 기업에 헐값으로 나눠줄 수 있으며 국가의 자산을 어떻게 토건 세력의 의도대로 외곽, 근교, 위성도시들로 만들 수 있는가? 기업 특혜의 도시정책은 결국 도시를 왜 이렇게 만들었는지 이유조차 분명치 않은 정체불명의 도시를 만드는 셈이다.

인간적 장소란 혼자가 아닌 공동사회의 장소로 도시의 정체성이 내재된 곳이다. 정체성이란 역사적 배경, 이름, 성격, 형태, 환경, 숨은 전설 등이 함축된 공간으로 그 장소에서 살아가는 사람들은 그곳에서 도시와 인간, 타인과 나, 과거와 현재의 시간적·공간적 교감을 얻어 정신적·물질적 풍요로운 삶을 살아가게 된다. 이 인간적 장소는 자기 집, 이웃집, 골목, 거리, 마당, 마을회관, 광장, 공원 등을 의미한다.

비인간적 장소는 장소의 정체성보다는 사용 기능에 목적이 있고 고정적 시간의 점유보다 사용하기 위해 거쳐 가는 일시적 통과 공간인 중재 개념의 인터벌 공간과는 다르다. 그런데 메트로폴리스에는 정체성이 반드시 요구되는 인간적 장소까지 비인간화되고 있다. 마치 유명 상품을 모방한 위조품처럼 도시의 외형은 그럴듯하지만 자세히 들여다보면 인간의 삶은 존재하지 않고 아무 일도 벌어지지 않는 삶이 감금된 공간들을 계속 만든다.

도시라는 장소에 인간적 삶이 존재하지 않고 삶을 감금시키는 공간들이 셀 수 없을 만큼 많이 만들어진 데에는 자동차의 등장이 결정적이다. 자동차는 감옥의 공간을 벗어나게 하는 유일한 탈출 수단으로 현대 문명의 과오였다. 자동차의 등장으로 도시는 소음과 매연의 공해로 자연생태계가 파괴되고 도로정체, 교통사고, 에너지 고갈, 연료비와 유지비의 소비 증가 등의 문제는 점점 심각해졌다. 또한 자동차는 도시의 사람들을 아파트 공간에 갇혀 고립되게 만들었고, 사회는 불균형과 불평등의 몸살을 앓게 되었다. 과거의 중세도시는 농경사회의 발전으로 농민들의 거주지역이 도시를 중심으로 발전한 반면 메트로폴리스의 외곽은 특정한 분야의 발전 목적이 아니라 주택 부족의 이유만으로 건설되었다.

맑은 공기와 숲으로 형성된 도시에서 가장 먼 경계선에 위치한 도시 근교의 지역은 자연환경으로 살기 좋은 장소가 아니라 재벌 세력으로부터 도심에서 강제로 쫓겨난 가난한 사람들이 사는 낙후된 빈민가일 뿐이다. 낙후된 지역을 재개발하기 위해 그곳에 사는 시민들을 내쫓고 건설하는 높은 콘크리트 아파트는 페인트와 벽지로 새 단장을 했지만 사람들은 교도소의 높은 벽처럼 하늘을 가리고 일렬로 배치된 아파트 공간에 갇혀 늙어 죽을 때까지 죽음의 시간을 기다려야 하는 장소다.

이렇게 메트로폴리스는 차별지역에서 살아가는 시민들의 주거권리를 박탈하여 북쪽 끝으로 남쪽 끝으로 귀양을 보냈다. 도시 행정을 책임지는 관료들은 도시의 차별지역을 철저하게 통제하여 사회 불균형, 불평등의 요소를 제거하기는커녕 반대로 그 지역을 토건재벌에게 헐값에 넘겨 평생을 살아온 지역 주민을 도시 외곽으로 추방하고 있다. 도시 한 구석에 방치된 빈민촌에서 오랜 세월 불안한 삶을 살아온 서민들을 위해 그 지역을 고층건물로 재개발하여 살기 좋은 지역으로 만들겠다는 정부의 사업은 지역과 주민들의 삶의 질을 개선하는 것이 아니라 그들의 인권을 짓밟고 토건재벌의 금고를 가득 채워줄 뿐이다. 비록 그들은 낙후지역의 공간에 갇혀 빈곤을 벗어나지 못한 삶을 살지만 그들의 주거지역에 대해 도시 미관을 해치는 철거 대상으로 구분하거나 도시와 발전을 저해하는 요소로 간주하는 일은 범죄행위나 다름없다.

오늘날 정치체제가 사유재산과 시장원리를 중요하게 내세우는 경제 우선의 자본주의 사회라 할지라도 인권유린을 합법적으로 자행한다는 사실은 이 나라의 사회가 21세기 현대판 속물근성의 부르주아 산업시대로 역행하고 있음을 말해준다. 예컨대 도시에 돈 없는 시민들을 색출하여 외곽지역으로 내쫓아 같은 인종, 같은 수준의 사람들끼리 모여 살게 한 미국의 도시정책은 겉으로는 선진국처럼 보일 수 있으나 내부는 이 세상에서 가장 심각하고 치졸한 인권유린의 대표적 사례다.

1919년 시카고에서 발생한 '붉은 피의 여름'이라 불리는 인종폭동, 1935년 할렘가의 폭동, 1965년부터 3년에 걸친 로스앤젤레스의 폭동은 미국 전체의 슬럼가로 확대되었고, 1992년에 일어난 로스앤젤레스의 폭동은 흑인, 한국, 중국의 유색 인종까지 합세한 21세기 현대판 서부 갱단의 스토리로 거리에서 총격전이 벌어졌다. 마찬가지로 프랑스는 1980년대 이후 지금까지 낙후된 파리 외곽지역 방리유에서 아랍계 이민자들의 크고 작은 기물 파괴의 난동이 있었고, 동유럽을 포함한 제3국의 도시에서는 지역 차별로 분쟁이 끊이지 않는다.

메트로폴리스의 정보사회는 개인주의 사회 형태로 변한 반면 정보 통신의 발달은 첨단과학 및 세계주의를 발전시켜 새로운 유형의 사회계급을 형성하는 결과를 가져왔다. 첨단과학은 정보, 통신, 생물공학, 의학, 우주학, 원자력, 무기, 환경 등의 분야로 각 나라는 이 분야를 집중적으로 투자개발하여 세계시장을 독점할 수 있는 최첨단 기술의 제품 개발을 서두르고 있다. 특히 선진국은 정부와 기업들이 연합하여 최고 수준의 정보 수집을 위해 과학연구소 설립에 막대한 투자를 강행함으로써 세계시장을 석권했다.

정보사회의 발전은 우물 안 개구리식의 국수주의 사고에서 벗어나 인류 전체의 행복과 세계평화를 도모하는 글로벌리즘의 세계주의를 추구하게 했다. 세계주의의 목적은 모든 국가가 지구상의 이상기후, 환경 문제, 낙후 국가의 인구 과밀 현상, 공해 문제 등을 동일한 관점으로 보고 함께 해결책을 찾는 데 있다. 또 소수의 세력 단체, 독재 권력, 재벌 기업들로부터 인간의 기본 권리와 자유를 강압당하여 비참한 삶을 살아가는 원인을 밝혀 국제연합을 통해 정의의 심판을 내리기도 한다.

하버마스*는 "세계는 유럽연합의 탄생으로 더 이상 국가 개체화, 사회 개체화의 독립을 주장하는 시대는 끝났으며 이제는 세계 체제화 시대"라고 말한다. 하지만 세계는 자국의 이익을 위해 세계화의 움직임에 동조할 뿐 세계주의의 본질에 적극 부응하지 않는다. 예를 들어 자국의 특수한 이익을 위해 유럽연합을 거부하고 독자적인 국가체제를 고집하는 노르웨이, 스위스가 이러한 의도를 잘 보여준다.

만일 유럽연합처럼 제2의 국제연합이 형성된다면 오랜 기간 경제, 문화, 역사가 공유되고 균등하게 맞물린 라틴아메리카와 동아시아 연합이 가능할 것이다. 마찬가지로 유럽 국가들처럼 연합을 위해 50여 년 동안의 화합과 일치를 위한 엄청난 정성과 노력이 따라야 한다.

우리나라는 남북이 분단된 지 60년이 되었음에도 민족통일의 과제가 정치가들의 권력 유지를 위한 편의재량으로 이용되어왔다. 현 정권은 통일을 위한 획기적인 전략이나 정책 대신 서해와 동해에 미국의 무력함대를 무작정 끌어들여 중국과 러시아를 자극하고 한반도를 긴장상태로 몰아가고 있다. 이러한 정치체제로 민족의 통일이나 아시아연합의 실현을 기대한다는 것은 수백 년이 지나도 요원한 일이다.

* Jürgen Habermas, *Après l'Etat-nation*, Paris : Fayard, 2000.

오늘날 정보사회는 과거 시대와 다른 두 가지 특징이 있다. 첫 번째는 앞장에서 설명한 개체화와 개별화의 사회다. 개체화는 독립적 사고와 판단에 따른 행동을 원칙으로 하는 생활태도로 개성과는 다른 의미이며, 개별화는 다른 사람과 구별되는 생물학적, 현상적 특징을 말한다.

인간은 혼자가 아닌 그룹, 조직, 체제를 통해 사회라는 공동체를 만들었다. 그러나 오늘날 정보사회는 다수의 공감된 일치와 단결보다 개인의 주관적 판단을 더 중요시하는 시대를 맞이했다. 정보사회에서 인간은 굳이 그룹이나 단체 조직의 일원으로 활동하지 않아도 각자의 정보를 통해 지식과 현명한 삶의 방법을 찾아서 만족스런 삶을 살아갈 수 있는 까닭이다. 그러나 이런 개별화로 공동 작업에서 절실히 요구되는 단결과 협동이 이루어지지 않아 많은 기관과 단체의 조직이 그 기능을 잃고 해체되고 만다.

개별화가 빚어내는 의견충돌은 대부분 목표는 동일하지만 각자의 주장과 판단이 다르기 때문에 발생한다. 이런 현상은 정치단체와 개신교의 파벌 다툼에서 그 예를 쉽게 찾아볼 수 있다. 정치단체의 경우 같은 정치 이념을 가지고 있어도 의견충돌로 탈퇴와 창당을 반복한다. 개신교의 경우 크리스트교의 본질은 하나인데 서로 교회의 우두머리가 되기 위해 수십여 개의 종파를 결성하여 용의 꼬리보다 뱀의 머리로 군림하는 세태가 벌어진다.

정보사회의 두 번째 특징은 농경사회, 산업사회보다 더 지배적인 계급체계가 형성된다는 점이다. 마르크스주의자들은 산업사회에서 출현한 극심한 계급 차별에 대하여 그 위험성을 이론적 논증으로 경고한 바 있으며, 결국 1차, 2차 세계대전이라는 엄청난 비극을 경험했다. 그러나 오늘날 정보사회에는 마르크스가 염려했던 그 이상의 심각하고 참혹한 현상이 벌어지고 있다. 사회의 현대화, 분업화로 직업의 전문성, 급료, 회사의 규모, 교육 수준, 재산, 인척관계, 사는 동네, 주택의 종류, 자동차의 종류 등에 따라 계급이 세밀하게 분류된다.

현시대에서 최하층 계급은 직업이 없는 실직자부터 막일꾼, 노동자, 기능 근로자 등이며 중간계층은 일반 근로자, 상인, 교수, 사무직, 기술자, 엔지니어, 중소기업과 대기업 임원, 공무원 등을 말한다. 상층계급은 정부 고위층, 고소득 자영업자, 전문 자유업종, 중소기업 및 대기업사주, 재벌 등이 해당한다. 이러한 세 단계의 계급은 형식적 분류일 뿐 실제적으로 직업은 수십 단계가 넘는 피라미드식 계급으로 형성되어 인권 문제가 단순히 국가인권위원회와 사회규범으로 개선할 수 있는 수준을 넘어섰다.

정보사회의 전자·통신의 발달은 세 유형의 단체를 탄생시켰는데, 첫째는 전공과 취미 분야에 지식과 의견 교환을 목적으로 형성된 문화단체, 둘째는 검증된 지식과 사실 증명을 근거로 공정성을 밝히는 정의 구현 단체, 셋째는 자신들의 세력과 이익을 위한 정치정당 혹은 인기 연예인의 사조직으로 검증되지 않은 소문과 비방 등을 인터넷 언론에 퍼트리는 사이버 테러집단이다.

형태학적 측면에서 메트로폴리스는 도심, 근교, 외곽의 세 영역으로 구분되는데 사회도시학적 구성 요인과는 다르다.

도심은 보전된 옛 도시의 영역으로 이곳의 도시 형태와 시민들의 생활 동선은 대체로 일정하다. 이곳에는 수세기를 걸쳐 형성된 풍부하고 다양한 옛 시대의 문화유산이 모여 있어 민족과 국가를 상징한다. 국가의 역사성을 상징하는 장소이므로 이곳에서 오랜 세월을 살아온 사람들의 정치적 성향은 대부분 보수 편향적이며 도시는 고소득층 계급이 사는 부자 동네와 중하층 계급이 모여 사는 지역으로 구분된다. 도심의 공간은 일반적으로 광장, 공원 등의 공공장소를 제외하고 좁고 길고 구불구불한 골목으로 구성되어 혼잡한 교통체증과 신속하지 못한 서비스의 단점이 있다.

근교는 다양한 계층의 사람들이 살아가는 지역으로 방대한 규모의 아파트 단지가 형성되어 있다. 이 지역은 전형적이고 상징적인 지역 특징은 찾아볼 수 없으며 단순한 건물들이 일렬로 반복 배치되어 있다. 이곳은 종종 인종, 직업에 따른 사회계급이 조성되어 차별에 따른 분쟁이 발생하기도 한다.

외곽은 옛 도시를 중심으로 그 주위에 넓게 형성된 위성도시의 교외 지역으로 선진국에서는 공동주택 단지가 아닌 개인 단독주택들이 자연 환경과 조화를 이루는 부자 마을로 등장한다. 이곳에 사는 사람들은 주로 사회 고위층이나 고소득 전문직의 사람들로 이 지역은 안전을 위해 외부인의 진입을 금지하기도 한다.

이렇게 세 영역으로 구분되어 형성된 현대의 메트로폴리스는 시간이 지날수록 더 새로운 유행을 뒤쫓는 도시로 바뀌고 있다.

앞에서 살펴본 대로 오늘날 도시는 과거의 고전도시에서 중요하게 간주된 사회성, 문화성, 자연성의 개념보다 첨단의 정보와 과학사회를 추구하며, 도시의 다른 구석에 가난한 사람들을 내던져버리는 비인간적 모순이 반복된다. 수천만 명이 밀집한 도시와 외곽의 수많은 기생도시에는 자동차, 쓰레기, 건설, 공장단지 등으로 생태계의 오염이 심각하며, 정치제도 역시 민주주의의 본질은 온데간데없이 형식과 모순의 독재체제로 도시를 아수라장으로 만든다.

이처럼 커질 대로 커진 오늘날의 도시 메트로폴리스는 점점 더 불행한 현실로 다가가고 있다. 하루 빨리 도시의 기능과 역할이 올바로 수행되기 위해서는 잘못되고 병든 도시의 사회적 요인을 세밀하게 분석하여 차별과 불평등의 문제점을 제거해야 할 것이다.

공공성이 파괴된 도시 '시민'을 내쫓다

2009년, 우리는 금융위기 등 불안정한 사회 요인으로 많은 고통과 어려움을 겪었다. 이 경험을 통해 무엇이 문제인지 원인을 분석해야 한다. 그래야 고통의 경험이 산지식이 되어 이런 일들을 되풀이하지 않고, 번영과 발전의 새해로 도약할 수 있다.

그렇다면 한국에서는 무슨 일이 벌어지고, 어떻게 잘못되어 가고 있는가. 문제의 핵심에는 도시가 있다. 한국의 도시는 맥락과 조화, 질서가 없다. 전국은 아파트와 상가로 가득 찬 부동산 투기의 왕국이 되었다. 도시공동체를 이루는 사회적 요인들은 기능과 역할을 상실했다.

국민 과반수가 내 집 없는 시민들이다. 그들의 설움과 가난의 골은 더 깊어지고 있지만, 아시아태평양경제협력체APEC, 주요 20개국G20 회원, 경제대국이라는 외형적 성과만을 더 중시한다. 균등한 풍요로움보다는 불균등의 빈곤, 가난의 모순으로 가득 차 있다.

5000년 역사의 대한민국, 600년 역사의 서울 문화를 증명할 실체와 장소는 다 사라졌다. 조상들의 피땀이 서려 있고 영혼이 느껴졌던 피맛골, 북촌, 육조거리 같은 삶의 장소는 송두리째 증발됐다.

공사현장에서 많은 유적이 나오지만 그 유적이 왜 그곳에 있는지, 무슨 장소였는지 역사·지리학자들조차 무지하다. 그곳은 부동산 거품의 빌딩으로 꽉 채워진다.

공공성이 파괴됐다. 가장 큰 문제다. 도시는 모든 사람이 더불어 사는 사회적 장소다. 하지만 너무 오랫동안 권력과 재력가들이 독차지하는 영역

한국의 도시와 주거공간은 '부동산 신상품'으로 들어차면서 개인의 삶과 공동생활을 보장하지 못한 채 사고파는 대상이 되었다. 사진은 서울 마포구 아현 3지역 뉴타운 재개발 현장 모습.
ⓒ양지공인중개사

이었기에, 도시는 시민 중심이라는 실존적 개념을 이해 못하고 있다.

주거공간은 시민의 개인 삶을, 도시는 시민의 공동생활을 보장하는 곳이다. 돈으로 사고파는 장소가 아니라는 사실도 깨닫지 못한다. 그래서 인간이 주제가 되는 사회학적 원칙 대신 물질만능주의, 자본주의의 모순과 행정부의 독선적 정책에 지배 조정되고 있다.

그 결과 콘크리트 집합체인 청계천, 광화문 광장 등이 불쑥 생겨났다. 1970년대 이후 선진국은 더 이상 건설하지 않는데도 '신도시 만세'를 외치며 전 국토를 마구 훼손한다. 지금의 신도시는 아파트, 상가 같은 부동산 신상품으로 꽉 채워진, 거품경제·투기의 폭풍을 일으키고 금세 사라질 유령의 도시일 뿐이다.

정치공약의 산물인 세종시도 마찬가지다. 광대한 국토를 불도저로 밀어 파괴하고 지금에 와서 우왕좌왕 갈피를 못 잡는다. 4대강 사업은 강을 살리기 위한 것인지, 자연생태 훼손인지, 부동산 투기사업인지 검증도 못한 채 막대한 예산 통과만 주요 쟁점이 됐다. 또 시민공원 건설을 이유로 시민을 추운 겨울에 강제로 길거리로 내쫓거나, 학교에서 굶고 있는 가난한 어린이를 위한 무상급식을 포퓰리즘으로 단정하는 해괴망측한 사건들이 일어났다.

이 중에서 한국 사회의 실태를 가장 정확하게 보여주는 극명한 예는 용산참사다. 용산참사는 행정기관이 시민 생존권과 공공의 안녕보장의 직무·의무를 유기하고 기업과 유착한 결과다. 개발사업의 경제 이익만 추구해 빚어진 비극이다. 몇몇 사람들은 보상금을 노리고 화염병을 던진 불법 과격투쟁으로 매도한다. 하지만 근본 원인과 책임은 시민 중심의 사회개념을 망각한 행정부에 있다. '도시는 인간이 중심'이라고 명령하는 사회학·인류학·정치학과 법의 사유를 팽개쳤기에 시민의 생명마저 죽음으로 내쳐버린 것이다.

시민을 보호해야 할 정부가 수십조 원에 이르는 역세권 개발사업을 재벌집단이 빨리 추진할 수 있도록 지역 주인인 시민을 몰아내려 압력을 행사한 결과다. 시민 보호라는 민주주의 정신을 배반한 정부는 결국 전제주의 권력을 행사해 시민 중심의 사회 자체를 스스로 거부했다. 그러다가 지난해 말 정부가 해결해야 할 근본 쟁점을 기업들이 돈으로 해결했다.

왜 이런 일이 일어났는가? 행정권한은 과대망상의 권력자, 재벌, 범죄자들의 횡포 폭력에서 생존권을 보호해달라고 시민들이 투표로 부여한 것인데, 왜 거꾸로 시민을 위협하는 데 사용하는가? 왜 한국 민주주의는 특권층과 기업 중심의 사회체제를 숭배할 뿐 약한 서민에게 극단적 행동을 서슴지 않는 것인가? 시민 생존권을 무시하는 사회는 약육강식의 영토와 다름없다. 시장경제와 부동산의 수요공급 논리만이 적용되는 재력과 권력자들의 소유물이다.

정상 사회는 정치·문화·사회·과학·경제·예술·종교 분야가 시민 사생활의 '마이크로코즘microcosm(소우주) 세계'와 공공생활의 '매크로코즘

macrocosm(대우주) 세계'가 보장되는 곳이다. 하지만 한국은 재벌이 독점게임인 경제놀이로 사회를 지배하고 있다. 그래서 도시는 부자들의 재산 축적과 욕망을 과시하는 곳이 됐고, 타인은 없고 오직 나만 존재하는 이기적 물질지상주의가 판을 벌이고 있는 것이다.

이 칼럼을 통해 형식과 외형만을 중시하는 한국 사회를 치료하기 위한 도시·사회학적 방법론을 제시하려고 한다. 1장 인문사회과학적 관점, 2장 예술철학과 인류학적 관점, 3장 사회학적 주요인 분석으로 전개될 것이다.

―《경향신문》 2010년 1월 3일자

불공평·차별적인 도시가 파괴적 불법집단을 만든다

인문사회과학적 관점에서 도시, 사회 그리고 시민이란 무엇인가? 도시는 인류의 오랜 역사를 거치면서 완성된 문화의 총체적 장소다. 도시는 사회·문화·인구·자연·생태·경제·정치 분야가 균등하게 발전해야 시대에 역행하지 않게 변화한다. 권력자가 정치공약과 경제를 이유로 도시를 건설한다면 그 도시는 변형의 결과일 뿐이다.

도시는 오랜 경험과 지식으로 형성된 기존의 도시에서만 변화한다. 도시는 사회체제·유형에 따라 변화하는데, 사회를 형성하는 요인은 복잡하고 다양해 별안간 만들어지지 않기 때문이다.

봉건제도의 농경사회는 수백 년을 거쳐 고대도시 '시테'를 중세도시로 변화시켰다. 전제주의사회는 엄숙한 고전도시로, 산업주의는 기술 근대도시로, 정보·통신 글로벌사회는 메트로폴리탄으로 변화시켰다.

도시는 형태를 디자인한 외형적 결과가 아니다. 도시는 사회공동체의 활동 영역을 조성하고 발전시키는 사회에서 변화한다. 도시에 시민의 사회적 권리·가치를 상징하는 사회공동체가 역할을 하고, 활동하는 장소가 없다면 그 도시에 사회는 존재하지 않는다. 시민들이 광장에 모이지 못하는 도시는 심장과 영혼이 없는 좀비들의 도시다.

다양한 사회공동체 활동은 도시 현대화의 핵심 요인이다. 정치와 사회가 사회공동체를 어떻게 인식하느냐에 따라 도시가 균등하게 발전하거나 불균형으로 분쟁이 발생한다. 사회체제를 위협하는 파괴 목적의 불법집단이 출현했다는 것은 정치·행정이 불공평하고 차별된 도시환경을 만들었기 때문이다.

공공생활을 위한 공원, 광장, 산책로 대신 아파트, 상가, 빌딩 등으로 채워졌다면, 그곳은 휴머니즘, 이타주의의 공동의식을 위한 사회적 장소가 아니다. 치안 질서를 위해 시민들을 통제 감시하는 행정체계의 장소일 뿐이고, 시민 개인의 사생활 공간 '내부'와 사회공동체의 '외부'는 즉시 단절된다.

부자들은 경보·전자시스템으로 무장된 최첨단 명품 아파트 안에 간혀 살고, 숙소조차 없는 서민들은 PC방, 고시원, 찜질방 등으로 내몰린다. 행정당국은 10센티미터 미만 두께의 석고보드 벽 안에서 존엄성이 짓밟힌 채 짐승처럼 살아도 건축과 영업을 버젓이 허가한다.

한국에는 시민들이 더불어 사는 사회적 장소가 거의 없다. 도시는 더불어 사는 장소가 많을수록 시민의 일상생활에 활력 있는 생명력을 제공한다. 이것이 '도시 원동력' '도시 다이내믹'이다. 도시 원동력은 프랑스의 '그랑파리 도시계획'에서 엿볼 수 있다. 프랑스의 '그랑파리' 계획은 단순한 재개발, 신도시사업이 아니라 도시에 자연과 생명력을 불어넣는 데 초점이 맞춰졌다.

파리 도심과 외곽을 연결해 수도의 변화를 추구하는 이 사업의 주제는 '자연'과 '활발하고 명랑한 일상생활의 도시 다이내믹'이 핵심 개념이다.

건축가 롤랑 카스트로가 제공한 그랑파리 상상 계획안. ⓒRoland Castro

기존 지역을 통째로 헐고 새로 짓는 재개발, 자연을 황무지로 만드는 신도
시가 아니라 기존 도시 위에 생명력을 부여하는 것이다.

한국 행정부가 여기서 반드시 배워야 할 것이 있다. 국책사업의 진행 과
정이다.

2007년 6월 프랑스 대통령이 제안한 이 계획은 2008년 4월 유럽 건축가
들이 선정하여 지난해 4월부터 구상안이 공개되었다. 사업 여부는 12월 1
일 의회에서 찬성 291표(반대 216표)로 가결됐다. 의회 심의까지 3년 가까이
걸린 것이다. 하지만 아직도 언제, 어떻게 재정 확보를 하고, 투자 환수를
할지는 결정되지 않았다. 구상안 전시 등은 건축가들의 과시의 자리가 아
니었다. 건설을 정권 임기 내 속행하려고 홍보하는 행정부의 술책도 아니
었다. 시민들에게 미래의 신비로운 도시의 삶, 새로운 변화의 상상력을 보
여주기 위한 것이다. 이 사업은 각 분야 학자들의 방법이 제시되고, 지자체

간 상호협약을 거쳐 시민들이 공감하는 계획으로 구체화되려면 더 오랜 시간이 필요할 것이다.

반면 4대강 사업은 사업 여부의 국회 동의, 국민 공감, 학자들의 검증도 없이 정부가 기업들에 명령하여 공사를 밀어붙인다. 4대강 사업은 필요하다. 그러나 행정부가 녹색사업이라는 걸 증명하고, 시민들을 납득시키는 것보다 건설 행위를 더 중시한다면, 이 사업은 시민은 없고 정부와 기업만이 존재한다. 그리고 국가 이익보다 개인과 단체의 이익을 위해 불법·과격 투쟁도 불사하는 집단들이 이 상황을 절호의 기회로 삼아 곳곳에 생기게 된다. 시민들은 행정부를 민주사회 체제를 위협하는 풍자적이고 위험한 집단으로 여기는 심각한 상황까지 벌어질 수 있다.

- 《경향신문》 2010년 1월 11일자

드레스덴과 세종시는 다르다

정부는 구정권의 정치공약인 세종시를 독일 작센 주의 수도 드레스덴을 모델 삼아 50만 명 규모의 과학, 기업, 교육도시로 최종 확정했다. 지역발전을 위한 예상 고용치가 약 25만 명, 사업비는 약 23조 원이라고 한다. 드레스덴의 규모와 성격 중 첨단과학도시의 입지 조건과 성공이 모델로 결정된 이유일 것이다. 하지만 드레스덴은 세종시처럼 정치공약으로 황무지에 건설한 신도시가 아니다.

제2차 세계대전으로 도시 전체가 폐허가 돼 1990년 완전 복원된 드레스덴은 1000여 년 전 작은 농어촌에서 기원했다. 18세기에는 바로크 양식의 고전도시로 유럽 북부의 피렌체로 여긴 역사 문화의 중심지였다. 이곳에서 과학과 산업 분야가 발전할 수 있었던 이유는 문화·역사·사회·교육 같은 요인이 뒷받침되었기 때문이다. 그러나 세종시에는 아무것도 없다. 역사·지리·민속적 특성은커녕 다른 지역과 똑같은 건물들뿐이다. 인간 삶이 중심이 되는 도시사회학적 조건이 부재한 도시일 뿐이다. 세종시는 드레스덴보다 1969년 프랑스 남부 지중해에 설립된 첨단과학단지 소피아앙티폴리스에 더 가깝다.

이 과학단지는 약 6400헥타르 규모로 최첨단 과학기술을 자랑하는 전자·통신·항공·의료 등 수백 가지 분야의 1400개 연구소와 대학, 1300개의 기업, 3만 명의 상시 고용인이 모인 유럽의 실리콘밸리다. 경제·과학 분야의 특수 목적 도시인 이 단지는 5가지 개념이 핵심이다. (1)세계 최첨단 기업유치를 위한 연구개발 조건 (2)과학지식을 서로 공유하는 협력관계 (3)최첨단 과학교육 (4)삶의 질 향상을 위한 레저·오락·문화시설 (5)지중

정부가 발표한 세종시의 모델이라는 드레스덴은 황무지에 건설한 신도시가 아니다. 18세기 유럽 북부의 역사·문화 중심지였다. 과학·산업 분야가 발전할 수 있었던 이유도 역사·문화·교육 등 인간 삶을 중시하는 도시사회적 요인이 뒷받침됐기 때문이다. ⓒPhotoglob AG(Zürich)

해의 문화·역사 도시와의 연계를 통한 도시생활의 다이내믹이다.

두 도시의 개념이 다른데, 도시는 어떤 기준과 관점으로 인식되어야 하는가? 오늘날 도시는 인구와 지역 특성에 따라 동네, 마을, 소도시, 메트로폴리스로 구분하지만 본질은 휴머니즘의 집합체다. 즉, 도시는 서로 다른 사람들의 집합체이기에 서로 다른 분야의 지식들이 서로 공유, 동의되어야 정상적인 사회 여건이 조성된다. 예를 들면 지리학자는 도시를 거대한 땅의 영토로 보지만 정치가들은 선거 공략의 터전으로 본다. 경제인들은 도시를 현물 거래, 이익 창출 시장으로 본다.

과학자들은 도시를 복잡한 공식으로 단번에 측정해 수치 결과만을 강조하며, 물질적 몸체를 잘 만들면 사회는 저절로 완성된다고 생각한다. 건설업자와 정치가들은 도시를 그들만의 상징적 의미가 함축된 존재로 간주해 그 상징을 건설로 남기길 원한다. 언론인들은 도시를 불황, 범죄, 폭동 등 사건과 문제의 장소로 평가한다. 그래서 때론 사건 본질보다 부정과 정의의 묘사가 더 중요하기에 이론의 여지가 없는 명백한 사실도 서사적 명분을 찾아 장황히 설명한다. 인문과학자들은 도시는 사회적 경험과 원인으로 존재, 발전한다고 단정한다. 그래서 도시의 모든 분야는 공유되고, 견제와 균형이 유지되어야 함을 강조한다.

인구집중, 지역 불균등의 발생은 개인·사회공동체의 삶이 아니라 경제 시스템으로 도시를 이해한 결과다. 도시는, 개발은 물론 변경·수정도 물을 한 방울씩 떨어뜨려 스며들게 하는 것처럼 오랜 기간의 경험과 심사숙고의 변증법적 과정을 통해서만 가능하다. 거친 파도를 헤치고 지나간 바다의 흔적과 물결을 보고 배의 기능을 판단하는 것과 같다. 건설은 과거에서 현재를 거쳐 미래를 추측한 모든 분야와 연계된 시나리오가 제시되어야 가능하다. 따라서 과거와 미래의 시나리오가 없는 정치공약의 세종시는 중단되어야 한다. 특정 분야의 관점으로 해석·강행한다면 세종시는 투기 돌풍만

일으켜 국가를 황폐하게 만들고 금세 죽어버리는 시한부 도시가 될 것이다.

— 《경향신문》 2010년 1월 18일자

'역사적 실체' 파괴하는 개발은 테러

도시 시민은 주거의 권리를 가진다. 주거권리란 무엇인가? 도시란 가정을 이루는 집이 동네, 마을, 도시로 확장되어 가족의 삶, 사유재산의 개념이 공공의 것으로 전이된 장소다. 그래서 도시는 가정의 보호자처럼 자식의 성장, 교육, 사회활동 과정을 지키고 보장해야 하는데, 이것이 주거권리다. 주거권리에는 도시 형성의 최종 목적인 철학·사회학·미학·인류학적 가치가 내포된다. 역사적으로 도시에서는 늘 주거권리의 회복을 위한 시위가 이어졌다.

때론 불순분자 때문에 권리의 본질이 세력 쟁취의 수단으로 변질됐지만, 권리 회복을 위한 시위는 민주사회의 본질적 권리였다. 시민 시위는 합리성과 휴머니즘을 거부하는 법과 제도를 몰아내고 공정한 시민사회를 세우는 능력이 있지만, 그 당위성이 검증되어야 가능하다. 시위의 목적, 행동은 사회질서와 공공이익을 구현해야 한다. 만일 합리성과 휴머니즘이 없다면, 아무리 거창한 대규모 조직일지라도 사회체제를 위협하는 파괴집단일 뿐이다.

인문사회학자들은 정부, 기관에 항의하는 시위를 계기로 도시를 재점검한다. 시민의 주거권리를 지키는 복지, 정의, 자유, 자연, 문화, 경제 등 사회적 요인들이 정상적으로 작용하지 않았기 때문이다. 그들의 임무는 도시를 발전시키는 건축가·기술사·정치가들이 비틀리고 해괴한 모양의 도시를 바로잡을 수 있도록 지식을 공급하는 데 있다.

시민들의 주거권리를 소중히 생각하고 지켜주는 도시는 역사적 맥락과 문화의 파괴를 용납하지 않는다. 사진은 지금과 큰 차이가 없는 1890년대 프랑스 파리 상젤리제의 모습.
ⓒPhotoglob AG(Zürich)

　　주거권리가 보장되는 도시란 어떤 장소인가? 시민 일상생활인 '소우주 세계'와 사회적 공동생활인 '대우주 세계'가 연계된 시스템의 도시다. 소우주 세계는 행복한 삶이 주체가 되는 집의 영역이고, 가족, 조상, 민족, 자연이 어울려 조화된 장엄한 예술의 세계다. 인간의 숭고한 탄생을 책임지고 사고, 추억, 꿈같은 삶의 에너지를 만든다. 조상이 살았던 시간이 길수록 집에서 발산하는 삶의 에너지는 더욱 강해서 현재와 미래에 지혜와 꿈을 공급한다.

　　사물의 존재를 '물질'과 '정신'의 두 실재로 설명하는 데카르트 이원론에 따라 집은 장소의 실체와 시간에 따라 끊임없이 발전하는 인간 정신과 휴머니즘의 집합체가 된다. 그러나 인간은 다르므로 주거 장소가 똑같을 수 없다. 집은 신분과 인격을 나타내는 공간이기에 얼마나 오래 점유했는지 '기간'과 오랜 세월 같은 상태로 있었는지 '연속성' 개념으로 봐야 한다. 즉, 오래된 집일수록 훌륭한 가문의 인격체로 간주된다.

대우주 세계는 사회공동체의 활동을 강하게 만드는 '도시 원동력' '도시 다이너미즘Dynamism'이다. 사회·문화·경제 분야를 발전시켜 시민들을 위한 풍부한 삶의 환경을 창조하는 능력이다. 경제 분야에서 기업들이 창출한 이익은 사회에 반드시 재투자되어야 도시 원동력이 가동된다. 지분 참여의 공동사업자들이 이익을 독식하면 도시에는 정경유착, 재벌사회의 혼란과 불균형의 아노미가 찾아온다.

도시 다이너미즘은 사회 모든 분야를 통제·검증하는 정치시스템이 실현되어야 가능하다. 예컨대 외환위기에 따른 공황, 서민 경제의 악순환 같은 사회문제의 해답은 경제논리만으로 찾을 수 없다. 시작은 경제 요인이지만 결과는 폭력, 사기, 부정부패 등 범죄와 파산에 따른 자살, 실업 문제들이 쏟아지는 비극 사회로 치닫기 때문이다.

정부는 5000년 역사의 대한민국을 증명하는 강북을 강남처럼 개발한다고 한다. 국가 존재를 증명하는 '역사적 실체'를 파괴하면서 외치는 개발은 테러와 같다. 그들의 재개발, 뉴타운 건설과 용산, 왕십리, 용강동의 강제 철거로 많은 시민이 죽고 추운 거리로 내쫓겼다. 자손대대 한곳에서 살아야 하는 주거권리가 이 땅에는 존재하지 않는다. 서울시가 외치는 '디자인 서울'은 한강에 수백억 원의 인공 섬을 띄우거나 수천 억 원대의 청사 건설이라는 허상일 뿐이다. 도시 환경오염이고 국세 낭비다.

도시는 정치철학에 무지한 정치인들의 취향과 욕망에서 만들어지지 않는다. 1890년대 파리는 2010년 지금과 다름없다. 주거의 권리를 지켜주는 도시는 삶의 변화만 있을 뿐 역사적 맥락과 문화의 파괴를 용납하지 않는다. 시민의 삶의 권리를 중요하게 인지하는 도시만이 가능한 일이다.

—《경향신문》 2010년 1월 25일자

심장이 없는 도시는 미래도 없다

도시는 고대도시 폴리스Polis, 시티바스Citivas, 시테Cité에서 출발하여 중세도시, 산업도시 그리고 현재의 메트로폴리탄으로 발전했다. 유럽의 고대도시는 지역마다 고유의 법·풍습·정치·사회가 형성된 독립체로 도시 둘레를 돌로 쌓은 성곽, 정치 포럼, 성당, 광장이 주요소다. 서양 역사와 문화의 발상지인 시테의 지리·사회·민속환경은 오늘날 역사와 문화를 잉태, 탄생한 도시의 근원지로 영어의 시티와 개념이 다르다.

17세기 이후 건설된 미국, 캐나다와 같은 신생 국가에는 시테가 존재하지 않는다. 하지만 서울은 조선시대에 4대문과 성으로 둘러싸인 시테였다. 유럽 고대 로마도시와 같은 맥락의 완벽한 도시였지만 오늘날 그 도시는 온데간데없이 사라져버렸다. 조상의 지혜로 완성된 보물을 정치권력에 미쳐버린 무지막지한 후세들이 땅 장사꾼에게 팔아먹은 것이다.

시테는 도시의 모태이자 생명의 중심인 심장이다. 그 심장에는 도시 본질을 암시하는 건축, 시민사회, 도시사회학 개념이 내포되어 있다. 건축가들에게 도시는 맥락·조화·경계의 개념이 준수되는 장소로 제멋대로 잘난 척하는 여러 개체의 집합장소가 아니라 한 덩어리의 유기체였다.

고대 그리스인들이 조각난 징표를 서로 맞추어 한 핏줄의 가족인지 판단했던 것처럼, 도시는 지역 조각들이 모여 한 형체로 맞춰지는 장소였다. 그리고 도시마다 고유의 색상·스타일·유행을 외세로부터 보호하기 위해서 비무장지대와 같은 '인터벌 공간'이 요구되었다.

시민들에게 도시는 공공생활의 품위·도덕의 사교 장소, 시민들의 일상생활에 기쁨과 원동력을 선사하는 축제와 파티의 무대였다. 또 조상들의 유산·자산이 공공자산으로 후손에게 상속될 수 있도록 개인과 기업이 독차지하지 못하게 국가가 지켜줘야 했다.

도시사회학 분야의 학자들은 도시를 그 모양, 사회 관행, 공동체로 정의한다. 도시는 도시를 구성하는 부피와 면적의 영역이 자연환경과 교통·커뮤니케이션 네트워크 조건이 충족되어야 도시로서의 모양이 형성된다.

　　행정관리·구획·재건설보다는 인구, 시민의 일상생활, 사회 분야가 도시 형성의 더 중요한 요인이다. 사회 관행은 시민들의 사회활동·관습으로 도시 모양과 사회체제에 따라 다르다.

　　도시의 사회 관행을 보면 그 도시가 어떤 유형의 사회인지, 인간관계와 공공의식은 어떤지 판단할 수 있다. 전반적으로 공중도덕과 예의가 없는 사회라면 그 도시에 무질서와 이기주의만 존재함은 당연한 것이다. 사회공동체는 시민의 공공활동으로 그 도시의 존재 여부를 판단한다. 시민공동체의 활동, 존재 여부는 도시의 가치, 사회발전을 결정하는 주요인으로 도시

인구 약 220만 명이 밀집한 파리 도심은 1200만 명의 5개 외곽 도시를 총괄하는 구심점이자 심장이다. 이 심장에서 뿜어 나오는 도시의 생명력은 같은 맥락의 축을 따라 외곽 전체로 퍼져 하나의 도시를 이룬다. ⓒGNU Free Documentation License

형태·사회 관행보다 더 중요하다.

그렇다면 인구 수천 명의 옛 도시가 보존되어 1000여만 명의 메트로폴리탄으로 발전할 수 있었던 원칙은 무엇이며, 점점 더 커져가는 현재 도시의 미래는 어떤 모습이어야 하는가?

인문학자들은 도시의 변화를 언급할 때 보편타당성, 포괄적 공통성의 원칙을 강조한다. 보편타당성이란 한계가 분명한 기존 도시의 영토·구조 안에서 인구·자연·사회적 요소들이 합리적으로 어울려야 하는 원칙이다. 즉, 도시가 팽창되는 원인은 지방이 대도시만큼의 보편타당성이 무시된 지역 차별의 결과이므로 신도시 건설보다 지방을 발전시켜야 한다. 산업혁명으로 급격하게 팽창한 근세의 대도시는 일자리와 더 나은 주거환경을 위해 몰려드는 인구의 주택 부족 해결에만 급급했기에 도시 근원지를 마구 변형하여 건설을 추진하는 오류를 범했다.

그런데 21세기인 현재에도 한국을 비롯한 개발도상국에서는 도시 근원지를 파괴하고 가도 가도 도시의 끝이 보이지 않는 건설을 강행하는 심각한 오류를 반복하고 있다.

이 현상은 유럽의 주요 역사적 도시들이 도시 근원지를 엄격히 보존하고 도시 외곽으로 영역을 넓혀가는 것과 근본이 다르다.

도시의 올바른 성장은 도시 근원지가 구심점이 되어 도시 중심의 맥락이 외곽으로 연속되어야 한다. 도시의 심장은 없고 신도시·혁신·과학 등의 극단적 용어만을 고집한다면 그 도시는 곧 죽음의 도시가 된다.

서울의 심장인 강북을 원래대로 복원하지 않고 강남처럼 부동산 집합체로 만든다면, 심장과 영혼이 없이 수십 년마다 피폐해져 새것으로 갈아치워야 하는 인조인간의 도시일 뿐이다.

전국의 각 도시가 짚신을 신고 소달구지 타고 다녀도 어울리는 옛날 옛적의 도시 중심을 복원하지 않는다면, 한국에서의 심오하고 신비로운 도시의 미래는 결코 기대할 수 없다.

—《경향신문》 2010년 2월 6일자

철학 없는 정치가 만든 왜곡된 도시

고대도시는 13세기까지 귀족·성직자·시민의 계급체제로 균등한 사회 공동체를 존속시켰다. 그러나 중세도시는 새로운 변화를 맞이한다. 농경사회의 절대군주도시에서 상업·교역사회의 고전도시로의 변화다. 도시에는 다양한 직업과 새로운 사회계급을 형성하게 한 부르주아라는 신흥 부자들이 출현했다.

부르주아는 귀족 신분이나 지식층이 아닌 평민이 장사로 벼락부자가 되어 귀족처럼 행세한 사람들로 오늘날 재벌과 같다. 부르주아의 출현은 빈부·계급 차별의 사회체제를 만들어 산업도시로의 변화를 재촉했다.

그 당시 상업·무역으로 재산을 긁어모은 부르주아들은 '뚱보', 일반 시민들은 '잔챙이', 그리고 사회의 무관심에 의해 굶주림과 병으로 길거리에 버려진 비참한 사람들은 '레미제라블'로 불렸다.

18세기 철학자 루소Rousseau는 '인간 불평등의 근거에 대한 강연'에서 이러한 차별사회에 대해 "사회에서 인간이 존재하는 이유는 어디에 있는가?"라고 의문을 제기했다.

경제성장으로 도시는 화려한 고전시대로 발전했지만 빈부 격차는 더러운 위생환경, 굶주림, 무책임, 물질지상주의의 사회를 조성했다. 도시에는 가난한 사람들이 살 수 있는 기회보다 죽어야 할 운명이 더 많았다.

루소는 사회에서 시민과의 '사회계약'이 절대적으로 지켜져야 함을 역설했다. 즉, "국가는 시민들을 유복하고 편안하게 살게 해야 한다. 타락하

중세도시는 고딕, 바로크 문화를 바탕으로 르네상스의 문예부흥을 일으켰다. 대표적 장소가 브뤼셀의 그랑플라스 광장이다. 고전주의의 시대적 문화를 창출하려는 의지의 철학이 없었다면 이곳은 마치 한국의 못생긴 초고층 빌딩들로 가득할 것이다. 도시 탄생은 재벌들의 돈놀이가 아니라 시민을 위한 정치철학으로 가능하다. ⓒGNU Free Documentation License

거나 변질되지 않은 원칙의 정치가 구현되어야 한다. 무슨 일이 있더라도 시민의 삶을 지키는 법과 원칙은 고수되어야 한다. 필요에 의해 법과 정책을 바꾸거나, 교묘하게 원칙을 속여 빠져나가거나, 법과 공권력을 악용하지 말아야 한다. 정치는 권력이나 대통령이 만드는 것이 아니라 원칙과 정의의 실현이다"라고 말한다. 바로 '시민이 중심'이라는 원칙이 정치철학의 기본이며 생명인 것이다.

정부는 세계디자인수도 행사 목적이 도시의 사회·문화·경제 발전과 삶의 질 향상, 또 조화의 세상을 만드는 것이라고 한다. 그래서 이 행사는 사회 평등과 인간 가치의 실현을 추구하는 철학이 담겨져 있다고 한다.

하지만 철학은커녕 기괴한 일이 벌어지고 있다. 수백억 원의 인공 섬과 수천억 원의 청사 건립은 권력 남용의 오만과 위세다. 뉴타운·재개발로 시민들을 거리로 내쫓아 현대판 레미제라블을 만들면서 철학을 운운한다. 국토해양부·환경부·국토관리청·수자원공사는 4대강 살리기 추진본부가 만든 환경영향평가서를 발표했는데 기준치 이하의 퇴적오염도 결과가 거짓이라 한다.

정부는 신문사와 KBS, YTN, MBC 등 임원들을 권력에 충성을 맹세하는 인물을 낙하산으로 떨어뜨려 모든 언론을 장악했다고 한다. 또 엄청난 금액의 기업주식을 불법 매각·세금 포탈·배임 행위로 세상을 떠들썩하게 했던 범법자 재벌회장을 동계올림픽 유치 명목으로 4개월 만에 단독 사면했는데, 오히려 IOC 윤리위원회가 올림픽 정신을 더럽혔다며 5년의 징계를 내렸다고 한다.

필요에 의해 원칙을 거부한 한국의 정치놀이가 국제사회에서 상식 이하로 들통 난 것이다. 정치철학을 수법으로, 전지전능한 권력으로 착각·악용한 것이다.

그렇다면 정치철학이란 무엇인가? 철학은 항변과 이론의 여지없이 강행하는 독단의 단언이 아니다. 최선을 다해도 잘못되지 않을까 하는 끊임없는 걱정과 근심의 이성적 본질이다.

철학은 아부·추종 세력이 단합한 결과가 아니라 정반대 사람들의 동의가 반드시 요구되는 정반합의 최후 결과다. 그래서 철학은 속임수가 아니라 진실이며 개인이 아닌 세계와 인류만을 위해 존재한다. 한국의 정치는 철학이 망각되어 있다.

공공의 삶의 가치를 위한 원칙보다 권력 쟁취를 위해 우익·좌익, 보수·진보의 편을 갈라 극단적인 분열사회를 조장한다. 자유민주주의를 외치면서 공공의 도시를 현대판 부르주아 재벌들의 독식 장소로 제공했다.

정경유착의 정치는 그들의 꼭두각시 노릇만 했기에 사회·경제·정치·문화·교육·자연생태 분야의 동시 발전이 아닌 불구의 도시가 되었다.

도시 발전을 핑계로 저지르는 권력자의 모든 거짓과 악용이 엄격하게

통제되는 시스템의 정치만이 도시와 사회를 발전시킨다는 사실을 깨달아
야 한다.

― 《경향신문》 2010년 2월 13일자

'산업사회'로 후퇴한 대한민국

중세시대의 절대군주 사회는 18세기까지 고전도시를 발전시켰고 그 후
이 도시들은 산업도시로 변모했다. 고전도시는 교역활동이 국제적으로 번
창함에 따라 초기 산업도시로 발전했고, 영국에서 일어난 산업혁명은 유럽
과 세계를 산업국가로 급변하게 만들었다.

고전도시는 농경에서 교역으로 사회체제가 바뀌었지만 봉건주의의 군
주정치를 그대로 유지했기에 중간계급의 장인·소매상인들은 몰락하고 은
행·도매상인들, 부르주아들이 사회를 지배해도 왕권에 위협이 없으면 문
제 삼지 않았다. 그래서 고전사회는 빈익빈 부익부가 되어 헐벗고 굶주린
천민·하층민 등 모든 유형의 서민들은 나날이 증가해 불균형 사회를 형성
하게 되었다.

부르주아 세력과 유착한 정치권력은 가난한 서민들을 불치병을 옮기고
방탕과 폭력을 일삼는 사회악으로 단정하여 길거리에 내버려지게 하거나
불만을 토로하는 노숙자들을 마구 잡아 가두었다. 그 결과 1770년 서민들
의 대폭동이 일어났고 그 후 빵과 자유와 권리를 추구하는 프랑스대혁명이
발발했는데 이는 이전 사회부터 형성되었던 귀족, 부르주아, 시민 계급 간
의 불평등이 확대된 결과였다.

산업사회 시대의 귀족들은 많은 재산을 가지고 왕정을 맡거나 혹은 부
르주아들에게 모든 자산을 팔아 탕진하고 그들의 하수인으로 몰락한 속물

1789년 프랑스 시민혁명은 좌우파를 따지는 사상운동이 아니라 자유 · 평등 · 권리를 위한 국민운동이었다. 시민들이 거리로 뛰쳐나와 도시를 흥분과 열광의 도가니로 만드는 경우는 두 가지다. 정치가 국민에게 행복한 삶의 축제를 베풀 때와 시민을 죽이는 독재를 강행할 때다. 샤를 테브냉이 그린 프랑스 시민혁명 1주년 기념일 모습. ⓒCharles Thévenin

계급으로 분류되었다. 부르주아들은 엘리트, 중간층, 하층, 장인 계급으로 나뉘어 도시의 대부분을 차지하고 살았으며, 인구 60퍼센트 이상의 서민들은 도시 외곽의 부락에서 모여 살았다.

고전도시는 중세시대의 가톨릭과 왕족의 권위를 보여준 비잔틴 · 고딕 · 르네상스의 고전과 바로크 시대의 문화를 탄생시켰지만 산업도시는 중세시대에 엄청난 희생을 치르고 만든 도시의 성곽과 축을 지우고 제멋대로 확장돼 오늘날 같은 재앙의 대도시를 만들었다.

산업사회는 중세사회와는 다르게 경제생산이 최우선인 기계시스템의 사회였다. 시민들은 시스템에 따라 움직이는 생산도구가 되어 사업주가 원하는 생산량을 무조건 달성해야 했다. 그래서 산업사회는 인간의 사회활동보다 생산 증가가 주목적이 되어 노동자들을 통제하는 사회체제가 되었고 시민들은 도시에서 자생할 능력을 얻지 못하고 노동 가치로 착취당했다. 생산량에 따라 지급하는 성과급제도는 기업주에게 무조건 복종하는 재벌 중심의 사회체제를 낳으면서 부자와 노동자 간의 격렬한 분쟁이 일어났다.

이 시대의 부자는 중세기 상업조합의 길드로 돈을 벌어 귀족으로 행세한 부르주아가 아니라 시민을 육체노동의 대가로 착취하여 돈을 번 부자였기에 이들의 분쟁은 결과와 보람 없이 점점 더 폭력의 악순환만 반복되었다. 하지만 시민의 항쟁은 그 시대에 경제적·사회적 혁신 그리고 가장 중요한 정치적 변화를 가져오게 했다. 즉, 시민의 항쟁은 오늘날 사회를 독식하려는 재벌과 독재 세력을 무력화하고 그 어떤 법과 제도라도 과감히 교체할 수 있는 강력한 시민공동체의 권능이자 민주주의 본질로 정착한 것이다.

민주주의는 근세·현세를 거쳐 수십 년 동안 빈익빈 부익부의 사회에서 썩고 병들고 중독되고 파열되는 고통을 겪었다. 하지만 늘 균등한 생존권리를 추구하는 시민공동체의 외침은 오늘날 균등사회의 유럽연합을 탄생시켰고 인간의 권리가 중심이 되는 평화와 번영의 민주주의를 정착시켰다.

반면 오늘날 한국은 수세기 이전의 시대로 후퇴하고 있다. 권력자들은 올바른 정치보다 수천억 원대 청사 건설의 과대망상에 빠져 있고, 재벌들의 아파트 분양을 위해 서민 주거지역은 아수라장의 철거지역으로 방치돼 있다. 돈이 없어 떠나지 못하는 서민들은 성폭행, 강도 등 온갖 범죄의 희생양이 되고 있다. 매년 900여만 명의 시민들이 집이 없어 이사를 하게 만들고, 전세·월세 비용은 원칙의 기준도 없이 집주인들의 특권으로 간주된다.

수많은 젊은 세대들이 반지하·고시원·다락방에서 겨우 삶을 유지하는데 서민주택을 공급한다며 수천만 원을 요구하고, 출산장려금을 최선의 출산정책으로 착각하고 있다. 만일 가난한 시민들을 살리는 것보다 죽게 만들면서 경제대국이라 외치는 엉뚱한 정치가 계속 지속된다면, 어떤 희생을 치르더라도 근본을 바로잡는 시민혁명 같은 대사건이 21세기 오늘날에도 발발할 수 있다는 사실을 권력자들은 명심해야 할 것이다.

— 《경향신문》 2010년 3월 27일자

2부

사회성의 장소에서
만나는 도시의 얼굴
그리고 시민 파수꾼

도시는 인간의 삶이 연출되는 무대로 시나리오를 배경으로 만들어진다. 삶이라는 연기는 시나리오를 준수하는 연출가인 정치가에 의해 만들어진다. 그 시나리오는 '더불어 살다'라는 주제로 사회·경제·정치·문화·인류·환경이라는 6개 분야의 소재가 서로 조화를 이루어야 감동적인 예술의 연기가 창출된다. 만일 6개 분야가 균형의 원칙을 무시하고 각각의 역할을 제대로 수행하지 않는다면, 그 도시에서 연출되는 삶은 정치·경제 두 분야의 권력에 지배되어 불균형의 사회로 전락하고 만다.

도시사회를 구성하는 사회적 요인

시민공동체, 개인성·사회성, 시민의 권리

이 세상의 모든 도시는 각각의 사회적 요인으로 형성된 특성이 있다. 사회적 요인이란 사회에 발생하는 사건, 문제점 등을 일으키는 원인을 말하며, 이를 구성하는 요소, 직간접적으로 영향력을 행사하는 매개변수, 직접적인 행위자 등을 포함한다.

연극에 비유하자면 연극의 요인은 배우의 연기뿐만 아니라 무대장치, 음향, 의상, 시나리오 등의 요소를 모두 포함하는 것과 같다. 또 미궁의 살인사건으로 비유하자면 유능한 조사관은 살인범을 찾기 위해 현장 증거는 물론 피해자의 인적관계, 성장 배경, 가족관계, 교육, 심리상태 등까지 분석한다. 감춰진 진실을 정확하게 찾기 위해 그 조사관은 '누가, 언제, 어디서, 무엇을, 어떻게, 왜'의 육하원칙을 수사의 기본 원칙으로 적용하여 철저하게 조사할 것이다.

도시에서 일어나는 문제도 마찬가지다. 도시에서 어떤 문제점이 발생하면 그 문제점이 어떻게, 무엇 때문에 일어났는지 그 원인을 밝혀야 하듯이, 도시의 사회적 문제는 사회공동체, 다이너미즘 그리고 도시를 운영하는 행정시스템의 세 요인에서 기인한다. 즉, 도시에서 문제가 발생했다면 그 문제의 원인은 바로 이 세 요인이 제대로 작동하지 않았기 때문이다.

정상적인 역할을 하지 않는 사회 요인으로 문제가 발생했다면 반드시 문제의 원인과 동기의 요인을 찾아 밝혀야 한다. 예컨대 범죄수사가 과학적으로 발전하고 살인범의 처벌 수위가 높아질수록 범죄의 수법도 지능적으로 발달될 뿐 살인은 줄어들지 않는다. 이는 살인범을 체포하고 처벌하는 일차적 목적보다는 왜 살인범이 그런 범행을 저질렀는지 그 원인과 동기의 요인을 찾아 완전하게 제거해야 하는 이유이기도 하다. 정상적인 사회는 정상적인 삶을 이루게 하는 사회적 요인이 결합해 작용해야 한다. 그러려면 각 분야의 요인들이 각각의 객관적 기준을 따라 정상적으로 작용하는지 스스로 검증, 확인하는 사회체제가 형성되어야 한다.

그럼 사회를 형성하고 움직이게 만드는 사회 요인의 실체는 무엇인가? 사회 요인은 사회활동에서 나타나는 인간의 개인성과 사회성에서 기인한다. 개인성은 앞에서 언급한 개체화·개별화 개념으로 남을 고려하지 않은 개인의 욕구와 충동 그리고 무의식적 자기 본능의 심리를 함축하는 '자기중심'형이며 사회성은 타인과 상호관계를 형성하는 '상호의존'형이다. 이 두 유형의 성질은 서로 분리될 수 없는 본능이기에 인간은 두 유형의 성향을 동시에 소유한다. 그래서 인간은 자기중심적 성질을 바탕으로 고립, 고집, 주관적, 독단적이 되거나 타인과 상호의존하여 교류, 화합, 객관성, 사회성을 추구한다.

사상가들 대부분이 인간은 자기중심적 욕망에 집착하지만 혼자 살아갈 수 없는 사회적 존재의 원인을 생물학적 근거에서 심리 발달의 결과로 판단했다. 인간의 본능은 동물에서 진화했기에 자기중심적 본능이 있지만 동시에 삶의 가치를 판단하는 사고 능력도 가졌기에 타인과 협력관계가 필요한 사회성의 중요함을 터득한 것이다. 즉, 사회는 혼자 잘난 척하는 이기성과 혼자서 도저히 살지 못하는 사회성의 두 가지 본능이 작용한다. 이기성은 도시를 개인의 재능, 성격, 개성, 가치관을 중요하게 평가하는 개인주의 사회로 발전했고, 사회성은 그룹, 연합, 조직을 만들어 오늘날 사회공동체의 도시로 발전했다.

이기성과 사회성을 가진 인간의 본성은 사회에서 세 가지 유형의 행위로 나타난다.

첫 번째는 주어진 의무를 충실히 이행하는 단체 조직원으로서 주어진 임무의 수행이다. 이 임무는 개인과 상황의 조건에 상관없이 부여된 임무를 수행하는 것으로 예를 들면 군인이나 첩보원들의 군사 임무처럼 어떤 상황이 벌어져도 상급 지시에 따라 임무를 완수하는 것과 같다. 이런 경우 개인은 자신에게 주어진 임무에 대하여 옳고 그름을 판단할 권리나 임무 이외의 자발적 행동 역시 극히 제한되거나 용납되지 않는다.

두 번째는 자기중심의 자아관념으로 판단하여 행동하는 사람으로 누구의 명령을 따르거나 공동 목적을 위한 단체 행위를 거부한다. 인간은 스스로 사물과 이치를 판단할 능력을 소유한 개체관념의 존재이기에 그 누구에게 간섭과 명령을 받지 않는다. 무엇을 원하는지, 무엇을 행하는지, 무엇을 근거로 하는지 모든 행동은 자아의 테두리 안에서 판단하여 행동한다.

세 번째는 문제를 직접 해결하는 사람으로 주로 공동체의 공동행위로 나타난다. 이들은 공동체에 속한 사람들로 주어진 상황을 판별하고 구체적 방법을 협의하여 문제를 공략한다. 사람들은 누구의 명령에 따라 행동을 하거나 자기 혼자 영웅심에 들뜬 행위를 하지 않으며 집단과 단체의 공동 협의된 결과를 행동에 옮긴다. 이 공동체의 행동은 한 사람의 판단이 아닌 여러 사람의 공통된 의견과 판단으로 가장 합리적인 방법을 모색하며 집단에 속한 사람들의 수준, 사회적 위치, 계급 그리고 사회에 미치는 영향력에 따라 다양한 형태의 집단이 결속된다.

만일 사회가 누구의 명령에 의무적으로 따르는 첫 번째 유형의 조직체이거나 혼자서 판단하고 행동을 하는 두 번째 유형의 사람들로 구성되어 있다면 그 사회는 대화와 공동생활이 필요 없는 좀비나 각각 다른 목적으로 프로그램화된 로봇 세상일 것이다.

사회는 사회에서 부정적이고 비정상적으로 발생하는 문제를 판단하여 해결하는 세 번째 사람들이 사는 곳이어야 한다. 그런 사회만이 스스로 문제점을 고치고 발전할 수 있는 공동사회가 될 수 있으며 사람들의 나이, 직업, 인종, 지역, 종교, 이념에 따라 다양한 삶이 연출되는 사회가 형성된다.

사람들은 단체생활을 통해 개인의 능력과 재능을 인정받으며 그 결과에 따라 회원, 간부, 지도자의 지위를 가진다. 단체활동에서 나타나는 결과는 사회의 공익을 추구하는 공정성과 정체성에 따라 판단하며 사회에서 인정을 받거나 비난을 받아 퇴출당하기도 한다. 즉, 그 단체의 사회적 영향력, 업무 처리 능력, 객관적 목적, 사회적 대인관계 등의 변수에 따라 지속적으로 발전하거나 쇠퇴한다.

그러면 사회공동체의 정체성과 공익을 위한 공정성의 판단 기준은 무엇인가? 정체성은 자신의 능력, 형이상학적 본질을 정의하고 상징하는 이미지다. 이때 정체성은 혼자서 '나는 이런 사람이다'라고 주어지는 것이 아니라 다른 사람들과 비교와 차이를 통한 상대적 능력, 기능, 역할에서 나타난다. 개인과 단체에 대한 정체성은 가정과 사회에서 이루어지는 여러 사람과 끊임없는 대인관계와 사회활동을 통해 부여되며 이 정체성으로 사람과 단체의 능력이 평가되고 발전과 실패가 결정된다.

이를 테면 정부가 객관성 없는 정책을 무조건 강행하고 행정적 과오를 교묘한 술책으로 은폐하고 왜곡할 때, 사회단체가 구속과 탄압을 무릅쓰고 사실적 증거와 자료를 바탕으로 행정부의 과오를 밝혔다면, 그 단체는 정의구현의 단체로 인정받을 것이다. 반대로 사회단체가 정부로부터 특혜와 보상을 받아내기 위한 목적으로 혹은 어느 정치인을 수호하는 목적으로 형성되었다면 그 단체의 정체성을 논하기 이전에 그 단체의 존재 여부를 거론할 것이다. 단체의 공익을 위한 공정성은 그 단체에 가입한 사람들만의 이익 목적에서 벗어나 국가 전체의 이익을 추구하는 경우다.

예컨대 어느 지방자치단체가 작은 시골 동네에 초등학교를 건설한다고 할 때 농부가 대부분인 그 지역의 사람들은 초등학교가 어떻게 건설되어야 좋은 교육환경의 장소가 될지 알지 못한다. 시골 마을 주민들은 새 학교의 건설을 환영하겠지만 이 학교가 과연 서울 강남의 부자 동네에 있는 초등학교와 같은 수준의 학교인지 가늠할 때 심각한 문제가 제기된다. 이 학교 건설이 미래의 국가 운명을 짊어질 어린아이들을 위해 심사숙고한 결정이었다면 이 학교의 교육시설, 면적당 소요된 공사 금액, 체육관, 도서관 등의 시설은 서울 부자 동네에 있는 초등학교와 같은 수준의 교육 장소가 되어야 마땅하다. 또 이 학교는 시설뿐만 아니라 세계화를 겨냥한 선진 교육프로그램과 자질이 입증된 교사들이 부임해야 할 것이다. 비록 농촌에 사는 농부들의 자녀라 할지라도 선진 국의 어린아이들과 대등한 경쟁력을 키울 교육환경이어야 한다.

만일 이 학교의 설립이 가난한 시골에 초등학교가 없어 형식적으로 기본 시설만 갖춘 학교를 건설한 것이라면 국가는 어린아이들에게 국가 발전을 저해하고 사회를 분열시키는 불평등의 차별교육을 조성한 것이다. 국가의 무책임한 불평등과 차별교육은 훗날 그 지역의 어린아이들이 성인이 되었을 때 그들은 불평등한 직업과 조건의 환경에서 살아가게 된다. 만일 이들이 범죄자가 된다면 사회의 지식인들은 이들의 가난한 성장 환경이 주원인이었다고 말하겠지만 사실은 그들이 다녔던 차별적인 초등학교를 건설한 국가가 그들을 범죄자로 만들었다는 점을 깨닫지 못한다. 이 심각한 현실은 시골의 초등학교뿐만 아니다. 양로원, 달동네, 고아원, 장애시설, 노숙자 등 불평등하게 살아가는 곳곳에서 벌어진다.

이 같은 불평등과 차별사회를 만드는 국가에 대해 누가 문제점을 밝히고 풀어야 하는가? 그런 일은 검찰, 경찰, 감사원, 국가정보원 등에서 일하는 권력의 하수인들이 아니라 바로 그 지역, 그 도시, 그 지방에 사는 시민의 몫이다.

《서울신문》*은 재개발이 예정된 서울 송파구 마천동 지역에서 2년간 방치된 시체가 발견되었고, 성동구 홍인동에서는 최소 3주 이상 지난 것으로 보이는 시체가 잇따라 발견되었다고 보도한 바 있다. 이에 대해 어느 전문가는 시신이 뼈만 남을 때까지 방치된 현상을 빈부 격차 심화

• 《서울신문》 사회면, 2010년 8월 8일자.

와 재개발 등의 주거지 분리 탓이라고 하고, 또 어떤 사람은 순환개발 식으로 개발해야 한다며 개발방식을 방법론으로 제시한다.

사회의 무관심과 불평등으로 초라한 죽음을 당했는데 그들은 재개발 방법과 빈부 차이로 그렇게 죽을 수밖에 없었다고 당연한 현실의 결과로 설명하고 있다. 불평등사회에서 평생 살아온 사회 관행의 결과로, 이들은 시신의 죽음이 단순히 어느 불행한 인간의 최후로 그 원인이 가난일 뿐 누구를 탓할 수 없는 세상의 이치임을 은연중에 드러낸다.

이런 사회에는 정상적인 사회공동체가 결코 존재하지 않는다. 개인의 이익을 위한 조직폭력 집단이 정치가의 탈을 쓰고 사회를 지배하지만 원인의 제공자는 이런 사회 관행에 길든 시민들이다. 이 사회에 사는 사람들은 자신에게 불운한 일이 닥치지 않는 한 남의 불난 집 보듯 문제 삼지 않는다. 그들은 새로운 얼굴의 정치가, 잘생긴 고학력의 젊은 행정관료, 돈 많은 기업가를 선호하고 믿거나 말거나 정치공약을 남발하는 그들의 그 공약이 이루어질 것이라 믿는다. 다른 한편에서 정의사회 구현을 외치는 단체들은 전국 첩첩산골을 헤집고 다니며 권력자들이 저지른 비리와 범죄행위를 낱낱이 찾아 고발해야 하지만 그들은 자신들의 지역에서 한 발짝도 나가지 않는다.

이처럼 사회공동체가 형성되지 않으면 그 사회는 시민사회가 아니므로 시민공동체는 그 같은 기능을 하지 못한다. 건강한 시민사회를 이루려면 우선 시민의 권리란 무엇인지 살펴볼 필요가 있다.

시민의 권리란 민주주의 헌법으로 정한 시민의 자격을 말하며 '시민의 신분과 권한'으로 정의한다. 국가가 시민으로 인정한다는 것은 사람답게 사는 권리와 정치에 참여할 권리를 부여하는 것으로 이 권리는 민주주의 정신에 입각한 법으로 규정한다. 국가는 직업, 출신, 성별, 나이,

인종에 상관없이 한 사람 한 사람 모두의 삶과 건강을 평등하게 보호할 의무가 있는데 그 의무의 개념은 법철학, 도덕철학에서 규정한 평등의 원칙을 준수한다. 국민 모두가 직업의 귀천에 상관없이 평등한 삶이 형성되어야 평등한 사회관계가 형성되고 사회와 국가체제는 소수의 특권을 가진 사람의 장소가 아니라 모든 이의 행복을 위한 도시공동체로 발전할 수 있다.

유럽연합은 시민의 권리를 재확인하기 위해 프랑스 시민혁명 200주년을 기념하여 시민의 권리를 '시민으로서의 권리', '정치에 참여할 수 있는 권리', '사회적 권리' 그리고 '인간 존엄성의 권리'로 정의했다.

첫째, '시민으로서의 권리'는 표현의 자유, 법 앞에서의 평등, 자기 재산을 소유할 수 있는 권리다.

둘째, '정치에 관한 권리'는 투표의 권리, 피선거권의 자격, 공공기관의 기능과 역할에 간섭할 수 있는 권리, 외국에서 문제가 발생할 경우 국가로부터 보호받을 권리다.

셋째, '사회적 권리'는 도시에서 정상적인 삶을 살아갈 수 있는 권리로 건강하게 살 수 있는 환경과 병을 치료받을 권리, 일자리를 보장받는 권리, 단체와 조합을 결속할 수 있는 권리다.

마지막으로 '인간 존엄성의 권리'는 세계시민헌장에서 결정한 권리로 시민이란 국경과 인종의 구분이 없는 휴머니즘의 결정체이며, 이 휴머니즘은 고대 그리스에서 출발한 스토아철학에 그 근본을 둔다.

스토아철학은 기원전 301년 고대 그리스 철학자 제논°이 창시한 것으로 이 세상은 '자연'과 '논리' 그리고 '인간의 윤리학'으로 구성되어

•   Zenon de Citium(BC 262~261).

움직인다고 보았다. 스토아학파의 학자들은 인간의 실체는 우주 만물을 이루는 자연, 지식, 도덕으로 형성되어 외부의 세속적 요인에 지배되지 않고 정의와 공정성을 추구하며 상호관계를 형성하는 세상을 만들 수 있음을 강조했다.

인간의 사회적 권리를 정의하는 이 휴머니즘은 오늘날 민주주의 정치의 핵심으로 민주주의 체제를 준수하는 국가라면 시민에게 시민의 권리가 훼손되거나 상실되지 않는 삶을 지켜줘야 한다. 그러면 시민의 권리가 보장되는 도시, 마을, 지역의 도시정책이란 무엇인가?

20세기 후반부터 유럽의 국가들은 시민의 권리를 수호하기 위하여 민주주의 정신에 입각한 연방체제 혹은 의회정치체제의 도시정책을 공들여 추진해왔다. 시민의 권리를 지켜주는 도시정책은 개발 목적을 빌미로 법과 규칙을 수시로 특별법 혹은 규제 완화 등의 형태로 바꾸거나 권력을 이용하여 정책을 강행하는 특권 자체를 용납하지 않는 정책을 의미한다.

정부는 정책을 결정하기 위해 현재의 주거지역에서 주민들이 어떻게 살아가는지, 어떤 모습의 주거지역으로 발전할 것인지, 현행 행정제도를 보완할 점은 없는지 그리고 행정기관의 운영 실태를 파악하는 일 등등 정책 방향을 세밀하게 검토할 수 있는 사회체제를 확립했고 그 주요 핵심은 시민 참여의 강화였다. 이를 통해 정부는 지역개발을 시행할 때 그 정책이 그 지역만을 위한 건설이 아니라 그 지역을 포함하는 국가 전체를 고려하여 지역 주민의 동의는 물론 전국의 시민이 참여하도록 했다. 지방자치단체의 재정 능력, 행정 운영자의 재량에 따라 독립적으로 정책을 추진한다면 각 지역은 불균형의 차별사회가 조성되어 균등한 시민의 권리를 부여할 수 없기 때문이다.

그러나 오늘날 세계는 지역개발을 핑계로 도시 주변에 형성된 지역적 특색을 지닌 작은 동네와 마을은 수십 년 전 그대로 방치하고 전혀 엉뚱한 장소에 새로운 단지를 건설한다. 오래전에 만들어진 인구 100여 명도 채 안 되는 작고 보잘것없는 시골 동네를 개발하여 교육, 보건, 문화, 사회를 도시와 동일한 수준으로 만든다면 도시로 밀려드는 인구집중은 어느 정도 해소될 것이다. 더불어 시골만의 풍요롭고 평화로운 자연적 도시환경이 형성되므로 오히려 대도시의 수많은 중상계급, 고소득층이 이곳에 정착할 것이며 지역경제 또한 활성화될 수 있다. 지역균형의 개발정책은 대도시의 인구집중 방지, 지방의 유동인구 정착, 안정된 경제성장 등의 결과를 가져오며 각 도시들은 지자체를 운영할 수 있는 세수가 확보되어 지속적인 발전을 이어갈 수 있다.

　　그렇다면 가난하고 낙후된 마을을 개발한다고 할 때 어떤 유형의 정체성과 미래를 예측한 개발정책이어야 하는가? 지금처럼 한적한 농촌마을의 정체성을 유지할 것인가 아니면 인구증가를 가정한 소도시의 개발정책을 추진할 것인가? 농촌마을을 개발하는 목적이 지역 주민들의 나이, 직업, 취향에 적합한 주거환경의 개발인가 아니면 100년 후 미래를 내다본 개발이어야 하는가?

　　유럽의 많은 도시사회학자들은 이 같은 의문점에 대한 해답을 얻기 위해 전국의 시민을 대상으로 앙케트를 실시했다. 시골의 농촌마을에서 벗어나 작은 소도시로 도시화되기를 원하는 부류는 대학 이상의 고등교육을 받거나 정년퇴직한 진보 성향의 사람들이었다. 반대로 도시화를 반대하고 시골의 작은 농촌마을로 남기를 원하는 사람들은 지역의 독립성과 특색을 지키려는 보수 성향의 젊은 세대와 사회 지식인들이었다. 여기에서 말하는 보수란 한국에서 잘못 인식하여 반공을 외치는 외곬의 노인이나 해병대 전우회 같은 부류의 사람들처럼 우익과 좌익으로 구분한 정치 이념이 아니라 전통 문화를 중요하게 생각하는 사람들을 일컫는다. 좌익의 정치가들도 기존 정통성을 추구하는 보수주의가 많고 우익의 정치가들도 진보적 정책을 추구한다.

조사 결과, 사회적 위치가 높은 고소득자들은 시골 마을도 도시처럼 소비와 문화를 추구하는 곳으로 개발되어야 한다고 판단했다. 반면 젊은 세대와 지식인들은 시골 마을도 도시와 균등한 삶의 수준을 만들어야 하지만 그 지역의 정체성과 주민의 권리만큼은 지켜주어야 한다는 견해였다. 이들이 말하는 그 지역 주민의 권리란 민주주의에서 요구하는 시민의 권리 이외에 그들의 조상이 살았던 마을을 그대로 보존하는 일이다. 그 지역 주민들은 수 세대를 살아온 마을이 자손대대로 존속되기를 바란다.

불균형의 늪, 차별사회와 계급사회

도시에서 차별사회와 계급사회는 왜 발생하며 근본 원인은 무엇인가? 그 원인은 바로 사회 불균형으로 시민의 권리가 공정하게 지켜지지 않기 때문이다. 도시의 정책이 부동산 경제활성을 위한 수단으로 변질되면서 시민의 권리를 지키는 사회 기능과 역할이 시장거래라는 족쇄에 묶여 인간 차별의 계급 도시가 만들어졌다.

사회는 한번 불균형 사회의 늪에 빠지면 헤어 나오기 힘들다. 더구나 이 불균형의 늪에 빠져도 오랫동안 늪에 빠진 사실을 모른다. 늪에 빠져도 사회적 기능의 일부가 작동하므로 사람들은 일종의 경기침체 혹은 사회 혼란으로 간주할 뿐 큰 문제로 느끼지 못한다. 그러나 일단 그 늪에 빠지면 빠지는 속도는 점점 빨라지고 사회 혼란과 경기침체의 악순환은 반복되어 결국 헤어 나오지 못하고 차별사회라는 늪에서 질식하고 만다.

차별사회가 되면 정치개혁 혹은 사회혁신의 개벽이 일어나서 자기잘못에 반드시 책임을 지는 사회 관행이 형성되기 전까지 평등사회는 만들어지지 않는다. 사회를 늪에 빠지게 한 권력의 잔재들이 사회를 장악하고 있기에 개혁으로 완전히 청소가 되지 않는 한 평등사회를 추구하는 정책 대신 특별법, 지원금, 완화정책 등만 난무한다. 이것은 마치 늪에 빠져 곧 죽을 사람을 꺼내지는 않고 당장 배고플 테니 먹을 것을 주는 어처구니없는 상황과 다를 바 없다.

현시대의 사회는 구시대처럼 외형적으로 지배자와 피지배자로 구분되던 봉건주의 지배체제로 보이지 않는다. 이 때문에 민주주의의 평등사회라고 주장하겠지만 내부적으로 감춰지고 은폐된 인간 차별은 구시대보다 훨씬 심각하고 참혹하다. 구시대에 존재한 차별사회의 계급은 귀족과 성직자, 부르주아, 시민 그리고 농부로 분류된 반면 현시대의 차별계급은 매우 다양하고 복잡해서 인문사회학자들은 앞장에서 구분한 최상, 상, 중, 하층의 4단계에서 1층에서 8층으로 세분화했다.

1층에는 사회경제적 관점에서 직업이라는 범주에 해당되지 않는 계급으로 고아, 가출 청소년, 신체장애자, 노인, 실업자, 노숙자, 막노동자, 품팔이 그리고 거지들이 산다.

2층에는 작업복을 입은 기술노동자, 생산자, 소규모 땅을 가진 농부들이 살고, 3층에는 병원, 기업, 전문직, 국장급에 해당하는 공무원이 산다.

4층에는 교사, 교수, 중소기업 임원, 감독관, 연구원, 음악가, 문학, 연예인, 창작자들이 살고, 5층은 공장, 상가, 부동산 등을 소유한 소기업주가 산다.

　　6층에는 대기업 임원, 차관급 이상의 고위직 공무원, 국회의원, 단체장들이 산다. 7층은 고수익의 의사, 변호사, 건축사와 같은 자유직업의 법인 소유자들이 살고, 제일 높은 8층에는 부동산 소유자와 재벌 등이 산다.

　　이러한 계급 구분은 인간의 존엄성을 수입에 따라 분류하여 사회계급을 범주화한 것이다. 불평등의 계급화는 남자와 여자, 젊은이와 노인, 도시인과 시골인, 교육자와 비교육자 등으로 다시 나누어 각각 별도의 잉여가치, 부가가치, 생산가치, 잠재적 유용가치로 계산하여 계급을 설정한다.

　　근세 말기 산업혁명 이후부터 다양하고 복잡하게 진화한 이 사회계급은 평등 원칙을 고수해야 하는 민주주의가 자유주의의 최대 수익자인 재벌과 권력이 정한 자격과 기준으로 생성된 결과다. 자유주의 체제는 높은 층에 사는 사람들이 낮은 층에 사는 사람들에게 모욕적이고 무례한 짓을 해도 상관없는 규칙과 기준을 설정하여 법의 이름으로 거침없는 폭력을 행사한다.

　　이 같은 차별체계는 공동사회에서 상호협력하고 능력에 따라 보수를 받는 기본 사회의 규준을 계급으로 변질시켰다. 이런 사회일수록 수입이 많은 사람과 많은 재산을 상속받은 부자들이 오히려 수입이 적은 사람보다 공동사회를 위한 부담금을 더 많이 부담하는 사회시스템이 형성되지 않는다. 수입이 많든 적든 공공사회에서 시민의 권리가 평등해야 하는 기본 원칙도 준수되지 않는다. 오히려 돈 많은 사람들이 받는 특혜가 더 많다. 이러한 사회는 부자가 자기 집을 금덩어리와 보석으로 지어도, 수백 층의 건물을 주거지역 중앙에 건설하여 지역사회를 완전 독점해도, 모든 편의점을 재벌들이 독점하여 영세업자들을 망하게 해도 법의 규제가 전혀 없는 사회다. 즉, 도시가 아니라 부자들만 잘 사는 약육강식의 정글이다. 하층계급의 사람들은 변두리에 밀집한 공동주택 단지의 아파트 지역으로 내몰리고, 도시는 8층 계급의 순서에 따라 나뉜다. 위에서 하층으로 내려올수록 지역 환경은 점점 더 낙후되어 강도, 살인, 강간 등의 범죄가 빈번하게 발생한다.

도시는 사회공동체의 공동장소가 아니라 돈을 기준으로 일괄적으로 영역을 배급하는 극렬 자본주의 독재자의 무대가 되어 신자본주의 혹은 신자본 파시즘 체제가 만들어지는 극한 상황에 처하고 만다.

5층 이상 계급의 사람들은 도시의 요지에 살면서 교외에 제2의 주택을 별장으로 소유하고 있다. 도심에 있는 그들의 집은 일반적으로 외부인의 출입이 엄격하게 금지된 고층아파트지만 교외에 지어진 별장은 작업실, 창고, 정원 등을 갖춘 전원주택으로 주말에 휴식과 취미생활 등 여유로운 시간을 보내기 위함이다.

만일 이 같은 상층계급이 교외 및 외곽에 투기를 목적으로 사들인 부동산 소유를 법으로 규제하지 않는다면 그들의 출현은 기존에 형성된 사회공동체와 지역의 발전을 저해하고 방해하는 요인이 된다. 이는 아름다운 자연환경으로 둘러싸인 시골과 농촌이 상층계급의 재산이 된다는 것은 사회가 권위의식의 봉건시대로 역행하고 있음을 보여준다. 부자들이 재산을 증식하는 행위를 살펴보면, 규모는 작지만 자연발생적·인류학적·사회학적 근거로 형성된 시골 마을의 고유한 자연과 문화라는 삶의 영역을 난도질하는 것과 같다.

이렇게 차별과 계급의 늪에 빠져 허우적거리는 사회를 구해낼 방법
은 시민들이 도시를 어떻게 인식하느냐에 달려 있다. 곧 사람들이 자기
직업에 따라 도시를 인식하는 차이가 심할 경우 차별사회는 결코 회복
될 수 없다.

그렇다면 정상적인 사회를 차별사회의 늪으로 빠뜨린 장본인들은
도대체 누구이며 대책이 있다면 무엇인가? 바로 경제, 건설, 행정관리
의 세 분야에서 종사하는 사람들에게서 그 답을 찾을 수 있다.

첫째, 경제 분야는 기업의 소유자와 사주의 하수인 역할을 하는 전문
경영자로 부동산, 은행, 투자, 금융 자산관리, 제조 등으로 세분화된다.
그들에게 도시는 사회적 장소가 아니라 부동산, 재테크, 자산, 생산의
경제적 이익의 장소로써 도시는 더 생산적이고 효율적인 투자시스템으
로 운영하여 더 많은 이익을 창출하는 장소가 되어야 한다고 생각한다.
도시 성장의 목표를 경제적 이윤 창출의 극대화로 간주하기에 모든 도
시정책은 세계 경제의 중심을 겨냥한 자유주의 시장경제의 원칙 아래
최대 이윤 창출이 곧 최종 목적이 된다.

둘째, 건설 분야는 엔지니어, 건축, 도시계획, 조경, 토목, 교통, 환
경, 수질, 설비 등의 직업을 가진 사람들로 그들은 자연과 환경에 관련
된 풍부한 지식을 바탕으로 도시를 거대하고 복잡한 구조물로 바라본
다. 그래서 그들은 가능한 독특하고 거대한 모양의 구조물을 만들어야
사회에서 주목받는 전문가로 인정받을 수 있다고 생각한다. 또 많은 기
술자를 거느린 규모가 큰 회사일수록 큰 구조물을 건설할 수 있다고 주
장하며 용역 수주의 총액을 그들의 능력으로 평가하고 과시한다. 때문
에 이 사람들의 건설 행위는 사업주인 재벌과 행정청의 고위 관료들과
결탁하여 날림공사, 설계 변경, 부정부패 등의 문제가 따라붙는다.

셋째, 행정 관련자들은 중앙행정, 시, 도청, 구청, 면 등의 행정·관리 분야에 종사하는 공무원으로 이들이 바라보는 도시는 입지 조건 혹은 진급의 기회가 주어지는 장소로 인식한다. 그래서 그들은 주어진 임무와 역할의 한계를 벗어나지 못하며 첫 번째와 두 번째 사람들과 밀착관계를 유지할 수밖에 없다. 이들의 유대관계는 성공적인 미래를 위한 필수불가결의 요건인 셈이다. 그 결과 유대관계가 정경유착관계로 깊어질수록 행정 관련자들은 언론기관, 정치가, 고위직 상관들로부터 능력을 인정받아 더 좋은 자리에 앉는 대신 무사안일주의에 사로잡히고 만다. 그리고 그들은 단지 여기저기에서 터져 나오는 사고와 문제들을 수습하는 것이 행정관리자의 역할로 간주한다. 그래서 예기치 않은 사건이 발생하면 행정기관시스템의 절차에 따라 눈에 띄지 않도록 재빠르게 땜질하여 추궁당하지 않도록 한다.

그들의 직업은 결국 권력과 재력과의 만남을 주선하는 중개인의 위치로 전락하거나 아예 공무원의 직위를 이용한 해결사로 변신해 청탁, 뇌물수수, 낙하산 인사, 비자금 조성, 세금 포탈, 위장 전입, 병역 기피 등 부정부패의 주요 범죄자가 된다.

그럼 이 세 유형에 해당하는 사람들의 도시에 대한 인식을 바로잡으려면 어떻게 해야 하는가? 우선 그들에게 도시의 주인은 시민이며 앞에서 언급한 직업의 사람들은 시민의 일꾼임을 인식시켜야 한다. 일꾼들이 주인이 살 집을 만들었다면 그 집은 시민인 주인의 마음에 들어야 하는데 오늘날 도시에는 주인과 일꾼의 위치가 뒤바뀐 적반하장의 상황이 연출된다. 도시의 주인이 시민이라는 사실은 도시와 지역을 대표하는 권리, 도시에서 인간답게 평등하게 살 권리, 도시라는 장소를 마음대로 사용할 권리가 시민에게 있음을 의미한다.

정부가 낙후된 지역에 재개발정책을 추진한다면 그 지역에 집을 소유했더라도 거주하지 않는 부동산 소유권자가 아니라 그 지역에 실질적으로 거주하는 세대주가 그 지역을 대표하는 주민으로서 권한이 있음을 명심해야 한다. 또 그 지역의 재개발은 그 지역 주민만을 위한 개발이 아니라 도시 전체의 시민을 위한 개발이라는 사실도 염두에 두어야 한다.

도시를 사용하는 권리란 만들어놓은 장소에 살면서 그 장소를 직접 사용하는 사람들의 권리로 공적·사적 장소, 서비스 공간, 시설 등을 말한다. 예를 들면 백화점을 건설했다면 그곳은 소비자인 고객과 물건을 파는 판매원이 그 장소의 사용자가 되므로 이들이 원하는 장소의 조건을 갖추어야 한다. 결국 사용자인 시민 모두를 위한 장소이어야 한다는 사실에는 변함이 없다.

도시를 마음대로 사용할 권리란 국가의 실질적 소유권자, 곧 국민이 이 땅의 주인이라는 의미다. 그런데 세 유형의 사람들은 자신들도 국가의 주인이라는 사실을 잊어버리고 권력과 돈의 욕망에 얽매여 스스로 시민 위에 군림하는 특별한 존재로 착각한다. 이들의 이러한 과욕은 사회에 온갖 유형의 문제와 사건을 일으켜 정상적인 사회 기능을 무너뜨린다. 이 같은 비뚤어진 욕망과 의식 부재에서 생겨나는 과오를 어떤 방법으로 저지하고 예방해야 하는가?

우선 그들 머릿속에 과욕으로 작동되는 정신회로에서 맹목적인 건설을 추진하게 하는 정경유착의 명령 서버를 찾는다. 그리고 나서 삭제 버튼을 누르고 사회체제 프로그램을 재부팅해야 한다. 하지만 이미 구축해온 거대한 자본과 정치권력의 연합 서버는 시민들이 거리 시위와 투쟁의 전략으로 대항하기에는 역부족이다. 따라서 이들 연합 서버에 맞서기 위해서는 사회 각 분야에서 단련된 최고 수준의 능력과 고도의 전략을 겸비한 전문가들의 연대가 필요하다. 그 연대란 바로 탐욕에 물들지 않고 정의와 도덕을 중요시하는 언론, 학자, 법조인, 예술인 등의 결속이다. 이러한 지식인들의 결속은 정경유착의 거대한 집단의 궤변과 허구를 낱낱이 밝힐 수 있는 객관적이고 과학적인 이론을 무기 삼아 강력하게 대응할 수 있다.

언론은 정경유착의 집단이 저지른 부패와 범죄의 행위를 낱낱이 고발할 것이며, 학자들은 문제의 원인과 해결 방안을 제시할 것이다. 법조인들은 잘못된 민주주의의 실상을 고발하여 독재체제를 반격할 것이며, 예술인과 철학자들은 어떻게 사는 것이 아름다운 삶인지 따져 물을 것이다.

하지만 지식인 연대는 지식인들의 자발적 의지에서 결속되는 것이지 시민단체의 군중심리에 이끌리거나 어떤 부당한 거래로 모이거나 흩어지는 것이 아니다. 일반적으로 사회 지식인들은 지배 세력들과 굳이 대항해서 싸울 이유가 없다. 왜냐하면 사회적 위치가 높고 안정적인 수입으로 잘살고 있거나 지배 세력들로부터 온갖 특혜와 향응을 제공받아왔기에 자신들을 존중하는 자본과 권력의 세력들을 정면 공격하여 적을 만들지 않는다. 다만 향응의 대상에 포함되지 않는 영향력 없거나 가난한 지식인들만이 시민 편에서 외롭고 힘들게 진보를 외칠 뿐이다. 그렇기 때문에 지식인들의 참여 없이 정치 이념만으로 결속된 녹색, 진보, 시민연대 등의 사회운동은 무기도 없이 무적함대와 싸우는 것으로 백전백패하고 만다. 따라서 정치 이념에 좌우되는 연합이 아닌 지식인을 중심으로 형성된 시민단체의 운동이 전개될 때 비로소 엄청난 힘을 발휘할 것이다.

도시의 개발은 그 지역 소수의 시민만을 위한 개발이 아니라 시민, 지역 주민, 사용자의 세 가지 개념으로 이해되어야 도시 전체가 근접성, 지역만의 정체성, 성과를 나타내는 유효성과 연관된다.

근접성은 정보통신 사회에서 교통수단의 하나로 동선을 연결하는 것이 목적이 아니라 모든 사회 분야의 다양하고 활발한 활동이 형성되는 장소가 되어야 한다. 예를 들면 재개발은 낡은 건물을 새 고층빌딩으로 교체하는 일이 아니라 그 지역의 삶의 프로그램을 재개발하는 것이다. 삶의 프로그램이란 근접성의 개념으로 집에서 도보로 가능한 거리에 교육(학교, 도서관, 체육시설 등), 문화(극장, 연극, 음악, 전시장 등), 상가(쇼핑, 음식점, 카페 등), 복지(노인정, 병원, 각 분야의 진료소 등), 사회성(광장, 놀이터, 산책, 공원 등)의 장소가 분배되어야 한다. 만일 번화가의 지역에 성형외과, 미용실, 음식점만 집중되어 있거나 고층아파트만 빽빽하게 들어서 있다면 영업허가를 담당하는 그 지역 행정청의 기능과 역할은 마비된 것이다.

정체성의 확립은 그 지역만의 건축, 지리적 특성만이 중요한 것이 아니라 도시 다이너미즘을 결정하는 사회공동체의 활발한 활동이 더 중요하다. 사회공동체의 활동은 시민공동체의 사회활동을 말하는 것으로 지방자치단체가 온갖 축제와 행사로 수백억 원의 국고를 낭비하는 무책임한 행위를 의미하지 않는다.

유효성이란 정보와 유동성 중심의 최신 설비로 지은 감옥처럼 갇힌 공간의 아파트촌 건설이 아니라 다른 지역과 상호의존관계에서 형성되고 문화적 삶의 가치가 함축되어야 한다. 상호의존관계란 지역의 정체성과 근접성의 개념이 확립되어야 가능하다.

사람들은 종종 자기만의 삶의 한계에서 탈출하여 전혀 다른 세계로 여행을 떠나고 싶어 한다. 마찬가지로 지역의 주민들도 다른 지역을 돌아다니며 자기 지역과 다른 이질성, 정체성을 경험하기 원한다. 하지만 이 상호의존관계는 지역 특산물이나 특이한 건축물로 사람들을 모여들게 하는 것이 아니라 도시 각 지역의 정체성에서 만들어진다.

소바즈와 바상*은 현시대의 도시는 앞에서 살펴본 세 개념이 충족되는 지역개발보다 오히려 공포와 두려움의 긴장감을 유발하는 지역으로 만든다고 본다. 도시 외곽, 주변 고속도로에 일렬로 줄지어 점점 더 확대되는 교도소와 같은 아파트촌의 출현은 오랜 세월 동안 각각의 역사적 흔적을 가진 지방 도시들의 경계를 허물어뜨리고 정체성을 잃은 채 지역과의 교류가 완전 차단된 아파트 섬들을 대량 건설해왔음을 의미한다.

지역의 개발은 독립된 영역의 정체성, 근접성, 유효성의 결과를 준수하고 다른 지역과 상호연관되어야 하는데 오히려 기존의 자연, 문화, 역사적 환경까지 파괴하는 반대 현상이 벌어지고 있다. 도시가 지역 주변과 상호의존관계가 형성되려면 도시와 주변이 어떤 관점에서 연관성을 이루어야 할지 심사숙고해야 하며, 지역 주민의 직업, 나이, 생활 수준, 취향 등의 요인들도 중요한 개발 요소로 작용한다.

예를 들어 유럽의 도시에서 60세 이상의 주민들이 과반수인 동네는 공동생활의 중요성이 강조된다. 젊은 세대들이 교육과 취업을 위해 거의 다 도시로 떠났기 때문에 나이 든 사람들은 이웃끼리 의지하며 살아간다. 그래서 이 도시의 장소들은 그들이 편하게 활동할 수 있도록 모든 시설이 세심하게 계획되어 있다.

•   André Sauvage, Michel Bassand, *Proximité en tension*, LARES, 2005.

반대로 20~30대의 젊은 세대가 많이 사는 지역은 단합된 사회활동을 위한 장소도 중요하지만 일상생활을 위한 서비스 장소가 많다. 같은 세대의 젊은이들이 모이는 다양한 만남의 장소, 전자통신의 수단을 이용한 국내와 세계를 연결하는 네트워크는 매우 중요하다. 20대의 젊은 세대는 도시 전체가 그들의 활동무대로 간주하지만 40대 이하의 독신들은 집에만 틀어 박혀 있거나 혹은 특정 장소에만 다닌다. 50대 이상은 회사와 집을 오가며 특정 목적 이외의 장소는 거의 다니지 않는다.

이러한 현상은 고소득자와 저소득층에서도 뚜렷하게 나타난다. 고소득자는 다양한 활동을 위해 여러 장소를 다니지만 저소득층은 집과 회사의 경로에서 거의 이탈하지 않는다. 고소득층과 젊은 층은 도시를 소비, 경험, 만남, 새로운 유행, 문화 등의 장소로 인식하지만 노인, 독신, 저소득층은 도시를 생계유지를 위한 일터로 여길 뿐이다.

도시 관련 학자들은 도시에서 시민의 활동 동선의 흐름도표Flow Chart, 동선 교차로 형성되는 매듭Node, 유동률Flux 등을 분석하여 도시의 기능과 상황을 점검하고 발전 잠재성을 측정한다. 활동의 동선이 단순한 일직선이거나 매듭이 너무 얽혀 유동성이 빈약하다면 그곳 시민의 삶은 집과 일터를 반복하고 도시는 무기력한 장소가 된다. 이때 무기력한 장소는 도시에 활력을 촉진하는 도심의 구심력 체제가 형성되어 있지 않음을 뜻한다. 구심력 체제가 없는 도시는 중앙집중식 도시구조가 아닌 도로를 따라 건물들이 나열되어 있으며 휴일과 저녁에는 직장인들이 없어 텅 빈 거리가 된다. 이러한 현상은 자동차를 이용할 수밖에 없는 지역에서 더 심하다.

도시 외곽에 거주하는 사람들의 이동 교통수단을 살펴보면 세 가지 유형으로 나뉜다. 상층계급은 버스, 지하철, 전철 등의 대중교통을 불편한 교통수단으로 판단하여 365일 자가용을 이용한다. 반면 일반 시민은 환경오염이나 신속함의 이유보다 주로 경제적 이유에서 대중교통을 이용하는데 날짜, 시간, 날씨, 계절, 교통 상황에 따라 자동차를 이용하기도 한다. 녹색, 환경 등의 단체에 연관된 사람들은 대중교통 이용을 정치적 이념 혹은 신념을 실천하는 하나의 수단으로 여겨 일반 대중교통조차 거부하고 반드시 환경 친화적 교통수단을 고집한다.

도시의 개발정책은 그 도시에 사는 사람들이 부자든 서민이든 노인이든 젊은 세대든 함께 살아가는 장소로 인식해야 한다. 노인이 많다고 그 지역에 경로당과 복지시설 같은 노인 중심의 건축 프로그램만 운영해서도 안 되며 부자들이 많다고 그 지역의 모든 시설을 부자들 취향에 맞게 최고급 자재로 만들어 차별사회를 조성해서도 안 된다. 반대로 가난한 지역이라고 수십 년을 그대로 방치 또는 차별지역을 조성하거나 젊은 세대가 사는 지역이라고 소비성을 부추기는 장소가 되어서도 안 된다. 젊은 세대 역시 가정을 이루고 나면 자녀의 교육환경을 비롯해 더 나은 주거환경에서 살아가기를 바라는 까닭이다.

따라서 도시는 어린아이와 노인이 함께 어울리고 20대 젊은이와 50대 장년들이 함께 협력하는 사회의 보편타당한 도시가 되어야 한다. 도시를 생태, 과학, 기업, 행정 등의 주제별로 구분하는 도시계획은 도시계획이 아니라 모순과 허위가 가득 찬 정치가들의 술책일 뿐이다. 도시는 완벽하게 살아 움직이고 활동하는 생명체로서 부위별로 좋은 부분만 잘라 엮어 만들 수 없기 때문이다.

도시는 갓난아이부터 늙은 노인까지 삶이 형성되는 장소로써 주택가에 어린이 놀이터가 있다면 바로 그 옆에 어린아이를 보고 즐거워하는 노인들을 위한 편안한 벤치와 정원이 있어야 한다. 다른 한쪽에는 청년들을 위한 운동기구와 농구대가 있고, 그 주위에는 누구나 다닐 수 있는 산책로가 조성되어야 한다. 이렇게 다양한 인간의 삶을 동시에 만들어내는 정책만이 보편타당성의 도시를 가능하게 한다.

사회공동체의 기원과 진화

도시는 시민들이 모여 단체를 이룬 사회공동체다. 사회공동체를 형성하는 시민단체란 민주주의 체제와 허용된 법 안에서 그룹, 조직, 기관, 모임을 형성하여 공동 목적을 위해 활동하는 단체를 말한다. 오늘날에는 수많은 종류의 단체가 있지만 그 단체들은 정치적 관점에서 혹은 객관적 논리에서 혹은 일시적 동기 때문에 즉흥적으로 만든 것인지 명확하게 검증해야 한다.

정치적 관점의 단체는 그 단체가 순수한 정치적 목적을 위해 올바른 사회체제를 확립하기 위한 단체인지, 어떤 목적을 염두에 둔 정치단체로 발전할 것인지 기준에 따라 평가되어야 한다. 하지만 민주주의 체제에서 공익과 전혀 상관이 없는 정치적 목적의 단체가 조직되었다 할지라도 그 단체가 공익을 해치는 테러집단이나 조직폭력 단체가 아닌 이상 법적으로 규제할 수가 없다.

논리적 관점의 검증은 단체가 현재의 상황에 꼭 필요한지 객관적으로 단체의 정체를 판단하는 방법으로 과거부터 현재까지 이 단체가 얼마나 정의롭고 올바른 역할을 했는지 점검한다. 그리고 일시적 목적의 단체는 문제 발생에 따른 신속한 대처를 위해 만든 단체로 종종 조직 과정에서 검증의 절차가 생략되어 공정성을 찾기 힘든 경우도 있다. 이들 집단은 그들만의 목적과 다양한 사회적 변수에 따라 조직되기에 현실적 문제를 무시하거나 문제의 핵심과는 전혀 다른 조직이 형성되기도 한다.

그러면 사회공동체의 본질과 기원은 무엇이며 지금까지 어떻게 진화되어왔는가?

도시는 사회공동체의 기능과 역할이 정상적인지 또는 비정상적인지, 서로 연관을 이루는지 또는 상반되는지 결정하며 그에 따라 발전하거나 쇠퇴한다. 사회공동체는 학교, 기업, 기관, 모임, 협회 등 사회의 모든 단체활동의 집합체 또는 연합이다.

사회공동체는 다수의 세력에서 소수의 무리를 보호하기 위한 목적으로 공동체주의 개념에서 기원한다. 공동체의 기원은 고대 그리스·로마의 시민을 대표하는 의회와 공화정치, 중세사회 말기의 상업조합 길드에서 전례가 나타나지만 실질적 공동체주의는 르네상스 이후 시민혁명이다. 시민혁명은 프랑스 구체제가 몰락하고 제1공화국이 창설된 근세시대를 의미하는데 이 시점을 공동체시대로 간주한다. 이 시대의 공동체는 17세기까지 존속한 프랑스 구체제의 왕실법령과 가톨릭교회에서 법으로 제정한 '공동사회의 권리를 추구하는 올바른 정신을 가진 시민의 전체'로 정의되었다. 이러한 공동체는 왕족과 귀족들로 구성된 왕실공동체, 군대공동체, 도시의 시민들이 모인 공동체, 지역주의공동체, 주민공동체 그리고 가장 작은 규모의 이웃공동체로 나뉘었고, 오늘날 사회 각 분야에서 세밀하게 분류되어 각각 발전했다.

공동체주의는 혈통, 민족, 전통의식과 관례, 문화, 종교 등이 같은 사람들끼리 형성된 집단 개념으로 사회 분열, 국가전복, 전쟁, 파괴, 폭력 등에서 같은 민족, 동포, 가족을 보호하기 위한 목적으로 사회민속적,

사회정치적, 사회문화적 공동체로 구분되어 발전했다. 한편 언어학에서는 공동체를 '공동사회에서 공유하는 공동자치도시 코뮌'으로 정의하는데 공동사회는 곧 '민주주의 정신이며 국가는 시민 공동의 자산'을 의미한다.

오늘날 공동체는 각 분야별로 자연생태환경을 보호하기 위한 생태공동체, 사회공동체, 역사공동체, 언어공동체, 종교공동체, 국제공동체, 행정공동체, 과학공동체, 지향공동체, 잠재공동체, 지식공동체 등으로 세분화되었다.

도시사회학에서 사회공동체란 수없이 많은 사회단체가 모여 있는 곳으로 협회, 전우회, 대학동창회, 종교, 자선단체, 동성애 모임까지 그 종류가 매우 다양하여 모자이크 공동체라고도 한다.

언어공동체란 같은 언어, 사투리를 쓰는 사람들이 사회·문화적 관점에서 형성된 단체로 지역, 동네, 도시를 상징한다. 한국의 경우 모든 언어가 제주 언어만 제외하고 비슷하지만 유럽의 경우 전혀 알아들을 수 없는 서로 다른 언어를 쓰는 지역이 모여 지역공동체를 형성했다.

프랑스는 서로 다른 지방 사투리와 언어를 쓰는 22개 지역이 모여 한 국가가 형성되었고, 아직도 6개 지역에서는 그 지역만의 고유 언어를 고집하는 민족주의 공동체가 형성되어 프랑스 단일 국가체제를 거부한다. 캐나다는 지역 자치행정권이 영어권과 프랑스어권으로 나뉘어 있으며, 스위스는 독일어, 프랑스어, 이탈리어, 로만슈어권으로 나뉘어 있다. 북아프리카 아랍국가의 마그레브Maghreb(리비아, 튀니지, 알제리를 포함하는 북아프리카 서부) 지역에서는 프랑스 언어권이 형성되어 있고, 룩셈부르크는 룩셈부르크어, 프랑스어, 독일어 등으로 언어에 따라 지역사회가 구분된다.

지향공동체란 종교나 정치적 이념을 떠나 오직 가난하고 병든 사람, 고아, 어린아이, 인신매매, 동물 등을 보호하기 위해 형성된 단체로 유럽에서는 1949년 가톨릭 사제 아베 피에르*가 창시한 에마위스 빈민구호 공동체가 대표적이다.

잠재공동체는 말 그대로 인간의 잠재력을 개발하는 목적으로 형성된 단체로 과학, 컴퓨터, 물리학, 수학, 생물학, 신체해부학 분야의 전문가들로 구성된다. 그 밖에 같은 컴퓨터시스템의 서버 연결 모임, 같은 게임을 즐기는 프로게이머 모임, 신체의 한 부분만 전문적으로 다루는 수술 전문 모임 그리고 인터넷 동호회 등도 공동체의 맥락 안에 있다.

도시에 형성된 수많은 공동체는 공공성의 객관적 기준보다 단체의 이익을 더 중요하게 간주한다. 그래서 공동체들은 더 많은 회원을 확보하여 더 큰 영향력을 행사하기 위해 치열한 세력 다툼을 벌인다. 간혹 지나친 세력 경쟁은 조직폭력배들처럼 막강한 파워를 행사하여 오히려 시민사회의 질서를 어지럽히는 파괴 세력으로 변질되곤 한다. 이 같은 현상에 대해 프랑스 국립인문사회과학연구소CNRS, LARES**학자들은 시민 중심의 사회공동체가 사회 분열을 일으키는 폭력단체로 변질되는 원인이 그 도시의 '사회구조', '정치체제', '정책'에 있음을 지적한 바 있다. 즉, 사회공동체의 변질은 현재의 사회가 정상적인지 비정상적인지를 숨김없이 보여주는 거울과도 같다. 경제, 정치, 자연환경 등의 분야에 심각한 문제가 발생했을 경우, 시민의 권리가 침해를 받았을 경우, 행정책임자들이 계속 잘못을 저지르고 반복하는 경우 그 사회에는

---

*   Henri Groués, Abbe Pierre(1912~2007, 가톨릭 사제).
** CNRS(Centre national de la recherche scientifique), LARES(Laboratoire de la recherche en sicience humaines).

정상적인 공동체의 사회운동보다 불법단체가 더 많이 발생한다는 사실을 말해준다.

오늘날 사회공동체는 크게 세 가지 유형으로 구분되는데 이익을 목적으로 하는 '영리단체', 정의사회 구현을 추구하는 '정의단체' 그리고 불순분자들의 '반동단체'가 있다.

우선 영리단체는 경제활동을 주목적으로 형성된 기업으로 경제적 이익을 위한 합리성, 효율성, 생산성, 영업성, 기술과 과학개발 등을 중요하게 생각한다. 그들은 국제중앙증권거래소, 국제금융시장, 무역수출입시장, 국제건설시장 등을 장악하기 위해 수단과 방법을 총동원한다. 또 정부나 국제연합이 시민보호정책을 내세워 자신들의 단체에 간섭하는 것을 꺼리며 최대의 이익을 위해 여러 기업과 건설, 경제, 생산, 판매, 금융 등의 종목별 연합이나 협회를 조직한다. 이들 연합 세력의 영향력은 정치권력조차 통제하기 힘들 만큼 막강하기에 정치권력자들은 재벌들의 심기를 건드리지 않는 범위 내에서 국가의 정책을 협의 조정하는 것으로 만족한다.

두 번째 정의단체는 이익을 목적으로 형성된 기업과 기업의 하수인 역할을 하는 정치권력에 대항하는 정의로운 시민단체다. 이 단체는 이기주의의 독점사회를 거부하고 공동책임의 평등사회, 세계평화, 자연환경, 인간권리보장을 위해 사회운동을 전개한다. 또 사회의 본질적 가치가 자유주의의 시장경제에서 만들어지는 것이 아니라 차별 없이 인간의 존엄성이 존중되는 세계관에 있다고 판단한다. 그들은 시장경제 시스템의 중요성은 인정하지만 그 시스템은 재벌의 영향력이 아니라 생산과 소비의 원칙과 기준에 따라 체계적으로 통제되고 조정되어야 한다고 주장한다. 그래서 정부의 행정 통치자가 원칙과 논리에 적법한 정책을 추진하기 바라며 정경유착으로 파괴되는 문화와 자연을 보호하기 위해 녹색연합, 동포주의, 인권주의, 노동자연합, 외국인노동자대책 시민연대 등의 단체와 협력한다.

세 번째 반동단체는 앞의 두 단체와 전혀 다른 집단으로 타인을 존중하는 이타성의 개념이 없는 조직폭력배와 같은 조직이다. 이 단체 조직원들의 공통점은 스스로 남을 위해 희생한다고 생각하여 폭력도 불사하는 특공대로 착각한다. 이들은 사회가 혼란할수록 극렬 보수, 노동투쟁결사대, 반공결사대 등의 이름으로 결속되고 목적 달성을 위해서는 폭력, 파괴, 살인도 서슴지 않는 범죄자로 시민들을 오히려 매도하고 협박하고 폭행한다.

그렇다면 이 같은 극단적 형태의 불순분자 반동단체와 행정 통치자조차 통제하기 힘든 영리단체를 규제할 방법은 없는 것인가?

영리 목적인 기업은 경제성장으로 사회를 변화시키지만 한편으로 차별사회의 벽을 쌓아 사회를 단절시킨다. 그래서 기업의 지나친 과욕을 감시하는 시스템이 필요한데 기업과 유착된 정치권력자들로 구성된 감시기관이나 정경유착 사회가 제정한 형식적인 법과 규칙으로는 그 기능과 역할에 한계가 있다. 그들이 만든 모든 법과 규칙에서 가장 많은 혜택을 얻는 사람들이 바로 첫 번째 단체이기 때문이다. 곧 첫 번째 단체가 저지른 문제에 이의를 제기하는 두 번째 정의단체의 요구가 묵살된다면 세 번째 불순분자의 단체가 우후죽순처럼 생겨난다. 정상적인 사회는 모든 행정시스템이 두 번째 단체가 의무적으로 관여하고 참여하는 시스템일 때 성장하고 발전한다.

따라서 도시에서 추진되는 모든 정책은 두 번째 그룹이 참여하고 간섭하는 사회 · 행정시스템으로 정착되어야 잘못되거나 비합리적인 행정체제가 개선되고 되풀이되지 않는다. 이렇게 사회의 악순환을 몰아내는 새로운 법과 질서를 만드는 능력, 비정상적 사회를 정상적으로 만드는 시민의 권력, 대중의 파워를 소시오노믹Socionomique*이라 한다. 정부가 시민의 사회적 지위와 권한을 강화하여 잘못된 정치·사회체제를 바꿀 수 있는 소시오노믹 사회를 확립할 때 도시와 국가가 발전할 수 있다.

도시의 권력 구조와 시민 파워

도시의 권력은 도시의 형편과 양상을 나타내는 종합적 상태를 결정하고 물리적·자연적 현상을 일으키는 능력이다. 이는 개인 혹은 단체가 적법하게 사업을 추진하는 능력이나 행정부가 도시를 통치하는 능력과 권한으로 궁극적 목적은 도시의 발전이다. 그래서 시민단체는 도시 권력자들이 적법하게 권력을 취득했는지, 사업이나 정책을 추진하기 위해 권력을 적법하게 사용하는지, 사업과 정책의 결과가 진정 사회 발전을 위한 것인지 권한에 대한 타당성, 재력, 조직력, 방법론, 목적성 등을 상세하게 검증해야 한다.

도시에서 행사하는 권력은 권한 이외에 영향력이라는 또 다른 파워를 동반한다. 누가 A에게 능력을 행사하면 A에게 행한 권력의 영향력은 A에 연관된 B, C, D, E에까지 미친다. 세력 행사의 주요 대상은 A였지만 A를 복종시켜 그 주위의 여러 사람까지 스스로 복종하게 한다. 마

* 사회(Socio)+법(Nomique).

치 전쟁에서 우두머리만 처리하면 그 아래의 부하들은 저절로 충복하
는 것과 같다. 권력자의 영향력이 클수록 그를 추종하는 사람들이 갑자
기 많아진다. 권력자 주위에 맴도는 추종자들은 막강한 영향력을 행사
하는 권력자와 친밀한 관계로 인생역전의 출세가 보장되므로 아부와
뇌물로 충성을 다짐하고 복종한다.

　도시의 권력 중에서 가장 강력한 권한은 바로 입법권, 행정권의 정치
권력이다. 행정권의 권력구조를 보면 중앙정부, 특별시, 광역시, 지방
자치도시, 도, 구청 등으로 조직화되어 있다. 각 단위별 행정 분야의 책
임자들은 그 분야의 전문성은 물론 지휘체계를 통솔할 능력이 있어야
정상적이고 효율적인 체제를 유지하게 된다. 각 기관의 부서장들은 각
부서가 효율적인 조직으로 체계화되는지, 동료들이 책임감으로 일심단
결하는지, 근무환경은 정상적인지 기관의 모든 상황을 감시하고 통제
하는 중요한 임무와 역할을 맡는다. 각 기관단체의 책임자들은 능력을
검증한 이후 권한을 부여해야 담당기관의 발전을 가져오는데 종종 과
두정치체제 정권에서는 낙하산 인사 같은 권력 남용이 비일비재하다.

　권력 남용의 대표적 사례는 1960년대 이후 미국의 사회를 지배했던
권력구조에서 찾아볼 수 있다. 밀스*에 따르면 1960년대 미국 사회는
금융과 재벌의 경제 세력, 정치권력, 군 장성 세력이 지배하고 있었다.
미국을 지배한 이 소수 세력 집단은 같은 대학을 나오고 같은 목적으로
단체를 만들어 스스로 미국의 운명을 책임지는 중요한 엘리트 인물들
로 자처했다.

　엘리트의 특권의식에 사로잡힌 이들 세력은 강력한 조직과 전략으

---

*　Charles Wright Mills, *The power elite*, NY : Oxford University Press, 1956.

로 미국 사회를 완전히 장악했는데 첫 번째 전략이 바로 언론기관의 장악이었다. 언론기관을 장악한 그들은 매스컴을 이용해 그들이 추진하는 모든 사업과 정책은 무조건 옳고 정당하다고 미국 시민에게 반복하여 세뇌시켰다. 그 결과 미국의 시민은 그들의 사업과 정책의 당위성을 인정하여 그들의 지배에 따라 움직이게 되었다.

헌터[*]는 그 당시 미국 조지아 주 북부에 위치한 애틀랜타 시의 정경유착과 관련한 권력의 세태를 분석했다. 그는 "애틀랜타 시는 재벌 세력과 고위 관료들이 비밀리에 정경유착의 조직을 만들어 그들의 프로젝트를 마치 국책사업, 공공사업인 것처럼 추진하여 애틀랜타를 완전히 장악하는 권력체제를 형성했다"고 설명했다.

그들이 권력을 장악하여 미국 사회를 성공적으로 지배할 수 있었던 이유는 바로 그들이 추진하는 사업과 개발정책을 언론과 방송 매스컴을 통하여 시민들이 무조건 믿도록 선전했기에 가능했다. 권력자들이 도시의 권력을 위해 방송, 언론을 장악하는 수법을 사용한 것은 앞의 밀스가 분석한 내용과 동일하다.

1960년 당시 미국 사회를 완전히 장악한 엘리트 세력과 애틀랜타의 권력구조는 한국의 현 정권이 방송과 언론을 장악한 상황과 매우 흡사하다. 2010년 한국 사회가 1960년대의 미국 사회로 역행한 것이다.

도시의 권력은 '행정권한', '정치권력', '정책의 결정', '재벌 세력'을 기반으로 형성된다.

첫째, 행정권한은 지방분권제도로 운영하는 시, 도, 면 등의 지방자치단체의 행정에 관한 법적 권한으로 지자체의 예산과 정책의 결정을

• Floyd Hunter, *Community Power Structure*, UNC Chapel Hill, 1952.

구·시의회의 절차를 거치거나 지역 주민들의 투표를 거쳐 결정한다. 지자체의 행정업무를 총괄하는 시장, 도지사, 구청장 등은 시민 선거로 선출되고 국장, 서장 등의 고위 공무원은 공무원법에서 정한 기준과 자격에 따라 임무와 자리를 임명받고 능력과 성과에 따라 그 위치가 결정된다.

둘째, 정치권력은 선거로 임명되는 지자체장과 자격시험에 합격한 행정공무원 그리고 국정책임자와 지자체장이 직접 임명하는 고위직 관료에게 주어지는 권한을 말한다. 이들의 권한은 사용 용도에 따라 국가를 발전시키거나 반대로 쇠퇴시키는 중대한 사항이므로 법과 민주주의 정신을 제대로 준수해왔는지 가정환경, 국가관, 교육 수준, 경험, 시민의 권리와 정의에 대한 의식 등을 철저하게 검증해야 한다.

정치가의 자질은 그 사람의 학벌, 인물, 배경, 친인척 관계, 재산, 직업, 사회적 명성으로 판단하는 것이 아니라 정치 능력에 대한 다각적 관점에서 객관적 검증체제를 거쳐 면밀하게 분석하여 판단해야 한다. 그러나 문제의 핵심은 정치권력이란 그 사람의 자질 검증에서 결정되는 것이 아니라 오로지 시민 선거방식으로 결정된다는 사실이다. 지역의 주민들이 선거의 본질과 중요성을 제대로 인식하지 못하고 있다면 선거라는 민주주의 방식은 과장된 허위 선전, 상업적 술책에 도용당하고 만다. 민주주의 선거 방식이 정치가의 자질 검증보다 시민을 상대로 가짜 물건이나 허황된 물건을 진짜로 속여 파는 사기 영업행위로 왜곡되어 이용당하는 것이다. 그리고 선거가 끝나면 당선자들은 선거운동에 힘쓴 하수인들에게 그 대가로 낙하산의 고위직 자리를 보답하는 뒷거래가 공공연하게 일어난다.

이는 미국 사회에서 중대 사범의 소추에 필요한 정보를 얻는 조건으로 중범의 형량을 경감해주는 거래가 합법인 것처럼 이러한 사회는 권력 쟁취를 위해서는 불법과 범죄행위도 합법적 행위로 간주해버린다. 즉, 사회를 통치하는 권한은 인물의 능력보다 동문, 친인척, 학연, 사모임, 종교단체 등의 인맥이 있고, 언변과 인물이 훌륭하여 남을 잘 속이는 사람들의 몫이 되는 심각한 일이 벌어진다. 여기에 감옥에 가야 할 파렴치범, 범법자들이 민주주의에 대한 인식이 부족한 시민들을 역이용하여 권모술수로 권력을 쟁취하는 기상천외한 일들도 벌어진다. 이처럼 술책과 상술로 권력을 쟁취한 사람들은 자신들과 비슷한 수준의 사람들을 행정부의 수장으로 임명한다. 이런 이유로 한국의 청문회는 그 사람의 능력을 검증하는 것이 아니라 그동안 저지른 온갖 비리와 범죄 사실을 추궁하고 심문하는 자리가 되어버렸다.

형식적인 자격조건을 통과한 관료들은 자신들에게 주어진 행정업무의 책임과 역할보다 직위의 행정권한을 더 중요하게 평가하므로 매너리즘, 안일무사주의에 빠져 무능 행정의 결과를 가져온다. 이 같은 매너리즘은 국가 발전을 위한 목적보다 권력의 자리를 가능한 오랫동안 지키기 위한 결과에서 나타나는 현상으로 이 매너리즘에 빠질수록 해당 행정부의 관료들은 자신들의 직위가 필요한 추종자들의 청탁에 온 정신과 노력을 쏟는다.

셋째, 국가의 주요 정책을 결정하는 절차와 과정에서 권력이 형성되는데 정책의 결정은 일반적으로 경제·사회적 타당성, 전문가 검증, 심의, 시민 의견 수렴, 의회 통과, 예산 확정, 공표, 정책 수행, 정책 감사 등의 과정을 거친다. 정책의 타당성을 분석, 심의, 결정하는 과정은 각 분야 전문가들의 논쟁을 통해 시민 전체가 공감해야 그 정책은 실현 가능성이 있는 사업으로 평가받는다. 더불어 각 분야 전문가들이 정책의 타당성을 검증해야 행정부가 추진하려는 정책이 인기 목적의 사업인지, 정경유착의 사업인지 판단할 수 있다. 만일 전문가들의 의견도 없이 합리성이 부재된 터무니없는 정책을 다수당의 일방적인 표결로 결정하고 추진을 강행한다면 그 사회는 정상적인 정책 추진 과정이 사라진 독재 권력의 체제라고 할 수 있다.

넷째, 도시의 권력은 재벌 세력에서 형성된다. 21세기에도 재벌 세력이 잔재한다는 사실은 이제까지 사회를 지배했던 정치권력자들이 재벌 세력의 지배를 받아왔으며 비정상적이고 불안정한 사회체제를 어쩔 수 없이 유지해왔음을 알려준다. 재벌들은 수십 년 동안 독점으로 축적한 막대한 재력을 바탕으로 합법화된 권력을 휘두른다. 그들은 자신들의 확실한 권력 유지와 세력 확보를 위해 정치권 우두머리의 비위는 거스르지 않고 그들이 원하는 바를 충족시켜주며 여야 구분 없는 중용 전략으로 정치권력자와 행정책임자들을 뇌물로 포섭한다. 이러한 뇌물 공세의 방법은 곧 행정권력자들로 하여금 재벌 세력의 독점사업을 고용창출, 지역발전을 위한 투자·개발사업으로 변신시킨다. 국가 정책은 재벌 세력을 위한 꼭두각시놀음이 되어 현시대는 도시 전체를 재벌들이 소유하고 지배하는 과거 산업시대로 역행하고 있다.

연합뉴스*에 따르면 부동산 경기침체로 토건재벌의 특권이던 부동산 프로젝트 파이낸싱Project Financing 사업이 은행지급보증 거절로 줄줄이 좌초 위기에 놓여 그 규모가 약 120조 원에 이른다고 한다. 이 개발사업이 시작될 때 각 언론들은 단군 이래 최대 개발이라 흥분하며 사회 이슈로 다루었지만 상황이 바뀌어 토건재벌에게 자금을 빌려준 금융기

---

* 〈부동산 경기침체의 PF 사업〉,《연합뉴스》, 2010년 8월 10일자.

업은 채권단을 구성하여 지방법원에 파산신고를 제출하기에 이르렀다. 채권자들이 파산신고를 했다는 것은 남은 재산과 회사를 보호하기 위해 법원으로부터 재산 분배·세금 면책을 받겠다는 의도다. 즉, 그들은 자신들이 저지른 잘못에 대한 책임을 '파산신고'라는 합법적 과정을 통해 회피한다. 그동안 부동산 투기사업으로 얻은 불로소득은 양도세 관련 법인세 면제라는 세법 이익을 받고 파산된 이후에는 법정관리, 회생 등의 과정을 거쳐 책임을 면제받는다.

한국의 부동산업계에서는 부동산 대출과 프로젝트 파이낸스의 차이점을 혼동하고 있다. 프로젝트 파이낸스란 부동산 담보 없이 사업 타당성 결과로 금융대출을 일으키는 투자사업으로 국제금융 거래의 기준 금리인 리보libor 기준으로 10년에서 최대 50년까지의 장기대출을 말한다. 그런데 한국의 건설은 프로젝트 금융이 아니라 부동산 담보대출이다. 부동산 담보대출은 부동산을 담보로 설정하고 감정가에 따라 돈을 빌려주는 것이기에 모든 금융기관은 프로젝트가 무슨 사업이며 타당성이 있는지 알 필요가 없다. 감정가대로 돈을 빌려주고 경기침체로 사업 추진이 부진할 경우를 대비해서 기업을 지급보증인으로 세운다. 경기침체로 분양에 문제가 생길 경우 보증을 선 기업에게 돈을 받아내겠다는 의도이지 좋은 프로젝트사업을 담보로 금융대출을 하여 이익과 개발 성과가 보증되는 사업을 추진하는 것이 아니다.

이런 상술적인 방법을 수십 년 동안 반복하면서 행정부는 무주택자를 위한 내 집 마련 주택사업 혹은 행복도시 건설 등의 수사修辭로 국민을 수없이 속이고 뇌물을 잘 바치는 기업들을 선택하여 재벌로 만들었다. 재벌과 정치권력이 정경유착하여 부동산사업을 벌여놓은 뒤 경기침체로 부진하자 파산신고로 모든 책임과 의무에서 면책을 받으려 하는 법은 과연 누구를 위한 법인가.

구시대에나 있을 법한 권력자들의 이러한 세태는 민주주의를 제대로 인식하지 못한 사회에 그 책임이 있다. 권력은 올바른 민주주의의 권한으로 자신에게 주어진 책임과 의무이지 시민 위에 군림하는 것이 아니다.

그럼 이 같은 방종에 가까운 권력을 무엇으로 견제하고 어떻게 통제해야 하는가? 그것은 새로운 정부 산하의 특별 감사기관을 제정해서 해결될 문제가 아니라 바로 시민공동체가 해야 할 일이다. 먼저 권력자들이 공정하게 규범을 준수하고 주어진 책임을 다하는지 감시시스템의 체계를 확립해야 한다. 감시시스템의 체계는 사람들과 단체가 상궤를 벗어난 행동을 하지 못하도록 강제성의 규범과 법으로 확정해야 할 것이다.

사회의 규범과 법은 시민, 기업, 기관, 단체들이 의무적으로 지켜야 하는 규제사항으로 합리적 근거, 철학적 논리, 전통, 관습, 전례, 도덕, 윤리 등을 바탕으로 만들어진다. 법은 대중의 상식이나 도리에 어긋나지 않는 범위에서 사람들이 잘못된 행동을 저지르지 못하도록 사전에 방지하는 예방주사나 처방전과 같다. 법을 제정했다고 모든 범죄가 사라지는 것은 아니기 때문이다. 죄를 처벌하는 법의 구속력이 강력할수록 그 사회에 발생하는 범죄의 정도가 심각하다는 증거이며, 이러한 법의 제정은 범죄가 일어나지 못하게 다스리는 것이 아니라 저지르는 범죄와 전쟁을 하는 것이나 다름없다. 따라서 가장 이상적인 법의 제정은 죄를 짓기 이전 범죄의 가능성과 원인을 찾아 재발하지 못하게 만드는 법이다.

예를 들어 2004년 9월에 제정되어 2010년 4월에 개정한 성매매방지

및 피해자보호법을 보면 어떤 이유를 막론하고 성매매 자체를 무조건 금지하는 법이다. 하지만 사회 각지에서 예전과 별 차이 없이 성매매가 일어나고 있다. 많은 사람이 그 법의 중요성을 인식하지 못하고 무시하는 이유는 성매매방지법이 있어도 한국 사회에서 성매매는 어느 도시에서나 공공연하게 일어나는 사회 관행이기 때문이다. 그래서 사람들에게 이 법은 성매매를 근절시키는 법이 아니라 운이 없어 단속에 걸리면 벌금을 내는 법으로 인식될 뿐이다.

만일 이 사회가 잘못된 사회 관행에 대해 근본적인 문제 해결을 거부하는 사회라면 이 사회를 움직이는 권력자들은 위장 전입, 탈세, 병역 기피, 부정 입학, 직권 남용 등의 법을 어겨도 자신들은 법을 위반한 범죄인으로 인지하지 않는다. 그래서 그들은 '죄를 짓지 않는 사회'보다 '지은 죄를 처벌하는 사회'를 만든다. 이는 법의 본질이 망각된 사회에서 제정된 법의 기준은 권력자의 입맛에 따라 조건부의 거래 행위로 나타난다. 바로 국경일마다 배급되는 '특별사면'이라는 면죄부다. 국가 최고 권력자가 발행하는 면죄부이기에 그 파워는 마치 전능한 신이 내린 권능처럼 감옥에서 평생 살아야 할 거물급의 중범죄자들이 재벌기업의 총수로, 정당 대표로, 공기업의 대표로 재임명되는 해프닝이 벌어진다.

세계화시대, 정보화시대를 살아가는 시민들은 현 사회의 법과 규칙이 합리적인지, 비합리적인지 시민의 의무와 권리가 지켜지는 법인지 판단할 수 있다. 정보사회는 시민들에게 법과 도덕을 왜 지켜야 하는지, 무엇이 비정상적이고 부도덕한 일인지, 누가 불순분자이고 애국자인지, 잘못된 것과 잘된 것을 정확하게 인지할 수 있는 판단 능력을 제공한다. 하지만 현시대가 정보사회임에도 법을 어긴 사람들이 정치권력자로 임명되고 객관성이 상실된 비정상적인 법과 제도와 정책이 추진된다면 그 사회는 권력자들의 왕국일 뿐 정상적인 시민사회, 사회공동체가 존재할 수 없다.

그럼 정상적인 시민사회가 되려면 어떻게 해야 하는가? 인간은 오랜 역사를 거치면서 사회적 지위, 계층, 계급에서 형성된 온갖 종류의 불합리한 권력의 지배를 받았지만 스스로 객관적 기준과 원칙을 지키는 삶을 추구해왔다. 그러한 노력의 결과 시민들은 강력한 시민 파워를 가진 민주주의를 지키고 사회공동체를 이끌며 시민의 권리를 지키고 보호할 사회제도, 정치체제, 사회통제시스템을 만들었다. 이를 통해 집단의 공동 이익보다 국가 전체의 번영과 발전을 추구하는 사회공동체만이 그 어떤 권력보다도 강력한 시민 파워로 잘못된 사회를 정상적으로 만들 수 있다. 법과 같은 효력을 가진 시민의 파워만이 비정상적 사회체계에서 권력을 쟁취한 파렴치범들이 더는 이 사회에 발붙이지 못하게 할 수 있다.

정상적인 사회시스템은 정부의 감사기관과 별도로 경제, 정치, 문화, 사회 등의 전문가들로 구성된 시민연합체제로 형성되어야 한다. 전문가 중심의 시민연합체제는 일반 시민의 협회, 기업연합, 단체, 모임 등과 결속하여 사회 모든 분야에서 발생하는 문제점을 공유하고 협의하여 문제의 핵심과 방법이 무엇인지 정확하게 인식해야 한다. 따라서 시민단체는 소수의 사람들이 조건에 따라 좌지우지하는 선택사항이 아니라 의무행위로 범죄 근절을 위해 조직된 경찰, 검찰, 사법부의 조직보다 더 중요한 조직임을 알아야 한다. 행정권한이 발생하는 마약, 알코올중독, 가정폭력, 성폭행, 청소년 범죄, 근친상간, 가출, 청소년 미혼모, 노령화 인구증가, 노숙자 등의 문제 핵심을 얼마나 정확히 아는지,

근본적 해결책이 무엇인지, 맡은 임무를 충실히 하는지 철저하게 관리해야 한다.

시민연합체제는 국민이 평등하게 사생활과 사회생활이 보장된 삶을 영위하는지 미시사회학적 관점의 요인들을 철저하게 점검할 수 있다. 미시사회학적 요인이란 시민들이 살아가면서 이웃과 함께 생활하는 정상적인 도시를 만드는 요인이다. 즉, 지역 주민들이 모임을 구성하여 동네 주위에 화단을 공동으로 가꾸고, 아파트 복도나 현관에 외부 침입을 방지하는 보안시설을 설치하고, 어려운 지역의 가정을 도와주고 보호해주는 공동의 삶을 말한다.

도시 형태가 알려주는 공간성, 사회성, 정체성

도시는 무생명의 기하학적 장소가 아니라 인간이 태어나 살아가는 생명의 장소이자 사회적 장소다. 도시가 생명이 있다는 것은 자연환경의 바탕 위에 사회적 환경이 추가된 장소라는 의미다. 자연환경은 지리학적 환경의 요소이며 사회적 환경이란 전통, 언어, 기술 등의 문화적 유산을 의미한다.

귀르비치*는 도시 형태를 결정하는 사회학적 현상을 이해하려면 먼저 사회체제, 화합, 친교 등의 개념을 정확하게 인식해야 하며 사회에서 나타나는 가시성, 유형성, 특성에 따라 1~10까지 단계적으로 연구해야 한다고 말한다.

•   Georges Gurvitch, *La vocation actuelle de la sociologie*, Paris : PUF, 1957.

우선 1단계는 외형적 현상을 근거로 상세하게 분석하는 구체적 관찰 과정이며, 2단계는 1단계에 나타난 문제점의 원인을 찾아내기 위해 사회조직을 점검하는 과정이다. 3단계는 사회적 역할이며, 4단계는 사회적 · 문화적 모델, 5단계는 실행의 결과를 연구한다.

1~5단계의 과정은 눈에 보이는 사회를 정확하고 구체적으로 관찰한 후 근본적이고 실재적 문제의 원인을 분석하는 과정으로 분석의 결과는 완벽하거나 확실치 않다.

6단계는 태도, 7단계는 상징성, 8단계는 사회단체의 행동 결과, 9단계는 가치성 그리고 마지막 10단계는 대중의 사고방식을 분석한다.

1~5단계는 사회에서 나타난 현상을 관찰, 연구하여 잠정적으로 결론을 내리는 과정이라면 6~10단계는 사회 깊숙이 숨어 있는 문제의 원인을 찾아내 수면 위로 떠오르게 하는 과정이다.

1~10단계의 과정을 다시 세 단계로 요약하자면, 1단계는 도시 형태가 어떤 모양인지를 밝히는 과정이고, 2단계는 시민들의 실행, 사회 관행에서 시민들이 법과 규칙을 준수하고 사회적 임무에 충실한지를 분석 연구한다. 3단계는 사회공동체에 대한 최종 목적과 결과에 대한 연구로, 도시의 사회적 형태는 이 단계의 과정이 복잡하게 연관되어 사회에 영향을 미치므로 한 단계만 분석하고 두 단계를 무시하면 사회적 문제를 결코 해결할 수 없다.

도시의 형태는 기원전부터 지금까지 각 시대마다 다양한 이론과 개념을 근거로 발전했기에 고대, 중세, 근세, 제1현대시대, 제2현대시대마다 시대적 특성이 표현되었다. 고대와 중세도시는 도시의 영역이 성곽으로 둘러싸여 도시의 영역 한계가 뚜렷했고 도시의 내부는 공간이 없을 만큼 빽빽했다. 도시 중심은 광장, 성당, 시청의 종탑이 구심점으로 그 도시의 문화와 민족성 혹은 지역성을 상징했으며, 거대하고 화려한 건축양식의 왕궁, 관공서, 교량, 기념비, 동상 등이 거미줄 같이 펼쳐진 도로와 골목을 따라 늘어서 있었다.

근세의 산업도시는 중세도시와 완전히 달랐다. 고대와 중세의 성곽과 요새는 사라지고 이전의 도시 영역은 사방으로 확산되었다. 작지만 조밀했던 중세도시는 바둑판 모양의 도로 계획으로 여기저기 잘리고 구멍이 났으며 오랜 역사를 지닌 작고 좁은 길은 사라져버렸다. 성과 요새는 직각형의 주택가로 교체되었고 도시 곳곳은 이전 시대의 옛 왕궁, 성당, 공공건물 등에 영감을 얻은 새로운 고전양식의 건물들이 도시의 맥락을 새롭게 형성했다. 또 중세 말기의 고전도시보다 매우 간결하고 단순하지만 무질서한 도시 형태를 형성했고, 산업과 관련된 공장, 창고, 운반시설이 주민들이 사는 주거지역에도 건립되었다. 산업시대에 등장한 자동차 도로, 전화 및 케이블, 상하수도 시설 등의 지하 인프라시설은 산업도시의 공간을 조직하는 주요인이자 도시 혼잡과 무질서의 도시를 만들었다. 산업도시의 네트워크, 교통수단의 도로는 이전 것을 그대로 사용했기에 시민들이 사는 주택들은 도로를 따라 단순한 모양으로 남거나 주택 내부가 그대로 외부에 드러나 사생활이 완전히 노출되었다. 산업도시는 그 도시만의 특색과 정체성의 개념 없는 도시에서 전자통신, 교통수단, 산업기술로 현대의 메트로폴리스 도시로 진화했다.

현대도시는 도시가 형성된 시기와 지리적 장소의 구분에 따라 도심, 외곽, 교외로 구분되며 면적, 인구, 도시화의 정도에 따라 메트로폴리탄, 메트로폴리스, 지방자치도시, 마을 등으로 다양하게 구분된다. 그러나 현대도시의 이러한 다양한 유형은 도시 형태의 정체성과 상관없

선사시대부터 형성되어 중세 초기 300년에 도시화된 샤르트르 도심은 좁은 골목이
거미줄처럼 연결되어 있다.

이 비슷한 형태가 반복되며 주위의 지리적 자연환경과 조화를 이루기보다는 건축 외형, 손쉬운 운영 관리를 위한 도시행정, 토목 인프라 구조, 신기술과 새로운 자재, 교통망, 정보통신 네트워크 등의 변수에 따라 도시가 형성된다. 따라서 현대도시의 규모와 형태적 변화는 이동 인구, 출산율, 영역, 다양한 볼거리 등 도시 내부의 복합적 기능과 정치적 의도에 따라 형태가 복잡해지고 규모가 커지거나 감소한다. 이와 함께 도시 지하에는 상하수도, 전력, 통신, 인터넷시스템, 지하철, 주차장, 쇼핑몰 등이 설치되어 산업도시와 다른 복잡한 조직망이 형성된다.

오랜 역사를 가진 도시에는 도시의 기원이 기록된 도심이 보존되어 있다. 아무리 도시의 규모가 커져도 도심의 형태는 변형되지 않고 보존되어야 하는데 도심이 도시 전체의 구심 역할을 하는 도시 심장이기 때문이다. 만일 도시에 역사적 증거를 가진 도심이 없거나 도시의 각 지역이 구심점을 형성하지 않고 건물들이 옆으로 길게 나열된 형태라면 그 도시는 역사가 짧은 신생도시이거나 무지막지한 정치권력으로 지배되는 도시다.

예를 들면 산업혁명 이후 미국 대부분의 도시는 앞에서 설명한 바와 같이 엘리트 권력 지배체제로 한 덩어리의 도시가 조각조각 찢겨나가는 상황을 맞이했다. 1900년대 시카고 대학의 유럽계 사회학 교수들은 이러한 심각한 도시 분열 현상을 경고했지만 미국 대부분의 대도시는 제멋대로 생긴 건물들로 가득 찼고 지역들은 수많은 조각으로 쪼개져 조각마다 삶의 수준과 형태가 차별된 사회를 야기했다. 결국 제멋대로 높게 건설된 빌딩들로 미국 옛 도시의 중심은 사라져버렸고, 도시 주변과 외곽은 가도 가도 끝없이 볼품없는 건물들로 늘어섰다. 불행하게도 오늘날 수백 년의 역사를 가진 한국의 도시도 미국의 이러한 세태를 답

습하고 있다.

　시카고 대학의 학자들은 이전 도시로 회복하려면 도심 재생이 필요하다고 주장했지만 그들의 주장은 세월이 지나면서 무용지물이 되어버렸다. 대도시로 모이는 인구집중에 거대한 자본을 앞세운 재벌 세력들은 부동산 시장에 급격한 건설 붐을 일으켰고, 정치권력은 이들의 무지막지한 부동산 건설을 통제 또는 규제하기보다 그들과 유착하여 미국 사회를 지배했다. 훗날 시카고 대학 교수들이 은퇴한 이후 미국은 도심의 공간적·사회적 형태 보전에 대하여 더는 거론하거나 주장하지 않았고, 도시는 언제든 필요한 만큼 부동산 건설업자의 요구에 따라 제멋대로 건물이 건설되는 부동산 전시장이 되었다.

　그 결과 오늘날 미국의 도시는 몸체만 거대할 뿐 일체의 도시 맥락 없이 조각조각 분할된 도시로 변형되었다. 한쪽은 바둑판 모양의 도시계획으로 고밀도로 집약된 고층빌딩 지역이지만 다른 쪽은 낮고 낡은 건물이 슬럼가를 이루는 엉망진창의 도시들이 만들어졌다. 결국 도시가 하나의 전체 개념이 아닌 부동산 건물이 배치된 파편 조각의 장소로 인식되었기에 도시는 시민들의 사회활동이 이루어지는 사회, 문화, 경제적 요인들이 균등하게 작동하지 못하는 도시가 되었다.

　이렇게 여러 파편 조각으로 나뉜 지역들을 하나로 조합하는 해결 방법은 바로 각각의 지역 조각들을 연계하여 모자이크하는 도시대체화이다. 모자이크 방법이란 제각기 다른 형체로 형성된 지역을 연결하여 하나의 만화경처럼 서로 연속되게 만드는 일이다. 여기에는 각각 기괴하고 난잡한 지역들을 연결하여 극심한 차이를 극복하고 다양한 도시 장면을 연출하는 대체도시화, 대체중재화 방법이 있다. 이 방법들은 각각 다른 형태 때문에 충돌하는 지역들의 공간적, 사회적 공간의 공통점을 모색하여 그 지역들의 공간을 도시적 요소로 절충하여 두 지역을 융합한다. 가령 한쪽이 고층빌딩 지역이고, 다른 쪽은 낮은 다가구 주택으로 형성된 지역이라면 수직과 수평의 두 지역 사이에 형태학적으로 절충된 공간을 만들어 절벽에서 떨어지는 것 같은 심각한 단절 현상을 방지한다.

이처럼 도시구조의 형태가 매우 대조적인 두 장소를 연계하여 새로운 분위기, 생활환경을 조성해 시간적·공간적 차이를 극복하고 동시성의 삶이 연출되는 도시로 재생시킨다. 서로 다른 형태의 두 지역에서 공통된 역사적·문화적 주제를 찾아 그 시대를 상징하는 장소, 색다른 사회활동의 장소, 감각적인 느낌의 장소 등으로 변화시켜 지역에 새로운 정체성을 부여하는 방법도 가능하다. 대체도시화는 도시를 하나의 형태로 인식하는 정책에서 비롯된다.

린치*는 도시에서 지역의 형태, 사회적 기능, 움직임, 개방과 폐쇄된 공간, 동선의 연결 혹은 단절 부분을 이미지화로 체계화하여 대체중재화의 방법을 찾았다. 그는 보스턴의 도시 형태를 이미지화하여 골목, 광장, 도로 등으로 구획된 바둑판, 자연과 도시 영역의 경계, 도시에서 나타나는 동선과 활동의 흐름, 랜드마크 등을 한눈에 이해할 수 있도록 형상화했다. 린치가 표현한 도시 이미지는 도시의 장소에서 사람들의 활동이 순조롭게 교차, 만남, 연결, 매듭으로 이어지는지 정상적인 사회활동이 이루어지는지 혹은 마비되는지 파악할 수 있다.

도시의 형태는 각 지역의 다양한 건축양식, 자연과 건물의 조화, 공공장소의 기능 등에서 형성되는데 그 장소에서 이루어지는 사회활동이

*   Kevin Lynch, *L'image de la cité*, Paris : Dunod, 1969.

활발할수록 이 도시에 다이내믹한 삶을 제공한다. 도시의 형태를 결정하는 주요인은 독특한 건축이 아니라 모든 지역에서 균등하게 이루어져야 할 다이내믹한 사회활동이다. 이를 테면 행정구역, 단지구획, 사회간접시설, 공항, 역, 병원, 대학 등의 시설이 그 지역의 사회활동을 활발하게 하거나 그 지역의 특색으로 표현되지만 이러한 기능 위주의 시설이 도시의 형태를 결정하는 주요인은 아니다.

현대의 메트로폴리스는 도시화로 도시 주변을 도시 외곽으로 흡수하면서 아파트 단지의 덩어리들을 주렁주렁 매달고 있다. 이 밀집된 아파트 단지는 20세기 초기 도시로 집중된 인구로 형성되었지만 21세기인 현재에도 이 지역에 대한 정체성 확립에 골머리를 앓고 있다.

도시의 끝과 경계가 어디인지 그 영역이 불분명할수록 외곽에 설치된 도시는 임시로 만들어놓은 형체불명의 난민 수용소와 유사한 형태를 띤다. 더구나 도시 영역의 설정이 명확하지 않다는 점에서 100여 년 전 인구증가로 대도시에서 쫓겨나 서민의 피난처였던 이 지역이 아직까지 대도시에 의존하며 생계유지를 위한 장소로 방치되어 있음을 말해준다. 마치 험한 산맥으로 수십 년 동안 외부와 격리된 것처럼 대도시와 불과 20킬로미터 내에 있는 도시들이 고립된 채 성장이 멈춘 것이다.

프랑스는 도시학적 관점에서 세계에서 가장 아름다운 도시라고 자부하지만 파리 외곽의 경우는 심각하게 차별된 단절 현상을 보여준다. 파리 도심은 역사적이고 문화적인 도시일지 몰라도 외곽은 1960년대 제2차 세계대전 이후 날림공사로 형체불명의 잔해가 그대로 잔존한다.

예를 들면 파리 시에서 불과 2킬로미터 거리에 위치한 위성도시 팡탱보비니를 잇는 국도(161쪽 사진)에 보이는 방치된 폐허 같은 장소를 보고 누가 파리 근교라고 상상할 수 있겠는가. 이와 더불어 파리와 북부

파리와 근교 팡탱보비니를 연결하는 중심 도로.

외곽을 잇는 궤도전철T1이 설치된 스탈린그라드 대로(162쪽 사진)에 사는 주민들은 대부분 아프리카 이민자들로 파리 차별지역의 단면을 보여준다.

이러한 도시 외곽과의 차별 문제로 프랑스 정부는 그동안 방치했던 대도시 외곽지역이 대도시에 의존하는 가난한 난민촌의 도시가 아닌 새로운 도시로 거듭나기 위한 거대 프로젝트를 추진하는데 바로 르 그랑파리Le Grand Paris 사업이다.

이 정책은 도시 자체적으로 도심과 경계를 설정하고 중앙집중체제를 기반으로 한 사회공동체 활동을 통해 다이내믹한 도시를 되찾는 데 목표를 두었다. 그러려면 우선 대도시와 연계를 위해 무공해의 궤도전철, 지하철, 외곽순환전철 등으로 대도시의 외곽도시들을 같은 영역으

파리와 북부 외곽을 연계하는 궤도전철T1 노선.

로 묶어 평등한 지역도시를 형성해야 한다.

대도시의 대형 백화점, 대형 쇼핑몰, 공항, 고속철도역, 주차시설, 공장, 산업 및 과학단지, 대학 등의 공간들을 외곽에 설치하여 외곽지역에 일종의 특성과 새로운 역할을 부여하고 대도시에 삶의 에너지와 활력을 공급하는 공원, 휴식처, 레저 공간으로 만드는 것이다. 대도시의 기능을 위한 부속시설로 쓰레기 소각장, 종말처리장, 화장터, 변전소 등이 외곽에 설치되지만 이런 시설들은 외곽도시가 아닌 특정한 지역에 별도로 설치된다. 대단위 공동주택형 지역, 공장과 연구소의 산업형 지역, 자연생태계 환경의 관광·레저형 지역 그리고 전문 서비스 중심의 소비형 도시 등으로 엄격하게 선정하여 개발하는 것도 중요하지만 이 같은 테마형 도시개발은 잘못하면 도시가 마치 기형적 건물 수용소의 비인간적 장소가 될 수 있다.

그래서 진정한 의미의 도시화, 대체도시화가 추진되려면 그 지역의 지리학적, 역사적, 문화적 요인을 전체적으로 파악한 정책 시나리오로 추진해야 한다. 이 정책은 대도시와 연계하여 경제, 문화, 교육 등의 도시문화의 혜택을 누리되, 대도시의 영향을 전혀 받지 않고 그 지역만의 특성과 정체성을 통해 변화시키는 글로벌리즘globalism과 로컬리즘localism의 장점만을 추구하는 글로컬리즘Glocalism이다.

도시는 공간적·사회적 장소이기에 그 장소에는 그 사회만의 세태가 반영된다. 오늘날 도시는 이전 도시와는 달리 공간적·사회적 장소에 도시 유동성이 강조되어 온통 자동차를 위한 도로가 되어버렸다. 이를테면 자동차는 현시대의 최첨단 과학기술의 결정체지만 도시가 존재하기 위해 꼭 필요한 사회공동체의 기능과 역할을 방해하는 요인이다. 그래서 정치가들은 자동차 증가에 따른 교통체증과 심각한 공해를 해결하기 위해 더 넓은 고속도로와 주차장을 건설하지만 공해, 오염, 환경 파괴, 교통사고 등은 오히려 더 증가했을 뿐이다.

도시의 발전을 기술적·생산적 관점의 유동성으로 간주하여 추진한 도시정책은 고속도로뿐만 아니라 상하수도, 정화시스템, 전기, 통신 인프라, 커뮤니케이션시스템 조직망을 발전시켰고, 이러한 현상은 전 세계에서 동시 다발적으로 일어난다. 도시 유동성의 발전은 종종 공동사회에서 개인주의의 단절된 삶을 가져오지만 더 넓은 사회적 관계를 위한 정보사회의 필요불가결한 조건임에 분명하다.

오늘날 대부분의 도시는 영상전화, 이동통신, 인터넷 등의 네트워크로 세계에서 벌어지는 모든 상황을 파악할 수 있는 국경도 한계도 없는 세계로 변화했다. 이는 모든 나라의 시민이 세계는 하나의 공동체라는 글로벌리즘을 낳게 했고, 이를 통해 가난과 빈곤과 독재와 비인간적 폭력 등의 참혹한 문제가 더는 발생하거나 존재하지 않기를 기대한다.

그러나 세상의 현실은 세계화의 개념과는 달리 사회적, 문화적으로 심각한 문제가 계속 발생한다. 뿐만 아니라 정보사회의 인프라와 시스템, 규격화 정책은 지리적으로 고립된 지역사회 발전을 촉진하는 역할을 해야 하지만 그 지역의 사회를 세계화라는 규격과 틀에 맞춰 도시를 상품으로 만드는 데 더 관심을 기울인다. 즉, 정보통신의 수단으로 전 세계가 더 나은 삶에 대한 현실적 감각, 가능성, 문명의 혜택, 지구촌 정보를 제공하여 문명의 변화를 촉진하기보다는 '우리의 것'과는 무관한 '남의 것'들이 그대로 모방되고 왜곡되어 유행하는 현상이 벌어진다.

이처럼 세계화의 인식이 세계를 모방하는 것으로 변질되는 현상을 막기 위해서는 그 나라, 도시, 지역의 공간적 · 사회적 정체성을 보전하는 지역주의(로컬리즘)가 반드시 지켜져야 한다. 그렇다고 세계화에 등을 돌려 시대를 역행하는 민족자결주의 정책이 된다면 더욱 심각한 문제가 발생할 수 있다. 그래서 세계화와 지역주의라는 두 마리의 토끼를 동시에 쫓는 방법이 바로 '지역세계화'인 글로컬리즘이다.

이 정책은 같은 언어를 사용하는 민족이 형성한 지역, 도시, 국가의 가치관을 보전시키는 동시에 세계화의 문명을 공유하는 개념으로 지역적 · 민족적 가치관이 곧 세계적 가치관으로 확대됨과 동시에 전 세계인이 평등하게 살아가는 가능성에 의미와 목적을 둔다.

예를 들어 한국의 전통 기와집이 남아 있는 북촌은 한국만의 유일하고 독창적인 유산이지만 한옥을 그 당시 존재하지도 않았던 콘크리트로 개량 보수한다면 북촌의 본래 모습은 사라져 가짜만 남을 것이다. 올바른 지역주의는 이 지역 전체를 조선시대의 모습으로 100퍼센트 보존하는 것이며, 그 밖의 특정 지역은 세계화의 경쟁력에 뒤지지 않는 지역으로 개발하는 것이 글로벌과 로컬리즘을 지향하는 현명한 정책이다.

또 다른 예를 들면 파리는 파리만의 도시 정체성을 함축한 지역과 21세기 세계화를 표명한 지역으로 구분되어 글로컬리즘의 도시임을 증명한다. 아래 사진은 바로크 시대의 문화로 오페라 대로의 거리이며, 166쪽 사진은 신공학 개념의 고층건물들로 숲을 이룬 파리 라데팡스 지역이다. 글로벌리즘과 로컬리즘이 표현된 이 두 지역의 공통된 도시의 형태를 보면 여러 사람을 위한 공동장소로 도시사회학적 개념을 충실히 반영했음을 발견할 수 있다. 글로벌리즘과 로컬리즘은 도시의 형태에서 분류할 수 있지만 그 도시가 공공장소가 없는 도시사회학적 개념

오페라에서 루브르 박물관으로 연결된 대로.

21세기 세계화를 지향하는 신공학 개념의 라데팡스. 높은 건물로 둘러싸인 지역이지만 지역개발정책의 핵심은 시민을 위한 공동장소의 탄생이다.

이 무시된 장소라면 그 도시는 글로벌리즘도 로컬리즘도 아닌 무의미한 건물 집합장소일 뿐이다.

　도시는 형성된 형태에서 지금까지 거쳐온 '시간과 장소'의 개념이 표현되어야 한다. 옛 장소를 훼손하는 것은 곧 도시의 존재를 증명하는 그 지역의 '시간을 파손'하는 행위로 그 존재의 신분을 지워버리는 일이다.

　이처럼 도시에서 '시간'의 개념은 장소에 내재된 오랜 역사의 '영구불변성'과 주기적으로 일상생활이 반복되는 '주기성'이 포함된다. 영구불변성은 장소에 오랜 역사의 과정이 함축되어 그 시대의 수많은 사건

도시사회를 구성하는 사회적 요인

이 상세하게 표현되며, 주기성은 시간, 일, 월, 년에 따라 주기적으로 반복되는 생일, 제사, 기념, 모임, 축제, 미사, 법회, 강연, 바캉스 등의 일상생활을 의미한다.

도시에서 거론하는 시간의 개념은 도시의 생기를 불어넣고 다이내믹한 사회공동체를 이루는 가장 중요한 철학 개념으로 도시의 정체성을 말한다. 도시의 정체성은 신분증, 호적등본처럼 국가를 대표하는 민족의 유산이다. 이러한 국가 유산에는 과거로부터 보전된 역사적 사건, 흔적, 유적 등의 장소와 민족의 서사시, 전설 등의 문학과 고전 민속음악, 무용, 음식, 의복, 의식 등의 민족성을 증명하는 정신문화도 포함된다. 또 과거에 저지른 역사적 수치, 과오, 잘못, 오류에 대한 증거도 유산으로 간주되는데 과거의 잘못도 새로운 미래를 위한 정신 개혁의 중요한 유산인 까닭이다.

도시의 정체성은 종종 정치 욕망 때문에 이념적이고 상징적인 이벤트 요소로 변하는데 이를 막으려면 민족적·사회적·문화적 가치관으로 도시의 정체를 정의하는 엄밀한 기준이 필요하다. 도시의 형태와 모양도 중요하지만 어떤 삶이 잠재되어 있고, 현재의 형태와 모습이 있기까지 과거와 현재가 담긴 사실이 도시의 정체를 밝히는 데 더 중요하다. 예를 들어 '에펠탑은 프랑스'의 상징으로 간주할 수 있지만 진정한 의미의 도시 정체성은 에펠탑에서 이루어지는 시민 모두의 공공의 삶, 일상적 삶의 가치로 평가되어야 한다.

도시의 정체성은 도시의 아름다움으로 나타난다. 아름다운 도시란 자연, 건축, 시민의 삶 등이 어울려 흥미롭고 호기심을 일으키는 거대한 파노라마의 환경으로 시, 그림, 사진, 음악으로 아름답게 표현된 미학적 도시를 의미하는데 왜 아름다운지 객관적·논리적으로 명료하게 설명되어야 한다. 도시의 정체성은 형태, 파노라마의 경관, 미학적 예술성으로 드러나지만 최종 기준은 그 도시에서 살아가는 삶의 가치로 결정된다.

한편 도시의 미학은 인간의 창의적 예술성과 공학기술이 접목될 때 비로소 완성된다. 도시의 예술성은 이상을 추구하는 인간의 창조적 감성의 결과물이지만 이 예술성이 금고에 보관된 값비싼 유물이나 전시된 소장품의 가치로 평가되어서는 안 된다. 도시는 인간의 감각을 충족시켜주는 장소로 듣고 보고 맡고 만지는 느낌이 시간과 공간에 따라 다양하게 변하는 곳이어야 한다.

LA VILLE
CLINIQUE

도시의 본질을 잃어버린 모순과 변이의 시대

위협받는 도시의 현상학적 실재

도시의 공간은 크게 예술적, 실재적 차원으로 서로 상호관계를 이루며 문화를 만들어가는 철학적 관점의 장소로 정의한다. 도시를 철학의 형이상학적 관점에서 정의하는 것은 도시의 본질과 궁극적 목적이 무엇인지, 어떻게 만들어졌는지, 왜 만들어졌는지, 인간과의 상호관계는 무엇인지, 도시라는 사회공동체의 최종 상태는 무엇인지 밝히는 일이다. 이를 위해서 인간은 도시에 대해 수천 년 동안 인간이 활동한 행위의 결과와 가치관을 해석한 인류학의 관점에서 파악해야 하는데 인류학자 가뉴뺑의 인류학 클리닉Anthropologie Clinique의 중재이론Théorie de Médiation을 응용하여 전개하고자 한다.

오늘날 도시는 인권유린, 빈곤, 차별, 부정부패, 범죄 등의 사건들로 심각한 위기에 처해 있다. 인류는 오랜 역사적 경험을 통해 사회 각 분야에 대한 지식과 경험, 완벽하고 효과적인 수단과 방법을 터득했음에도 도시를 지탱할 수 없을 만큼 거대한 몸집의 형체로 만드는 과오를 범했다. 그 결과 도시는 불확실하고 위협적인 미래를 향해 나아간다.

인간의 미래가 불확실할 만큼 도시를 위기에 처하게 하는 근본적 원인은 무엇일까? 기원전 고대시대부터 시민을 대표하는 의회정치를 추구했던 현명한 존재인 인간이 무슨 이유 때문에 문화의 장소인 도시를 불안, 차별, 폭력, 불평등, 혼란, 불신의 장소로 만들어 인류의 삶을 위협하고 저지하며 불안과 걱정의 미래를 향해 전진하는 것일까?

이 해답은 현재의 인류가 도시를 이해하지 못하는 데 있다. 도시에 살면서 도시가 무엇인지 이해할 수 없도록 과거의 기억들과 조상이 살았던 장소의 흔적들을 사라지게 했기 때문이다. 아름답고 신비로운 자연환경을 가진 지구이지만 수많은 사람이 어두컴컴한 방에 갇혀 간간히 비추는 빛줄기에 희망과 기대를 품고 살아간다. 그러나 그들에게 희망과 기대를 불어넣는 이 빛줄기가 하루하루 간신히 살아가는 이들에게 아무런 도움을 줄 수 없는 것임을 깨달을 만큼 오늘의 현실은 참혹하고 잔인할 뿐이다.

현시대는 전지전능한 기술과 과학문명, 천문학적 금액의 자본이 있음에도 인류의 생명을 실은 도시라는 거대한 마차는 막다른 골목길을 향해 돌진해간다. 이러한 도시의 불확실하고 불안정한 환란과 위기로 인간의 삶이 급변하는 정세에 생존 위협을 당하는 오늘의 현실에 대해 많은 학자가 다양한 연구 결과를 제시했다.

제이콥스*는 20세기 미국의 도시는 '야만적이고 파렴치한 자본주의자들의 경제혁신이라는 슬로건 아래 사회공동체가 파괴당하는 심각한

---

*   Jane Jacobs, *The death and Life of Great American Cities*, 1961.

테러의 결과'였음을 고발했다. 그는 '자본주의의 횡포는 금융기관에 의한 특정지구의 대출 거부, 게토의 고립화, 광대한 재개발 건설 등으로 미국과 캐나다의 주요 도시를 인간 차별과 비인간적 도시로 만들어 인간의 삶을 위협하는 사회가 되어버렸음'을 밝혔다.

구트킨트*는 '유럽 대부분의 대도시를 보면 이전에는 불과 몇 만 명이 살았던 도시에 수백만 명이 넘는 인구가 사는 곳을 만들기 위해 수많은 위성도시, 외곽도시들이 불분명하고 무질서하게 생겨나 공동사회가 단절되는 결과를 가져왔음'을 지적했다. 바상**은 오늘날 도시는 이전의 정상적인 도시의 형태에서 돌연변이의 변종으로 변해가고 있으며, 도시는 환란의 공간으로 변질되거나 위기가 반복되고 아우성치는 공간으로 이제 안정과 질서는 존재하지 않는다고 말한다.

부겔***은 '오늘날 전 세계의 도시는 인구 노령화, 과학과 기술의 치열한 경쟁, 금융시장과 신자본주의의 지나친 독점 투자 등의 협박과 위협을 받고 있으며 이들의 자본 잠식과 이윤 증식을 위한 행위는 국제테러범보다 더 심각한 테러를 자행하는 것'이라고 말한다. 경제성장에 초점을 맞춘 정책은 균형적인 도시의 발전을 추구하는 정책이 아니라 무조건 많은 돈을 챙기기 위해 돈을 좇아 마구 달려간다.

몽쟁****은 한계 없이 날로 비대해지는 거대한 메트로폴리스와 세계화의 모순된 현실을 오늘날 도시의 심각한 문제점으로 지적한다. 그는 "옆으로 끊임없이 펼쳐지는 대도시 확장은 한 덩어리로 만들어진 도시

---

*   Erwin A. Gutkind, *Le crépuscule des villes*, 1966.
**   Michel Bassand, *Les raisons et déraisons de la ville*, 1996.
***   Guy Burgel, *La revanche des villes*, Hachette, 2006.
**** Olivier Mongin, *La condition urbain*, Paris, 2005.

를 파편 조각으로 잘게 깨부숴 사회차별, 단절로 세계 종말과 같은 대혼란을 일으킬 것이다. 인간은 고대 그리스의 폴리스, 중세의 시테, 르네상스 도시, 고전도시 그리고 파리와 같은 유럽 전역의 도시를 산업시대 이후 대도시화로 병들게 하고 쇠퇴를 가져와 죽이고 있다"고 경고한다.

이렇게 불확실하고 모순된 도시의 변이는 오늘날 인간의 삶을 위협하고 있으며, 특히 가난과 배고픔에 허덕이는 저소득층이 경제적 이유만으로 죽음에 내몰리고 있다. 지금까지의 인류가 터득한 지식, 경험, 사상들을 무시하고 현시대가 요구하는 황금만능주의식 개발로 도시를 변질시킨다면 인류의 역사는 약육강식의 원시시대로 역행하는 위험에 처할 것이다.

이러한 모순과 궤변의 시대로 도시가 역행하는 일을 차단하기 위해서는 도시를 인류학 클리닉에 입원시켜 도시에 대한 인식을 재생할 수 있도록 문제점을 진단하고 치유해야 한다. 인류학 클리닉은 병든 도시를 진단하여 도시의 문제를 재인식하고 터무니없는 공상과 욕망으로 일시적이고 가상적인 이상주의 시각에서 벗어나 확고부동한 도시의 본질을 정립하게 만든다. 이는 도시가 원칙과 정도에서 이탈하거나, 한 방향으로 치우쳐 쇠퇴했거나, 커다란 재앙과 이변이 생겼을 때 무신경과 무감각의 마비된 상태를 치료하는 방법론으로 이론에 대한 협상과 의론의 추론이 아니라 모든 학문의 객관적·사실적 지식을 근거로 도시의 실재적 본질을 추구하는 현상학이다. 현상학에서 도시는 일반도시 빌르 Ville(Tropos), 독립도시 시테Cité(Asty), 자치행정도시 코뮌Commune(Polis)으로 구분한다.

빌르는 형태학적 관점에서 볼 때 많은 인구가 집중된 지역으로 물리적, 물질적, 현상적 원인으로 형성된 도시를 말한다. 선사시대나 철기

시대의 부족국가가 차지했던 터나 고대도시를 근거로 발전된 도시가 아니라 근세 식민지 개척시대에 건설된 아메리카 대부분의 도시와 같은 신생 국가의 신도시다. 아메리카 대륙 대부분의 도시는 그 당시 아메리카를 점령한 국가 순서대로 에스파냐, 포르투갈, 영국, 프랑스, 네덜란드식의 형태로 건설되었다.

　뉴욕 시(아래 그림)를 보면 1524년 프랑스의 프랑수아 1세가 후원한 이탈리아 항해사 조반니 다 베라차노가 이 지역을 처음 발견했으며, 프랑스 남부지역의 이름인 동시에 프랑수아 1세 앙굴렘 백작의 이름을 따서 1609년까지 뉴앙굴렘New-Angoulême이라 불렸다. 이후 뉴욕은 1609년부터 1664년까지 네덜란드가 지배했으며, 1626년 허드슨 강의 맨해튼

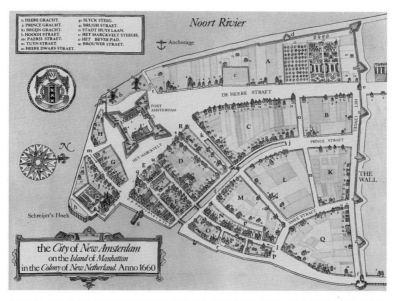

1660년 뉴암스테르담의 도시 형태를 보면 중세 초기 유럽의 시테 형태로 건설되었지만 현재 뉴욕은 시테의 흔적이 완전히 사라지고 말았다. ⓒTHE HOLLAND AMERICA HISTORICAL SOCIETY

을 매입하여 뉴암스테르담New Amsterdam이라 명명했다. 이 당시 뉴암스테르담은 그림에서 보는 바와 같이 성곽으로 둘러싸인 시테의 도시였다. 이후 1664년부터 1776년까지 뉴욕은 영국 스튜어트 왕조 찰스 1세의 아들 요크 공작Duke of York의 이름을 따서 지금의 뉴욕시티가 되었다.

시테는 완벽하게 독립한 사회와 국가체제의 도시로 인류 문화의 근원이자 도시의 본질이다. 또한 외부인의 무단침입을 방지하기 위해 성곽으로 둘러싸여 있으며 왕궁, 성당, 관공서, 법원, 광장, 시장 등을 중심으로 도시를 이루고 주위는 상인, 장인들의 주거지역으로 구분했다.

코뮌은 시테의 역사보다 훨씬 이전의 고대 그리스에서 유래된 도시로 폴리스라 일컬었고 지방, 지역, 도를 대표하는 수도로 발전했다. 따라서 코뮌은 빌르 도시들을 다스리는 행정수도로 이 도시에는 사법, 행정, 입법기관이 설립되어 도와 지역의 권위를 나타냈으며 오늘의 지방자치도시로 발전했다.

빌르, 시테, 코뮌의 도시 정체의 의미를 현상학적 관점의 인류학 중재이론을 응용하여 도시를 분석한 소바즈*의 이론을 참고로 정리하면 다음과 같다.

실재적 관점
빌르 산업과 실리주의 개념에서 발생
시테 규정된 격식과 방식, 정체성을 근거로 탄생한 도시
코뮌 통치, 행정, 법 중심 체제의 수도

* André Sauvage, *Déplier l'urbain, document*, 2010.

예술적 관점

빌르   제품, 문화의 발달로 예술, 연극, 문학, 그래픽, 조형의 발전

시테   전통의례, 의식, 축제행사의 공동사회체제로 발전

코뮌   평화적 통치, 영웅주의, 민주주의, 법치국가의 탄생

사회계급·직업에 따른 사회학적 구분

빌르   조경, 건축, 디자인, 건설, 기술, 교역, 서비스 등의 직업이 활
       발하게 진행되는 장소

시테   역사, 혈통, 전통, 민족성, 풍습 등과 밀접한 연관이 있는 사람
       들의 장소

코뮌   통치자, 지자체장, 대법관, 기업 · 연합 · 협회의 본부가 있는
       장소

관행·규범에 따른 사회학적 구분

빌르   능력 평가의 경쟁사회이며 신제품의 개발, 유행, 출세, 직위
       를 중요시 여기는 사회. 경제, 산업, 과학, 기술 분야의 발전으
       로 기업이 활성화되었으며 진보와 혁신사회로 발달됨.

시테   도덕사회로 말과 품행을 중요시 여김. 인간 사회에서 논리적
       지식과 정의와 공정성의 임무를 강요했으며 인간의 타고난
       재능과 부의 축적보다 개성과 사회성을 중요하게 강조하며
       독백, 회의, 토론의 합리주의, 객관주의, 전통 보수, 고전주의
       적 계몽사회로 발달함.

코뮌   도덕과 윤리의식을 기반으로 행실이 중요하게 요구되는 사회
       이며 민주정치의 통치체제가 발달되어 시민의 권리, 표현의

자유, 정당하고 공정한 권력체제가 확립됨.

영속을 위한 도시의 최종 목적
빌르　무공해, 생태학적 자연환경
시테　인류의 문화 창조, 문화의 보존과 보전
코뮌　시민의 권리를 충족할 수 있는 법과 이상적 민주주의 정치

　도시를 현상학적 관점에서 빌르, 시테, 코뮌으로 정의한 것은 도시에 대한 본질을 구체적으로 정의하기 위함이다. 그 이유는 오늘날 도시는 본질보다 기능을 위한 사회간접시설과 점점 더 높고, 거대하고 화려한 첨단과학시설, 외형 중심의 건축 디자인을 도시의 최종 목적인 양 착각하기 때문이다. 도시에 대한 정확하고, 명확한 현상학적 실체가 정의되지 않는 한 도시는 불확실하고 불안정한 상태로 낡아서 없어지는 일시적 짜맞춤의 조작이 될 뿐이다.

도시의 실체를 말해주는 빌르, 시테, 코뮌

라 빌르LA VILLE
　빌르는 어떻게 만들어졌으며 무엇으로 움직이며 무엇으로 도시의 실체를 증명하는가? 빌르의 실체를 파악하기 위해서는 도시를 형성하는 '도시의 활동 요인', '도시의 기록', '건축의 역할' 등의 세 가지 방법론으로 접근해야 한다.
　빌르를 형성하는 '도시의 활동 요인'은 그물 조직으로 복잡하게 얽

히고설킨 도시 유동성이다. 도시 유동성은 점점 더 빠르게 가속하는 액셀러레이터, 속도를 조절하는 변속기, 운동을 전환시키는 대체교환기, 방향을 설정하는 방향기, 순환기 등으로 구성된 기계와 같다.

이 기계의 역할은 도시를 형성하는 수많은 구성 요인의 흐름을 거침 없이 흐르게 하여 생산, 소비의 활동을 끊임없이 만들어내는 데 있다. 도시 구성 요인의 흐름이란 시민들의 활동 동선, 교통수단시스템, 전자통신의 네트워크, 생산과 배달의 서비스, 상하수도 배선, 에너지, 강과 바다와 항공 운송 등으로 도시를 움직이게 하고 사회를 성장하게 하는 혈관에 흐르는 혈액과 같은 역할을 한다.

유동성의 끊임없는 기술적·과학적 혁신은 상상 속의 미래시대를 꿈꾸게 해주는 동시에 일시적 사용을 목적으로 하는 주거 장소를 만들어 놓았다. 인구밀도가 낮은 북미 대륙에서 유행하는 자동차에 끌고 다니는 이동주택, 휴가철에만 이용되는 다양한 종류의 콘도미니엄, 아무 데나 설치 가능한 조립식 주택 등이 출현한 것이다.

인간이 살아가는 장소가 도시의 현상학적 기준의 설명조차 필요 없이 지구상 어디에나 설치해서 살 수 있는 아이콘과 같은 주택들의 출현으로 대부분의 미국 도시를 아이콘 도시로 만들어버렸다.

예를 들어 풀러의 돔 구조(178쪽 사진), 영국 그림쇼의 에덴 프로젝트(179쪽 사진)를 보면 인간의 활동 공간을 우주 공간의 구형 캡슐과 무인도의 섬으로 상상했다. 인류 문화의 역사적 경험을 바탕으로 생겨나야 할 생활 공간이 인간의 상상력으로 모순되고 격리된 이변의 장소가 된 것이다.

두바이의 인공 섬 팜 아일랜드(180쪽 사진) 사업을 보면 바다 위를 매립하거나 부유체를 띄워 자기만의 특별한 삶에 대한 욕망을 현실화했다. 인간의 상상력으로 그려진 주거공간이 돈과 기술로 삶을 즐기고 만끽하는 이벤트의 장소가 돼버렸다.

두 번째 접근 방법인 인류학적 관점에서 빌르는 문화적 가치의 형성과정을 밝히는 일로 이것은 도시에 기록으로 남아 있는 흔적 혹은 필적으로 알 수 있다. 즉, 우연히 발견된 고서에 남겨진 필적을 보고 글씨체, 글 솜씨, 감정, 생각, 지나온 인생살이까지 들춰내듯이 도시에 기록된 흔적으로 도시의 본질을 정의하는 방법이다.

도시는 인류의 삶이 문화의 필적으로 남아 있는 장소로 곳곳에 공동체 사회라는 흔적이 기재되어 있다. 여기서 말하는 기록이란 상징적 표적, 징조, 의미의 징표, 기술·과학의 문명적 가치, 기호와 그림 혹은 영

1967년 몬트리올 엑스포에서 미국관으로 사용된 몬트리올 바이오스피어.
ⓒBuckminster Fuller

영국 콘월에 있는 세상에서 가장 큰 실내 식물원(2005). ©Nicholas Grimshaw

화처럼 음향기록 장치에 저장된 것을 말하는데 이러한 기록들이 반드시 남아 있어야 도시의 실체를 증명할 수 있다. 도시의 필적은 범인이 범죄에 사용한 증거물 혹은 은행 예금 잔고 증명서처럼 과거의 실존적 가치가 현재의 가치로 유용하다는 사실을 증명한다.

파리, 베를린, 로마와 같은 역사·문화 도시들의 기록을 살펴보면 그곳에는 소시오그램Sociogram*이 시대별로 단계적으로 발전되었음을 알 수 있다. 이 도시들은 지난 시대의 사회환경, 유행, 감각, 사회적 심리 등이 건축, 공원, 다리, 도로, 벤치, 가로수 등에서 완벽하게 기록 저장된 듯이 나타난다. 도시에 남겨진 역사적 가치의 기록들은 마치 1789~1797년에만 존재했던 프랑스 국채 아시냐Assignat처럼 천문학적 금액의 투자가치를 지닌 것과 같다.

* 1933년 정신심리학자 야코프 모레노(1889~1974)가 개인의 인간관계, 직업관계, 커뮤니케이션의 조직망 등을 체계화한 도표로 개인과 집단의 활동구조, 범위, 조직관계 등의 사회조직 체계를 분석한다.

아랍에미리트 두바이에 조성 중인 세계 최대의 인공 섬 팜 아일랜드. ⓒPD-USGov

　만일 도시에 있는 장소들이 화려한 광고로 포장되어 사고파는 부동
산 신상품으로 간주되었다면, 또 세월이 흘러 건물이 낡아 재개발로 더
높은 고층 상품을 건설하여 이익을 창출하는 투자가치의 대상으로 만
든다면 그 도시는 실존에 대한 관념과 의식이 부재되어 있음을 증명한
다. 이처럼 실체가 없는 도시에 대해 쇼애*는 '도시에 대한 관념의 상
실' 혹은 '해독의 불가능'으로 설명했다. 즉, 도시는 자신의 존재성을
상실한 것이다.
　20세기 말 도시의 실체를 재인식하려는 정신 개혁의 물결이 유럽 전
반에 걸쳐 일어났지만 현대사회의 경제성장과 과학기술이 결속되어 추
진된 도시개발정책은 도시의 진정한 본질과 의미를 되찾는 데 실패했

* 　Françoise Choay, *Espacements*, Paris : Le seuil, 1969.

도시의 본질을 잃어버린 모순과 변이의 시대

다. 근세부터 현재까지 저지른 잘못과 오류를 진심으로 반성하는 타블라 라사tabula rasa, 곧 백지 상태가 되기보다는 기억상실증이나 건망증으로 잃어버린 일부의 기억을 되찾았을 뿐이다.

도시의 정책가들이 도시의 실체를 정확하게 인식하지 못한 채 현대화를 외치며 건설을 추진했기에 부동산 개발자, 토건재벌들로 말미암아 몇몇 남은 기록조차 상실되는 비극을 맞이했다. 도로에 일정한 간격으로 있었던 마당, 언덕 계단, 작은 쉼터, 화단, 지붕과 연결된 출입구, 공공건물 내부의 아담한 중정, 사유재산의 뜰과 같은 공간들이 도시화의 바람에 휩쓸려 사라졌다.

이처럼 현시대에서만 통용되는 지식, 이론, 학설, 주장, 원리원칙 등을 내세워 수천 년 이상을 영속해온 인류의 도시를 파괴하는 비극적 운명의 길을 가고 있다. 그 길이 비극적 운명의 길이라는 사실조차 인식하지 못하면서 도시에 남겨진 실체를 지워버려 도시는 서서히 죽어가고 그 도시에 사는 사람들은 이름조차 의미 없는 장소에서 불운한 현재를 살아간다.

도시의 실체를 정의하는 세 번째 방법은 도시에서 건축의 역할을 밝히는 일이다. 건축은 도시에 만들어진 최종 결과에 따라 기록되는 의미의 징표가 되어야 하는지 과시할 목적으로 도시 중심에 부착된 물체인지 증명하는 일이다.

알바슈*는 건축을 마법의 건물을 건설하는 행위로, 건축의 도면을 마법의 도면으로 비유했다. 그는 "건축가들이 마법의 도면을 가지고 세

---

* Maurice Halbwachs(1877~1945), "Sur la constitution des prix du foncier en 1909."

상에 기술을 무조건 강요한다. 마법사의 무조건적 강요는 합리적인 논리로 만들어진 기술이 아니라 자기 마음대로 만드는 것으로 세상을 기괴한 모양으로 변형시키고 있다"고 말한다.

결국 1960년대의 건축가들은 부동산업자들과 합작하여 엄청난 물량의 형편없는 건물들을 도시에 제멋대로 건설했다. 삶의 질보다는 부동산의 분양 면적이 더 중요시된 건설정책과 건축가의 자만은 온 세상을 무질서의 아수라장으로 만들었다. 반면 이전 도시에서 건축의 역할을 살펴보면 1800년대 중반부터 20세기 초까지 인문사회학자들은 생태비교행동학 관점에서 도시를 이해했다. 그들은 건축을 '장소의 환경에 따라 생물의 행동을 연구하는 비교행동학'으로 응용하여 관찰했다. 그 결과 도시는 인간의 신체로, 도시 중심은 인간의 심장, 공원이나 광장은 허파, 도로와 골목 등은 혈관에 비유할 만큼 건물을 건설한다는 자체가 매우 중요한 사건이었다.

Supremus, 1916
ⓒKazimir Malevici

도시의 본질을 잃어버린 모순과 변이의 시대

한편 현대 미술에서도 20세기 초기에는 근세 말기 산업시대의 무질서에서 벗어나 도시는 과학이 아니라 예술이라는 사조가 유행하게 되었다. 특히 신조형주의 작가 몬드리안과 감각의 궁극을 탐구하는 추상 기하학의 절대주의Suprematism 작가 말레비치는 도시의 형태를 기하학으로 조합, 질서, 균형, 단순성의 의미를 강조했다(왼쪽 그림).

1970년대 이후에는 예술적 관점의 도시계획 프로젝트가 추진되기 시작하여 1960년대 이전에 건설된 혼란스럽고 불규칙한 싸구려 빈민가들이 철거되고 새로운 개념의 주거 장소들이 건설되었다. 그러나 격자형 구조로 마구 잘려진 도시는 이미 사회 충돌 요인인 차별사회를 형성하고 있었기에 균형을 위한 근본적 도시계획은 오늘날 차별도시인 외곽도시를 만들었다.

인문사회학자 대부분이 이 결과의 책임을 건축가의 자만심, 허구성, 독단적이고 지나친 욕망이 절대적 영향을 끼쳤다고 단정하며 새로운 건축가의 정신과 혁신을 요구했다. 몽쟁*은 네덜란드 건축가 렘 쿨하스의 말을 예로 들어 건축가의 자만에 대해 설명한다. 쿨하스는 "만일 건축가들의 임무가 만들어진 공간을 정리 정돈하여 도시의 질서를 확립하는 데 있다면 건축의 파워는 상상에 지나지 않는다. 건축가의 사명이 무엇인가를 따지기 이전에 원래의 도시 그 자체를 그대로 고수한다는 것은 시대착오적 발상으로 도시의 발전을 역행하는 것이다"라고 말했다.

하지만 건축은 그 시대의 문화를 만들어가는 것이지 새로운 공간들을 만들어내는 것이 건축의 사명이라고 정의할 수는 없다. 다시 말해 기존 도시에 부족한 핵심적 삶의 새로운 모티프를 찾아 사회의 활동력

• Olivier Mongin, *La condition urbaine*, 2005.

을 제시해야 하는데 새로운 건축 공간을 새로운 모양으로 만드는 것이 건축의 목적이나 사명으로 인식되어서는 안 된다. 다이내믹한 도시는 유토피아적 신비주의와 상상하는 이의 자만에서 만들어지는 것이 아니라 기존 도시를 보전하고 잘못된 부분을 찾아 과감하게 정정할 수 있어야 다이내믹한 삶이 형성되며 그렇게 하는 것이 건축가의 사명이다.

건축은 만드는 것이 아니라 삶을 창조하는 학문이다. 건물의 공간을 좋은 재료로 좋은 기술로 신속하게 지어 값비싸게 팔아 이익을 남기는 것보다는 그 공간에서 사는 인간의 삶을 자손대대로 책임지는 것이다. 도시 사람들이 살아갈 장소를 건설한다는 것은 사람이 살아가야 할 삶의 모든 것, 즉 단순히 입고, 먹고, 자는 곳이 아닌 문화적, 정신적으로 만족할 만한 삶의 본질을 담아내는 일이다.

20세기 도시 권력자들은 건설이라는 이름 아래 얼마나 많은 자연환경을 파괴하고 그로 말미암아 얼마나 많은 생태계의 동식물이 말살되었는지 반성하고 건축의 의무를 재인식한 후 새로운 건설을 추구해야 인류 번영의 해답을 찾을 수 있다. 따라서 인류 멸망을 독촉하는 이런 위험 요인들을 사전 방지하려면 환경 변화에도 안정된 상태를 유지하려는 생체항상성을 지닌 정상적인 자연환경의 도시를 유지할 방법론을 찾아야 한다.

라 시테LA CITÉ

시테는 단순히 살기 위한 장소가 아니라 사람이 어떻게 살아야 하는지를 가르치는 사회적 삶의 의무가 강요되고 지켜야 할 장소다. 또한 건설의 장소가 아니라 사회, 문화의 근원적 장소로 인간의 존엄성과 민족의 정체성을 나타낸다. 그래서 시테는 사람과 같이 특별한 개성과 성격을 지닌다.

서울에 사는 시민 서울리앵Séoulian*과 파리지앵Parisian, 뉴요커New Yorker가 서로 다르듯이 시테는 그곳에 살아가는 사람들에게 독창적인 재능, 우월, 특성 그리고 영속적인 미래를 보장하는 잠재력을 부여한다. 시테는 그곳에 기록된 역사·문화·민속 유적과 추상적·구상적·상징적 유산을 통해 그곳에 사는 시민들에게 얼마나 우월한 특성을 지닌 민족인지 밝혀준다.

시테는 사람들의 삶을 사회적 관계로 묶어 놓은 장소이므로 그곳의 삶은 공동 사회생활이라는 연기를 하는 극장이며 그 극장에서 벌어지는 연기가 감동을 주는 훌륭한 연기일수록 그 도시의 삶은 아름답게 펼쳐진다. 그래서 시테에 사는 시민들은 요람에서 무덤까지의 삶이 그곳에서 영속하기를 바라기 때문에 시대가 바뀌거나 천지개벽이 벌어진다 해도 시테 모습 그대로 보전한다.

시테에서 도시개발이나 건축 행위란 있는 그대로의 시테를 똑같이 보존하고 보전하는 일이지 그 안에 새로운 형태의 건물을 짓거나 개축하는 일이 아니다. 시테 안의 건물을 소유한 주인이라 할지라도 건물 외형에 관한 모든 작업은 행정부의 감시와 허용 기준을 지켜야 한다. 모든 도시 전체가 박물관에서 유리 상자 안에 전시되어 손도 댈 수 없는 보물이나 다름없기 때문이다. 그렇게 보전이 된 시테만이 그곳에 사는 시민 전체를 보호하여 모든 시민이 살아가는 데 필요한 양식, 교육, 안전, 치료, 문화, 취미 등의 삶을 보장한다.

루소는 "시테의 개념은 현대주의로 말미암아 완전히 사라져버렸다.

• Séoulian은 필자가 임의로 정한 단어임.

사람들은 자기가 살아가는 집이 모여 도시를 만들고 시민들의 삶이 시테를 만들었다는 사실을 잊어버렸다"고 말했다. 프랑스 시민혁명에서 정신적 아버지 역할을 한 루소는 그 당시 구시대를 개혁하려는 혁신주의자 혹은 진보주의자였지만 그 진보는 윤리와 도덕을 되찾는 의미였다.

다시 말해 혁신이나 진보란 이념이 아니라 인간의 존엄성을 짓밟는 잘못과 과오를 바로잡고 반성하는 사회개혁으로서 혁신의 당위성을 증명하는 윤리와 도덕의 개혁을 의미하는 것이지 낡은 건물을 헐고 새 건물로 갈아치우는 것이 현대화를 의미하지 않는다.

그렇다면 18세기 루소 이후 21세기 시테는 어떻게 변했으며 만일 시테가 남아 있지 않거나 그 원형조차 찾을 수 없다면 그 원인은 어디에 있는가? 오늘날 시테는 몇몇 유럽의 도시를 제외하고 대부분의 나라에서 흔적조차 찾을 수 없다. 유럽 대부분의 도시가 과거의 산업시대를 거치면서 수많은 인구가 도시로 몰려들자 시테의 성곽을 허물고 도시를 넓혀나갔다. 이에 옛 도시 형태도 서서히 사라졌다. 마치 수백 년 동안 조상들이 살았던 오랜 역사의 기록을 집이 좁다는 이유로 허물고 그곳에 주상복합의 고층건물을 지은 것이나 다름이 없다.

시테의 일상생활은 생활 자체가 문화이자 역사의 연속이다. 시테에서는 귀족과 천민들이 모두 예의를 갖추고 문법과 교양 있는 언어를 사용했으며 사람들의 행실은 지식과 도덕으로 표현된 휴머니즘 그 자체였다. 시테에서 규정한 모든 법규와 제도는 시민 모두를 위한 공공의 목적을 위한 것이었고, 시테 안에 있는 모든 것은 개인의 소유가 아니라 국가의 소유로 시민 모두의 공동자산이며 조상으로부터 상속받은 역사적 유산이었다. 비록 부모님이 살았던 유물과 집을 유산으로 물려받았더라도 그것은 본인 마음대로 처분할 수 있는 것이 아니라 자손들에게 상속해주어야 하는 의무와 같다. 그러나 이러한 시테의 본질이 현대화를 맞이하면서 사라졌다. 시테는 더 이상 시민들의 삶을 위한 장소가 아니라 상징적, 관례적, 구시대의 잔재로 인식되었다. 도시의 시민들은 시테가 인류의 삶에 미치는 가치의 의미를 찾거나 민족의 전통과 문화의 가치를 찾는 일보다 새로운 모델의 자동차, 전자제품, 아파트, 휴대전화 등의 상품에 환호한다.

우리의 도시는 자신의 존재를 증명하는 보물은 사라지고 그 자리에 내용 없는 물건들로 가득 채워지기 시작했다. 몇 세대를 이어온 작은 가게, 음식점, 상점들이 현대화의 재개발로 사라지고 수백 년 동안 같은 모양 그대로 지켜온 장소들이 증발되는 운명을 맞이했다.

예컨대 종로 피맛골에서 한평생을 살다가 재개발로 강남 작은 아파트에 살고 있는 80대 할머니는 3대째 조상이 살았던 집을 떠나는 순간 자신의 삶은 이미 죽은 목숨과 같다고 말한다. 과거의 삶이 지워졌는데 무슨 희망과 번영의 미래를 약속할 수 있겠는가?

이처럼 문화의 근원지를 부동산으로 간주한 현시대의 황금만능주의는 세상을 콘크리트 생산제품과 자동차로 질식시키고 있다. 결국 시테는 문화의 장소가 아니라 구시대적 의식, 축제, 전례 등의 행사를 위한 장소, 마지못해 형식적으로나마 보존해야 하는 애물단지가 되고 말았다.

이러한 결과에는 두 가지 정치적 요인이 서로 정반대로 충돌하여 작용했기 때문인데 바로 시대착오주의와 진보주의의 정치적 이념이다. 시대착오주의는 과거 구시대의 보수적, 전통적 가치를 중요하게 간주하는 보수주의와는 달리 진부한 전시대적 사상을 가지고 객관적 진실보다 허구와 왜곡으로 시대를 역행하는 정치를 펼친다. 이들은 민족의 전통성을 외치지만 왜 전통성이 귀중한지 모르기 때문에 보수와 혁신의 명확한 구분 없이 자신들의 상황 판단에 따라 정책을 추진하며 정책의 객관적 논리가 부재되어 결과는 부정과 거짓으로 포장되고 위장된다.

반대로 진보주의자들은 시대의 유행을 무조건 좇는다. 정치에서 말하는 진보는 잘못된 사회체제에 대한 혁신과 혁명을 추구하는 루소의 도덕 개념과는 근본이 다르다. 진보주의를 자처하는 이들은 도시 유동성의 활발한 흐름을 촉진하는 대중교통을 적극 개발하고 더욱 발전된 시민 모두의 공동생활을 위해 지역 주민, 시민단체 등의 의견을 청취하고 수렴하여 정책에 반영하지만 인기에 집착해 합리성이 결여된 비정상적인 결과를 낳기도 한다.

그러나 현시대의 대부분 국가는 시대착오적 보수와 진보주의의 상반된 정치적 이념에 구속된 정책을 추진하지 않는다. 유럽의 국가들 중 특히 스웨덴은 현대도시화의 정책에서 보수와 진보로 구분된 정치 위주의 정책을 완전 배제하고 민족의 전통성, 사회경제성, 도시 전체의 발전을 주요 정책으로 추진한다. 이처럼 세계는 출구가 없는 막다른 골목을 향해 돌진하는 보수와 진보라는 비선전적 정치 이념 대신 합리적이고 미래적인 '영속성'의 개념을 추구한다.

영속성의 개념은 시간을 중시하는 개념으로 오늘날 도시 건설 정책을 살펴보면 세 가지 유형으로 나타난다. 첫 번째는 의도적으로 특정 시대의 시간 안에 머문 도시로 그 도시의 삶은 그 시대의 시간 안에 구속되어 있다. 두 번째는 구시대와 현시대, 두 공간이 자유롭게 교차하고 공유되는 장소로 그 도시에는 오랜 세월을 살아온 만큼 문화를 간직하는 현명한 지혜가 내재되어 있다. 세 번째는 시간의 개념이 전혀 없는 시간 부재의 장소로 살아 있지만 실제로 죽어 있거나 존재하지 않는 도시다.

　도시의 정책이 첫 번째 방법으로 추진된다면 그 도시는 그 이전의 도시 그대로 방치되어 유령 도시가 될 것이며, 세 번째 방법을 추진한다면 미국을 포함한 서울과 아시아 대부분의 도시처럼 어제와 오늘이 다르고 내일이 또 다른 변화무쌍한 도시, 그러나 도시가 아닌 건물수용소가 될 것이다. 때문에 두 번째 방법의 정책만이 고전과 현대, 현대와 미래, 고전과 미래가 교차하고 공유하는 도시를 만들 수 있다. 시대를 공유한다는 것은 지식과 삶의 경험이 풍부하고 안정된 삶을 누리도록 한다.

　오늘날 인간의 수명은 길어져 한 시대에 4세대가 동시에 살아가는 경우가 많다. 이는 젊은 세대와 노인 세대가 공유하는 삶이 한 장소에서 교차됨을 의미한다. 오랜 경험을 토대로 살아온 노인 세대와 열정과 패기가 넘치는 젊은 세대가 함께 살아가는 그 집은 시간의 개념을 초월한 영속성의 공간이며 그 가정과 가문을 상징하는 정체성이자 본질적 가치를 말해준다.

라 코뮌 LA COMMUNE

　코뮌은 고대 그리스의 도시 폴리스의 개념에서 출발하여 법체제의 질서를 갖춘 자치행정도시로 성장했다. 아리스토텔레스는 폴리스를 '그리스인의 생명을 위협하는 전 세계의 침략자들로부터 안전을 보장하는 도시'라고 정의했다. 그리스의 호메로스가 쓴 트로이 전쟁을 노래한 장편 서사시 《일리아스》, 《오디세이아》에서 "폴리스는 시민들을 위한 공공장소의 목적으로 건설된 도시다. 즉, 사람들이 언제든지 자유롭게 찾아올 수 있으며 이곳을 찾아오는 사람들은 평등하고 자유로운 신분으로 때와 장소의 구분 없이 언제든지 서로 만날 수 있다"라고 설명했다.

폴리스는 모두 평등하게 공동으로 살아가는 장소이며 시청, 법원, 의회의 장소가 도시의 핵심으로 성장하여 오늘날 민주주의의 자치도시로 정착했다.

아렌트[*]는 '폴리스는 규칙, 법 그리고 도덕과 예절을 지키는 사회제도가 형성된 도시로 시민의 안전을 보장하는 공공장소'라고 정의한다. 반면 베버는 "폴리스는 미완성의 도시이며 그 정체성은 서양문명의 현상적 실체와 사회적 결과로 나타나며 폐쇄적이고 특권적인 사회계급과 동일 조상을 가진 혈연집단의 조직과 체제에서 시작되었다"고 말한다.

폴리스는 작은 혈연집단에서 출발하여 공동사회를 위한 법이 제정되었고 도시와 사회의 체제, 시민의 권리가 서서히 정착하여 완벽하게 확립되었다. 자치도시는 중앙행정도시로 성장하여 그 지방의 모든 도시와 마을들을 통치했고 이러한 통치체제는 농경사회의 봉건주의, 군주정치로 발전하게 된다.

코뮌의 현상학적 실체는 인간의 평등성에 기초한다. 이는 자치도시의 특징으로 도시는 공공성, 공동장소, 공동체의 파워가 형성된 장소를 의미한다. 공동체 파워를 가진 장소란 공동의 이익과 목적을 성취하기 위해 대중이 한곳에 모여 힘을 형성하는 곳으로 그 파워를 가지려면 도시는 평등하고 균형이 유지된 구조로 계획, 형성되어야 한다. 즉, 도시에는 균등한 삶, 공동 책임의식, 공정한 주거공간, 동일한 주거환경의 분배가 확실한 제도로 운영되어야 공동체의 파워가 형성될 수 있다.

공공의 파워가 형성된 도시란 공정한 법이 중시되는 사회체제가 형성되었다는 의미로 도시는 개인이 소유하거나 횡령할 수 있는 사유재

---

*   Hannah Arendt(1906~1975), *Qu'est-ce que la politique*, Seuil, 1995, 번역판.

산이 아니라 공공의 자산으로 인식되었다. 자치도시는 공동으로 더불어 사는 민주주의 체제에서 탄생한 것이며 특정한 사람들의 이익을 위해 형성된 기업협회 등의 이익단체가 아닌 시민을 대표하는 의원, 법, 법적 근거의 위임자 등이 도시를 관리하는 책임을 맡았다.

코뮌을 통치하는 시민의 대표는 시민들이 삶에 만족하고 자부심을 느낄 수 있도록 통치를 하고 과거를 통해 도시의 미래를 예견할 수 있는 자질을 갖추어야 했다. 이 기준은 모든 행정, 사법 등의 고위 지도자들에게 해당되었고 도시의 모든 지도자들은 도시가 정상적인 기능과 역할을 다하고 미래를 보장할 수 있는 안정적인 도시를 만들어야 영웅으로 인정받았다.

통치 권한을 가진 자들은 시민이 존경하는 권력자로서 이성적 도시를 추구하기 위해 장기적 방법과 단기적 방법의 정책을 추진했다. 장기적 방법은 오랜 세월을 거쳐 형성된 문화재를 보전하는 정책이며 단기적 방법은 그 시대의 문화를 나타내는 조형, 건축 등의 예술 창작이었다. 이에 시민을 대표하는 의원들은 통치자의 독재를 견제하고 장기적, 단기적 정책으로 도시의 유적들이 영속적으로 보전해야 할 책임과 의무가 있었다.

자치도시 코뮌에서 시민이 된다는 것은 시민의 법적 권리 취득을 의미했다. 법적 권리를 가진 시민은 주거지를 자유롭게 선택하거나 처분할 수 있으며 외부의 침입으로부터 주거지를 보호받을 권한이 있었다. 이 권리는 곧 자신의 삶의 꿈과 성공의 욕망을 성취할 수 있는 권한으로 모든 시민이 평등하게 차례만 기다리면 받을 수 있는 순번표와 같은 기회였다.

그러나 오늘날 자치도시는 시민 전체를 위한 논리적이고 일관된 통치 방법을 추진하지 않는다. 자치도시의 개념이 특정 지역의 경제적, 정치적 욕망의 실현으로 둔갑되어 각 코뮌들이 치열하게 경쟁을 벌이는 특별한 지방분권주의로 변형된 까닭이다. 때문에 각 자치도시에서 추진하는 개발정책은 정권이 교체될 때마다 원점으로 돌아가는 어이없는 일이 반복되며 그 지역만의 지리적, 생태적, 역사적 특성을 보전하는 개발정책이 아니라 다른 도시를 똑같이 모방하는 데 그치고 만다. 자치도시의 개념을 잘못 인식한 이러한 현상은 가뉴빵이 중재이론에서 밝힌 대로 이 사회는 정치의 궁극적 목표가 시민 모두의 행복을 합창하는 축제의 사회가 아니라 망각에 빠진 영웅 사회로 향하기 때문이다.

이 같은 영웅 사회의 정치는 시민들로부터 부여된 통치 권한이 무에서 유를 창조하는 신의 절대적 권능으로 둔갑되어 나타난다. 그래서 이 사회의 시민은 이 시대의 정치, 재벌 권력자들을 최상의 권능으로 간주하고 그들에게 충성하는 추종자의 세력들이 사회를 지배하는 세상이 되고 만다. 권력자에게 머리를 조아리는 아부 세력들이 각 주요 부서의 수장인 사회는 배가 산으로 항해하고 진리가 궤변이 되고 지식과 상술이 서로 뒤바뀌는 도시가 되고 만다.

페토네*는 이러한 유형의 사회일수록 그들은 진보를 외치며 무의식적으로 분별없이 도시문화의 주요 흔적들을 마구 지워버린다고 말한다. 그들은 도시에 간직된 역사적 흔적과 증거를 다 지우고 오늘의 엉뚱한 눈으로 진실을 왜곡하여 해석하고 스스로 옳다고 믿는다. 그들은 진실의 증거는 다 없애버리고 자신들에게 유리한 가짜 역사를 만들어 진짜로 가장한다. 마치 가짜 작품을 만들어놓고 진짜인 것처럼 명상에

---

* Colette Pétonnet, "La ville par en dessous", *L'année sociologique*, vol. 21, 1970.

잠기거나 허위 학력으로 입사하고 그 학교에 다닌 사람으로 위장하기 위해 그 이상으로 과장한다. 이들은 도시에 기록된 모든 진실을 없애버렸기 때문에 도시가 무엇인지, 도시를 어떻게 만들어야 하는지 결코 알지 못한다.

정치권력 위해 '암흑도시' 만들 것인가

신도시는 왜 건설하는 것인가, 왜 기존 도시는 수십 년간 방치하면서 수많은 신도시를 건설해 국토를 온통 부동산 상품전시장으로 만들고 있는가? 오늘날 선진 문명사회에서 신도시 건설은 더 이상 존재하지 않는다. 지리적·역사적 근거도 없는 도시를 건설하기 위해 자연생태계를 파괴한다는 것 자체가 진리에 역행하는 명백한 모순이기 때문이다.

도시는 거대한 사회공동체로 그 기능과 역할에 의해 만들어진다. 만일 정치적·경제적 필요로 도시를 만든다면 사회공동체는 존재할 수 없으며 시간이 지나면 도시는 흔적도 없이 사라지고 만다. 지구상에는 두 종류의 도시가 존재한다. 하나는 1998년 프로야스가 제작한 SF 영화 〈다크 시티〉의 암흑의 도시처럼 어제와 오늘이 전혀 다른 도시다. 이 도시는 끊임없는 건설로 온통 파헤쳐져 늘 시끄럽고 불안과 혼란의 일들이 벌어지지만 사람들은 이 무질서의 자체가 비정상인지조차 알지 못한다.

다른 하나는 변질되지 않고 늘 같은 도시로 안정과 평화로 조용하며, 때와 장소에 따라 다이내믹한 삶이 벌어진다. 다이내믹한 삶이란 돈을 벌기 위해 전력투구하는 경제성장·국내총생산GDP의 결과가 아니라 사회 각 분야에서 자유롭고 균등한 사회활동을 하는 것을 의미한다.

그렇다면 과거 신도시는 왜, 무엇을 근거로 건설되었는가? 신도시는 기원전부터 고대·중세·근세에 걸쳐 건설되었지만, 17세기 이후 식민지 시대에 유럽의 정복자들에 의해 건설된 미국과 캐나다의 맨해튼·뉴올리언스·몬트리올 등을 일컫는다. 또 라틴아메리카에서는 금은보화의 재물을 찾아온 에스파냐 정복자들이 고대 잉카문명의 도시를 약탈하여 멸망시키고 새로운 도시들을 마구 세웠다.

유럽은 제2차 세계대전 이후 미 국무장관 마셜의 유럽부흥계획ERP에 의해 1947년부터 4년간 유럽 대부분의 도시를 복원했고, 영국은 웨스트 밀랜드·머지사이드·리버풀·맨체스터의 도시들을 재개발했다. 그런데 유럽의 재개발·신도시는 한국처럼 광대한 자연을 불도저로 확 밀어버리고 건물들을 이리저리 배치하는 것이 절대 아니다.

자연을 허허벌판으로 만들고 벼락치기 건설로 엄청난 이익의 부동산 투기를 조장하는 무지막지한 건설을 유럽에서 유래된 신도시의 유행인 것처럼 속이고 공기업·지자체가 합법적인 자연 파괴를 일삼고 있다.

왜 유럽은 특별한 건축양식도 아닌 19세기 시골의 하찮은 건물까지 굳이 똑같이 복원했는가? 왜 한국처럼 주상복합·고층아파트, 번쩍거리는 수백 층을 지어 떼돈을 벌려고 하지 않았는가? 그들에게 도시는 역사적 사실을 기초로 만들어진다는 원칙이 있었기 때문이다.

한때 프랑스는 1970년대 이후 심각한 주택 부족으로 파리 외곽 싸구려 빈민가 '비동빌'을 허물고 신도시를 개발했지만 결국 수백 년의 과거가 현재와 단절되는 결과를 가져왔다. 깨끗하고 밝은 현대식 도시를 만들면 언젠가는 도시와 시민이 서로 조화를 이룰 것으로 기대했지만 그렇지 못했다.

수백 명의 한국 관료들이 신도시 모델로 방문했던 파리 근교의 신도시들은 수십 년의 세월이 지났어도 성숙하지 못하고 갓난아이의 모습으로 늙어가고 있다. 도시는 역사적 가치에서 성숙해야 하는데, 늙으면 헐고 교체해 잠시 반짝거리다 죽는 별똥별 도시가 되어버린 것이다.

그렇다면 전국에 마구 건설되는 한국 신도시의 미래는 어떤 모습일까? 사회적·문화적·인류학적으로 심각한 미래가 보인다. 도시는 건물과 자연의 배치가 아니라 인류의 운명을 책임지고 결정하는 장소다. 고층아파트·

정부가 발표한 세종시 수정계획안 조감도는 도시가 아닌 건물 집합소다. 수도권 과밀해소와 균형발전은 이런 도시의 건설로 해결할 수 없다. ⓒ행정중심복합도시건설청

상가·빌딩의 부동산 신상품으로 처음에는 주목받겠지만 시간이 지날수록 낡아 비참해지는 암흑의 도시가 된다.

그런데도 한국 정치가들은 암흑 도시를 놓고 원안 고수·수정 관철을 외치며 격렬하게 충돌한다. 그들에게 신도시는 기술주의의 레고 쌓기, 자유주의의 도박으로 인식된 것이다. 그들이 국민의 생명과 국가의 운명이 달린 도시를 정치권력 쟁취를 위한 대용물로 착각하는 한 한국은 엄청난 국고 낭비·재산 유실로 국토 황폐와 국가재정의 파산을 겪을 수 있다.

정부가 발표한 세종시 수정계획안은 다른 신도시와 마찬가지로 도시가 아닌 건물 집합소다. 수도권 과밀해소·균형발전은 이런 도시 건설로 결코 해결할 수 없다. 국토를 재벌기업에 헐값으로 넘겨 원형지 개발을 하는 것이나 터무니없는 행정수도를 운운하는 것 모두 국토를 황폐하게 만들고 차별을 조성하며 땅값만 치솟게 만드는 결과는 똑같다.

― 《경향신문》 2010년 2월 20일자

권력자 욕망에 의한 4대강 사업

현재 정부가 추진하는 4대강 사업은 다음 두 원칙이 지켜져야 정당성을 가진다. 첫째는 장마와 가뭄 피해 방지며, 둘째는 자연생태계가 보존된 관광·휴식·문명 장소의 탄생이다. 그런데 첫 번째 원칙이 두 번째를 장악한다면 이 정책은 건설이 아닌 파괴로 둔갑한다. 자연생태보존은 이미 형성된 동식물군의 생태계에 지역성을 고려한 새로운 자연환경의 탄생을 의미하는 것이지 지역 전체를 불도저로 싹 쓸어내고 콘크리트 구조물로 단정하게 꾸미는 것이 아니다. 관광·휴식의 장소란 계절과 시간에 따라 변하는 지역 고유의 자연생태계(동식물군)를 조성하는 것이지 유럽형 주택·관광단지를 개발하여 강변을 참혹한 부동산 투기의 아수라장으로 만드는 것이 아니다.

강은 인류 문명의 중심지이므로 각 지역의 역사적·문화적 흔적이 표현되는 상징적 장소가 되어야 한다. 즉, 강에서 출발하여 마을, 도시로 변천했던 문명의 기원이 강변에 함축되어야 하는데 남아 있는 역사적 흔적들을 도리어 완전히 사라지게 하고 있다. 더 심각한 문제는 '4대강 사업은 강을 살리는 사업이다. 수질오염은 절대 없으니 나를 믿으라'며 장난감 물고기를 보이던 이명박 대통령의 약속 대신 4대강 유역은 심각하게 오염되고 있다. 강 주변 모래사장과 생태계가 심하게 훼손되어 물고기, 철새들은 사라졌고, 건설현장에서 배출하는 각종 오염물질로 발암물질이 기준치보다 20배 이상, 수질은 4등급으로 악화되어 상수원이나 공업용수도 아닌 농업용수로밖에 사용할 수 없다고 한다. 또 산골에 있는 저수지 둑 건설로 지역 주민을 내쫓거나 4대강 건설사들이 다단계 하도급 방식을 취하여 엄청난 부당이득을 취하는 해괴망측한 일들이 발생하고 있다.

이 현상은 인간 중심의 정치가 권력자 개인의 욕망으로 뒤바뀐 경우로 전국 곳곳에서 나타난다. 즉, 지난 10년 전부터 지자체들이 개최했던 수많은 국제행사는 재정낭비·혼란의 부작용만 있었지 성과는 없었다고 한다. 도시는 시민을 위한 축제의 무대이기에 행사는 불가결의 요소이지만 그 목적이 시민이 아닌 단체장의 업적 과시·정치권력의 홍보로 변질된 것이다.

왜 우리 도시에는 정치의 원칙이 거짓과 위선으로 둔갑되어 나타나는가? 그것은 시민 중심의 정치철학을 권력 쟁취, 욕망으로 인식했기 때문이다. 정신심리학자 프로이트는 "인간의 자유로운 욕망들이 도덕성·윤리로 걸러져 승화되어야 문명이 발달하며, 승화의 정도가 높아질수록 도시와 사회는 일관성을 가지게 된다"고 했다. 한 정치가의 무지와 욕망이 원칙과 합리성으로 걸러지지 않고 몰지각한 권력의 우격다짐으로 추진되는 탓에 자연과 도시가 무참히 파괴되고 있다.

그럼 인간의 욕망이 걸러지는 정치란 어떤 것일까? 어느 산 암반 위에 세워져 나무가 거의 자라지 않는 작은 동네가 있었다. 지형학적으로 돌이 많아 나무가 크게 자라지 않기 때문에 그곳 시민들은 태어날 때부터 그 도시는 나무가 없는 곳으로 인식했다. 그런데 어느 날 시청에서 시내에 공원을 계획하고 나무 몇 그루를 심었다. 그것을 본 동네 사람들은 깜짝 놀랐다. '어 나무를 심었네! 그런데 공원에 나무 몇 그루가 뭐야'라고 생각하고 너도나도 나무를 심었다. 나무 몇 그루의 공원은 훌륭한 숲이 되었고, 시민들은 이 공원을 계기로 집·동네마다 나무를 심어 그들의 도시를 돌의 도시에서 숲의 도시로 변화시켰다. 정치가 권력 쟁취에서 시민의 삶으로 승화되었기에 가능했다.

이것은 사막과 바다에 터무니없는 호수와 인공 섬을 건설하기 위해 엄청난 외화를 부채로 끌어들여 국가 위기의 모라토리엄moratorium을 야기한 과대망상 정치와 근본이 다르다. 여기서 공원은 정책이며 나무심기는 방법론이다. 돌이 많다고 조각공원을 만들었다면 정책은 훌륭하지만 방법론은

프랑스 남부 미디 강은 콘크리트 수중보와 구조물 공간 대신 동식물이 한데 어울려 살아 움직이는 자연의 신비를 선택했다. ⓒCanal du Midi

주어진 한계를 탈피하지 못한 것이다. 또 정부가 경제활성·고용창출을 구실로 정경유착하여 공원 대신 골재채취장을 허가했다면 이 도시는 폐광지로 사라졌을 것이다.

시민이 감동하고 미래가 제시된 정책만이 도시와 사회를 변화시킬 수 있다. '짓고 허물고 재개발'의 시장경제를 외치는 정치가에게 도시를 맡긴다는 것은 도시를 파괴하라고 폭탄을 주는 것과 같다. 올바른 사고의 정치가는 일확천금의 기회와 대박만이 존재하는 약육강식의 사회를 용납하지 않는다. 도시 전체가 흰색이라면 누가 감히 자기 집을 시뻘겋게 칠하겠는가? 주위 사람들이 깜짝 놀랄 것이고 도시 전체가 놀랄 것이다.

시민 중심의 정치가 행해지는 사회는 누가 엉뚱한 짓을 하는지 모든 사람이 다 지켜보지만, 권력에 미친 정치가가 난무하는 사회는 자연과 문화가 파괴되는 심각한 일이 벌어져도 사람들은 놀라거나 무엇이 잘못됐는지

조차 인식하지 못한다.

— 《경향신문》 2010년 3월 15일자

그 골목, 그 건물, 그 광장엔 '신비'가 있어야

도시의 실체는 이성과 합리를 원칙으로 간주하는 객관주의와 언어학으로 평가 판단한다. 인간의 모든 지식은 주관성과 객관성으로 양분화되어 있다. 객관성은 대상의 실체를 합리적 논리로 밝혀내는 방법으로 인간의 통속적 감각, 감정을 중요시하는 주관성과 정반대다.

객관성에서 자연은 생태계 구조와 지구 미래를 거론하지만, 주관성에는 인간의 욕망으로 실상이 가려진 가상현실만 존재한다. 순수예술에서 주관성은 자유롭고 무한한 인간의 창조적 잠재력을 의미하지만 시민의 삶을 만드는 도시와 건축이 욕망과 상상력에서 만들어진다면 인간 생명은 위협받는다.

도시사회학에서 언어는 장소의 특성, 스타일, 이야기, 제작 과정, 잠재적 가치를 내포한 개념의 언어, 랑가주Langage다. 랑가주는 주어진 장소에 부합된 의미를 부여하여 장소에 함축된 자연감각·예술성·실용성을 증명한다. 도시는 단순하게 '웅장하다', '멋있다' 등의 말로 묘사되는 장소가 아니다.

장소·시간에 따라 변화하는 다양한 삶이 함축되어 있음을 증명해야 한다. 위대한 인물, 찬란한 유적에는 역사적 배경, 상황, 이야기가 있듯이 도시는 그 장소만의 유일한 신비로움이 랑가주로 표현되어야 한다. 도시는 역사를 거치면서 '장소'와 '민족'이 분리될 수 없는 상관관계로 존재해왔다.

수많은 유럽인의 성은 조상 대대로 살아온 지역 이름으로 되어 있다. 김

'기와 굽는 가마솥'이란 뜻의 파리 튈르리 궁전 광장. ⓒLe site parisien

해 김씨가 김해를 선사시대부터 이어온 혈통의 근원지로 인식하는 것과 같
다. 생각 없이 사용되는 '기쁨공원, 만남의 광장, 통일로, 혁신도시' 등의 명
칭들은 장소의 실재적 의미가 함축된 언어로 설명되어야 한다.

　골목, 거리, 마당, 광장은 지역만의 특성과 의미의 랑가주가 부여되어야
진정한 도시가 된다. 어느 장소 이름이 어느 시대의 위인·전통·신화에서
유래되었다면, 그 사실을 증명하는 랑가주의 장소로 만들어져야 하며, 그런
장소가 많을수록 전 세계에서 찾는 신비의 도시가 된다.

　한국 도시는 기호·명칭만 있을 뿐 랑가주가 없다. 도시 전체가 역사
적·지리적 근거보다는 엉뚱한 글자·기업 이름으로 도배되어 있다. 문화
적 가치보다 기업 위주의 정치·사회체제임을 말해준다. 인간 삶의 장소가
관리기능을 목적으로 몇 동, 몇 호의 숫자, 익명과 기호로 정의된다면 가문
과 부모 없이 태어난 사생아와 같다.

　그런 건물들은 짧은 수명을 살다가 재개발로 흔적도 없이 사라진다. 역

사적, 예술적 가치를 심사숙고한 이름을 부여할 때 그 장소는 시간을 초월한 존재성이 부여되어 자손대대로 신비의 삶을 제공한다. 신비의 언어로 함축된 도시는 시대와 세대가 아무리 변해도 변질되지 않는다.

예를 들면 어떤 사람이 낯선 도시로 이사 오면 새로운 환경에 불안을 느낀다. 그는 불안에서 벗어나기 위해 낯선 도시의 새로운 환경을 개척한다. 지역에 감춰진 전설, 건축양식, 특별한 것을 많이 알수록 나만의 동네가 되어간다. 또 새롭고 신비한 사건들을 찾아 동네 구석구석을 누비며 다이내믹한 삶을 만들어간다. 도시는 신비의 장소다.

신비의 장소가 많을수록 낯선 곳은 고향, 고국이 되어 자손대대로 삶의 활력과 애정이 변치 않는다. 도시의 신비는 혁신도시 건설의 정치행위로 절대 만들어지지 않는다. 역사와 문화적 삶의 가치와 중요성을 철저하게 검증하는 객관적 논리의 변증법에서 가능하다. 그래서 도시를 구성하는 골목, 거리, 건물, 공원, 광장은 물론 거리의 가로등, 벤치, 쓰레기통조차도 신비감이 나타나야 한다.

파리 튈르리 궁전 광장은 삶의 휴식, 평화, 자유, 문화라는 랑가주가 함축되어 있다. 튈르리는 '기와 굽는 가마솥'이란 뜻으로 13세기 이곳은 기와 공장이었다. 이후 프랑스 왕들의 화려한 궁전이었지만 '기와 굽는 곳' 이름을 그대로 쓴다.

서울광장, 광화문광장은 광장이 아니다. 광장으로서의 개념·역할도 없거니와 왜 생겨났는지 기원, 이유, 목적조차 존재하지 않는다.

─《경향신문》 2010년 2월 1일자

인간 영혼과 존재성 담아야 '성스러운 도시'

도시는 인간의 삶이 연출되는 무대로 시나리오를 배경으로 만들어진다. 삶이라는 연기는 시나리오를 준수하는 연출가인 정치가에 의해 만들어진다. 그 시나리오는 '더불어 살다'라는 주제로 사회·경제·정치·문화·인류·환경이라는 6개 분야의 소재가 서로 조화를 이루어야 감동적인 예술의 연기가 창출된다. 만일 6개 분야가 균형의 원칙을 무시하고 각각의 역할을 제대로 수행하지 않는다면, 그 도시에서 연출되는 삶은 정치·경제 두 분야의 권력에 지배되어 불균형의 사회로 전락하고 만다.

사회 분야는 삶에 믿음과 의지를 불러일으키고, 문화는 아름다움과 진리를 만들며, 인류와 환경은 자손 번영과 지구 보전의 역할을 한다. 경제와 정치만으로는 도시가 만들어지지 않기 때문이다. 도시에서 경제·정치가 압도적인 영향력을 행사하고 있다면, 그 사회는 이미 피라미드 계급으로 차별화된 구조다. 즉, 시민 모두의 사회공동체가 아니라 소수의 권력 집단이 소유·지배하고 있음을 의미한다.

과거 인류 역사에서 경제·정치의 두 세력은 늘 도시를 탐내고 지배해왔다. 그들은 항상 민주주의의 발전, 경제성장을 내세우고 의회정치·시장경제를 부르짖으며 재력과 권력을 독점했다. 그 결과 그들은 자신들만의 세력과 이익을 위해 정책 관련 제도와 조항들을 일방적으로 수정하거나, 낙하산 인사나 온갖 편법을 동원해 기업과 언론을 장악함으로써 다른 분야에서 일절 간섭하거나 저지할 수 없게 했다. 과거 군부 세력의 독재정치, 신흥개발도상 국가에서 흔히 있던 현상이다.

경제·정치의 두 세력이 도시의 무대를 장악하고 있다면, 그 무대의 연극은 다양한 소재의 시나리오로 꾸며진 종합예술이 아니라 독재 찬양의 다큐멘터리일 뿐이다. 다큐멘터리를 상영하는 무대는 스타일과 특성을 중요

프랑스 가르니에 오페라 극장은 나폴레옹 3세 시대의 바로크 양식을 표현한 1875년 작품으로 근세에서 가장 아름다운 건축물로 꼽힌다. 이 건물의 아름다움과 성스러움은 건물의 화려한 외형과 내부뿐 아니라 주위 환경과 어우러지는 조화에서 나온다.

하게 간주하기보다 거대한 3D 영상·음향 시설만을 강조하므로 도시라는 무대는 여러 분야의 소재보다 첨단 제품으로 설치되고, 신상품이 나오면 즉시 갈아치운다.

도시의 정체성을 결정하는 도시 스타일과 특성은 삶이 연출되는 무대에서 연기의 품격, 성스러움, 고귀함에서 나타난다. 도시는 기원전 고대 그리스·로마의 성스러운 신전에서 출발하여 중세 그리스도 시대의 로마네스크와 고딕, 근세의 고전·바로크 시대의 아름다움과 성스러움의 예술적·역사적 가치가 함축된 장소였다.

도시에서 성스러운 장소란 무슨 의미이며, 왜 있어야 하는가? 도시의 삶은 장소의 상태에 따라 변화하는데 사생활로 차별화된 독자성과 자기과시의 사교성으로 구분되기 때문이다. 독자성이란 남이 알지 못하는 자기만의 삶과 영혼에 관계된 고백·참회·명상의 내면세계로 성전의 거룩한 장소에서 시작되었다. 서양에서는 기원전 고대 그리스·로마의 신전과 가톨릭 성당을 통해 발전했고, 동양에서는 도교·유교·불교의 사원에서 기원했다. 사교성은 개인의 명예와 성공을 자랑하는 자기과시로, 각 시대의 화려하고 엄숙한 건축양식의 도시를 탄생하게 했는데 건축물의 내부도 외형과 똑같이 최상의 성스러움을 표현했다.

중세 그리스도 시대의 가톨릭 성전의 성스러움은 그 시대의 왕족·귀족들의 성과 집에까지 영향을 주었으며 도시의 거리, 마당, 광장, 그리고 평민들의 집까지 성스러운 장소로 변화시켜 오늘날 유럽으로 보전됐다. 그렇다면 성스러운 장소란 어떻게 만들어야 하는가? 성스러움이란 아름답게 보이는 외형만이 아닌 인간의 영혼과 존재성이 잠재되어야 한다. 즉, 외형을 초월하여 본질을 추구하는 형이상학 개념으로 도시 전체가 일치하는 조화와 맥락에서 가능하다.

만일 어느 재벌이 양심 없는 건축가를 통해 도심에 세계 초고층의 건물, 금으로 번쩍거리거나 기둥 없이 하늘에 떠 있는 건물을 세웠다면 그것은 성스러움이 아니라 욕망과 자기과시만이 있는 천박하고 상스러운 물체일 뿐이다. 이 물체들은 도시의 맥락을 단절시킴으로써 도시에 지역 차별과 사회 분쟁을 일으켜 시민들이 서로 헐뜯고, 좌우로 편을 가르고, 격렬하게 치고받게 만드는 판도라 상자이므로 도시에서 거부·추방해야 한다.

—《경향신문》 2010년 3월 6일자

삶을 귀중히 여긴 도시가 아름답다

도시는 어떻게 아름다워야 하는가?

도시의 예술성, 미학적 가치를 판단하는 기준은 외형의 장식이 아니라 실질적으로 살아가는 삶의 가치에 의해서다. 아름다움에 대한 인간의 생각과 판단이 예술철학(미학)이라는 학문으로 체계화된 것은 데카르트의 합리주의 사상이 유럽을 지배한 18세기 중반부터였다.

데카르트는 인간의 감정을 경험적·기계론적으로 체계화했다. 나아가 칸트는 인간의 오감이 바탕이 되는 주관성으로 발전시켰고, 도덕적·이성적 사고에서 벗어나 자유로운 정신으로 느끼는 즐거움의 주관적 판단을 아름다움으로 정의했다.

인간의 감성 위주로 발달된 미학의 사고는 낭만주의·예술지상주의·인상주의 등의 사조를 탄생시켜 문화를 발전시켰다. 이 중 도덕적·사회적 의미보다 예술적 행위 그 자체를 예술로 주장한 예술지상주의는 예술이 인간과 사회를 위해 거듭나야 한다고 주장한 계몽주의 학자들에 의해 거부되었다.

계몽 사상가들은 예술작품의 결과가 작품의 목적이 될 수 없으며, 특히 도시의 예술성은 반드시 사회와 시민이 주목적으로 평가·존재해야 한다고 주장했다. 이후 노동자·부르주아 계급의 투쟁이 시작되는 산업시대를 맞이해 도시는 사회적·공리주의적·예술적 가치를 추구하게 됐다.

또 작가 개인의 의도만을 강조한 표현주의가 출현하기도 했다. 이에 대해 인간의 정신적·잠재적 세계를 예술의 절대적·창조적 가치로 간주한 보링거는 추상과 감정이입의 이론을 주장했다. 그러나 많은 학자가 인간의 추상적 감정이입은 당시 사회적 불안감이 표출된 결과이며 객관성을 증명하지 못하는 이기적 허상으로 간주했다.

오늘날 정보사회는 철학·사회학으로 정의했던 이전의 도시 예술의 개념보다 기호·표시·정보를 더 중요하게 해석한다. 그래서 도시의 모든 대상은 필요·기능·편리의 단순논리에 의해 만들어지고, 보다 신속 정확한 정보통신의 조직망과 상징성이 도시의 가치로 변질됐다.

도시는 표현주의나 예술지상주의의 결과가 아니며, 소수의 일방적인 욕망 등에 의해 만들어지지 않는다. 그것은 헌신적 노력과 대중의 아름다운 삶이라는 두 상호관계에서 탄생한다. 대중의 삶을 고려하지 않은 정치가의 욕망은 사람들의 호기심과 시선만 현혹할 뿐 예술적 가치는 없다. 청계천과 광화문광장에 수백만 명의 시민들이 몰려들었지만, 이는 전시효과의 발상이지 예술적 가치의 장소로 간주되지 않는다.

그럼 어떻게 해야 도시에 아름다운 장소가 탄생하는가? 아름다운 장소는 인간을 위한 장소, 즉 인간에 관여된 지식으로 개념이 설정돼야 한다. 그래서 도시는 경제·기술의 타당성 계산이 아닌 철학·사회·역사·인류학 등의 인문학적 사유로 만들어진 세 가지 이론, 즉 감정이입, 기분, 본체로 정의돼야 한다.

감정이입은 안에서Ein 느낀다Fulen의 복합어로 도시의 장소는 그곳의 예술적 특성을 통해 삶에 활력을 줘야 한다. 시민들의 삶에 강한 힘과 목표·성취감이 솟아나게 하는 장소로, 마치 한 작품의 매력에 푹 빠져 넋이 나간 것처럼 삶이 장소의 신비감에 도취되는 것을 뜻한다.

작품에 도취됐다는 것은 '장소'라는 곳에서 벌어지는 인간의 '삶'이 예술의 세계에 몰입된 것처럼 모든 생활이 귀중하다는 것이다. 삶을 귀중하게 간주하는 장소는 풍부한 감정과 자유로운 의식의 주거지가 되어 인간 능력의 한계를 발전시킨다.

기분Stimmung은 인간의 마음 상태를 정의하는 지멜의 개념으로 이를 담은 곳은 영혼이 작용하는 장소다. 이 장소에는 인간의 존엄성과 휴머니즘이 내재돼 있다. 인간의 영혼은 의식 없는 빈껍데기의 디자인의 장소에서는 느껴지지 않으며 전체적 환경의 조화에서 가능하다. 자연을 훼손해 아파트를 세우고, 조각난 자연의 요소들을 군데군데 설치했다고 아름다운 주택가가 되지 않는다.

본체Noumenon는 칸트의 개념으로 감각과 느낌보다 그 본질의 물자체로, 인간의 지성·지식·창의력의 원천을 뜻한다. 지식의 선험적인 판단에 의한 순수 이성적 비판을 통해 장소의 가치를 판단하는 검증방식으로, 도시의 예술성은 추상적·물리적·현상학적 대상이 아니라 지식의 '선험적 판단'과 그곳에서 살아온 '경험적 결과'에 의해 아름다운 도시가 된다.

반면 우리의 도시는 어디가 아름다운가? 뉴타운을 만든다고 원주민의 80퍼센트를 내쫓는 것이 아름다운 도시를 만드는 정책인가? 낡은 다주택 지역을 깡그리 밀어버리고 고층아파트로 채우는 것을 신도시 정책으로 착각하는 무지의 정치가들을 냉정하게 거부해야 아름다운 삶의 도시가 만들어진다.

─ 《경향신문》 2010년 4월 12일자

정경유착이 서울을 '아파트 도시화'로 만든다

도시의 예술성을 정의하는 또 다른 중요한 개념은 스키마Schema와 악티알리자시옹Artialisation이다. 스키마는 고대 그리스에서 기원된 '틀, 기초'라는 뜻으로 인간의 감각적 지각을 이론과 사상으로 연계한 것이다.

악티알리자시옹은 예술화하는 과정을 뜻한다. 칸트는 스키마를 직관과 감성의 '현상'과 철학의 '범주'를 중재하는 매개 개념으로 인식했다. 보이는 자연은 아름답지만 자연을 표현한 예술도 아름답다고 말했는데, 자연을

파리의 오페라 극장은 바로크 시대를 상징하는 대표적 공간이자 시민의 공공장소다. 이 장소의 예술적 가치는 건물의 화려한 양식과 지역의 조화뿐만 아니라 이 공간에서 만들어지는 인간의 품격 있는 삶에서도 드러난다. ⓒAnthony Degremont

직관에 따라 다르게 표현할 수 있어도 자연의 본질을 왜곡하지 않아야 함을 뜻한다.

카시러Cassirer는 시골 농부를 예로 악티알리자시옹을 설명한다. 농부가 밭에서 일을 하다 자연 풍경이 아름다워 그림을 그리고 싶어졌다. 농부는 그림을 그릴수록 그간 무심코 바라봤던 자연에서 심오한 신비로움을 발견한다. 농사짓는 땅으로만 인식했던 자연이 살아 움직이는 생명체의 세계라는 사실을 깨닫는데, 이것이 악티알리자시옹이다. 예술적 사고로의 변화는 인간 개인의 관념·욕망에서 벗어나 본질을 직관하려 노력할 때 스스로 일어난다.

여자의 아름다움을 외모가 아니라 전체적·객관적 지성과 마음으로 판단한다면, 성형수술이나 화장을 안 해도 아름다움은 변함이 없다. 예술적 사고는 자연을 부동산으로만 보는 정치권력자·재벌기업의 망상으로부터 도시와 자연을 보호해 인간에게 예술적 삶을 베푼다. 도시는 현시대의 유행·상징·건설경기 촉진으로 만들어질 수 없다.

사회학 관점에서 도시의 예술성은 장소의 공공성·사회성에서 탄생한다. 그 장소에서 살아가는 시민의 삶에서 예술적 가치가 형성되는데, 인류의 평등·평화·박애·자유가 지켜지는 인간 사회의 실현이 바로 도시의 예술이다. 그래서 도시는 성스러운 가톨릭 미사나 전통의례처럼 질서와 예의를 갖춘 공동의식의 사회가 형성됐을 때 아름답다. 공공장소가 없는 도시는 그림 한 점 없는 미술관처럼 존재 이유를 잃는다. 부르디외는 도시의 예술 가치를 만들어진 형태의 결과로 판단하는 게 아니라 실제 인간이 살았던 삶의 내용과 질로 평가했다.

그는 칸트의 예술을 판단하는 인간의 보편적인 능력, 게쉬마크(맛·취향)에 따라 사회의 계급과 발전이 구별됨을 강조했다. 예술에 대한 사회의 전반적 인식은 사회체제를 형성하는 결정적 요인으로 간주돼 국가의 흥망성쇠를 결정한다.

서울 시민이 강남 고층아파트를 최고의 주거지역으로 선호했기에 서울은 '도시'가 아닌 '아파트 수용소'가 돼버린 것과 같다. 왜 한국에서는 도시의 삶에 대한 사람들의 취향이 아파트 수용소의 삶으로 와전되었는가? 예술에 대한 한국인만의 민족 성향이 아니라 자본·권력이 유착한 불균형의 사회체제로 인한 후천성 관례가 원인이다. 소시알리자시옹(사회화)과 아비투스Habitus에서 문제 원인을 찾을 수 있다.

사회화는 사회공동체의 공동생활이며, 아비투스는 인간의 모든 행동·정신 상태·품위 등을 말한다. 즉, 공동의식·공동책임의 사회체제가 확립돼야 사람들이 올바르고 정상적으로 사고하고 판단하는 사회가 된다. 사회공동체는 인간이 사용하는 언어의 문법과 같다. 언어의 문법을 제대로 인식하고 있느냐에 따라 사람들의 말이 아름답거나 거칠고 상스럽게 되는데 이것이 바로 아비투스다.

우리가 도시를 '예술적 삶의 장소'가 아닌 '아파트 분양의 장소'로 보았기에 문화·자연·인간의 존엄성이 마구 짓밟혔다. 일제 압제와 한국전쟁에서도 살아남은 문화의 흔적과 자연환경이 경제성장을 외치는 무지의 관료들에 의해 통째로 사라져버렸다.

그런데 아직도 구시대 정경유착의 방종을 정치권력으로 착각하는 세력들이 국토를 망치고 있다. 올바른 사고를 가진 정치체제가 아름다운 사회와 도시를 만든다는 사실을 이제 자성해야 할 것이다.

― 《경향신문》 2010년 4월 20일자

3부

도시를 치유하는 인간과
자연의 조화로운 공존

도시의 생명력은 어디서 만들어지는가? 바로 도시의 맥락을 형성하는 일치·조화의 개념에서 만들어진다. 조화는 한 장소에 색상·높이·재질이 같은 건물을 세웠거나 똑같은 건축양식·유행의 건물들을 모아놓았다고 형성되지 않는다. 다른 목적의 건물들과 그 지역의 도시·자연환경이 하나가 돼 변함없이 오랜 세월을 지속해야 가능하다. 즉, 도시는 눈에 보이는 것 이외에 인간의 감정과 본질이 동시에 존재하는 예술철학의 주관성과 객관성, 감각과 관념으로 정의돼야 한다.

도시의 미래를 결정짓는 혁신

도시 혁신을 위한 사회개혁

올바른 도시의 변화와 발전을 추구하는 혁신은 무엇인가? 혁신은 이상주의의 정치 이념에서만 가능한 일인가 아니면 목적을 달성하기 위해 법과 규범에 따라 강압적으로 추진해서 얻을 수 있는가?

인류는 르네상스, 프랑스 시민혁명, 산업혁명의 과정을 거치면서 혁신은 이상주의, 진보와 보수의 정치 이념에서 탄생하는 것이 아니라 진정한 사회의 개혁, 시민의 의식개혁에서 발생한다는 사실을 체험했다. 진정한 시민의 개혁만이 정상적인 사회를 완성시킬 수 있었다.

투렌*은 오늘날 사회는 산업사회를 지나면서 이미 죽음을 맞이했기에 더는 의미가 없다고 말한다. 정치과학, 경제학, 민속학, 지리학 등의 사회과학 분야에서 정의한 사회는 '시민 중심의 사회'라는 명제만 존재

---

*   Alain Touraine, *Pourrons-nous vivre ensemble*, Fayard, 1997.

할 뿐 본질적으로 요구하는 사회적 의무는 실행되지 않기 때문이다.

현대사회는 사회를 연구하는 사회학이라는 학문을 국가의 운명을 결정하는 본질적 개념으로 인정하지 않고 노인, 서민, 아동문제 등의 사회문제나 해결하는 분야로 이해한다. 사회학의 본질과 개념에 대한 명확한 정의조차 내리지 못하면서 사람들은 대충 이런저런 용어들로 사회는 이렇게 저렇게 되어야 한다고 단정한다.

사회의 본질은 '더불어 사는' 곳에서 시작한다. 더불어 산다는 것은 혼자가 아니라 모든 사람과 같이 산다는 의미로 도시는 '대우주 세계'다. 대우주 세계란 경제, 정치, 인구, 사회, 문화, 교육 등의 서로 다른 분야들이 연계된 수많은 종류의 공동체가 형성된 곳으로 여러 사람과 더불어 살아가야 하는 세계다. 그곳은 사람들 모두가 공통된 인식에서 만든 규범을 지키고 서로 가치관을 준수하며 연대책임을 지며 산다. 이러한 사회가 현시대에 구현되려면 무엇보다 공정한 사회를 위한 개혁이 중요하다.

사회는 각 나라마다 복잡하게 얽힌 사회적 요인들로 형성되었기에 국가와 민족의 정체성을 나타낸다. 옛 소련의 경우를 보면 '온 국민이 더불어 산다는 개념'이 부재된 사회였기에 정치 상황이 바뀌자 하루아침에 여러 나라로 분해되었다. 마찬가지로 한국도 정치 이념을 이유로 분단이 60년 넘게 지속되고 있다. 자체적으로 화해, 화합할 방법을 찾기보다 미국이라는 군사강대국에 의존하는 상황이 계속되는 것이다.

미국이라는 군사강대국에 의존하는 통일 방안이 아닌 자력으로 이루려면 혁신이 뒤따라야 한다. 그 변화는 그냥 주어지는 것이 아니라 뼈를 깎는 고통과 노력의 단계를 거쳐야 가능하다. 그러나 기존 세력은 정상적인 사회의 개혁보다 과학과 기술의 신제품 개발, 국민소득, 수출 증대, 국가 위상 등으로 국가의 발전을 증명하려 한다. 그러나 잘못을 분명하게 책임지는 공정한 사회를 위한 개혁만이 외부의 위기와 환란과 환경에도 변함없이 발전하는 영속성 도시를 만들 수 있다.

도시 유동성이 빚어낸 현대도시의 모순

오늘날 사회는 정보사회로 정보와 유동성이 도시 발전에 필수불가결한 기준이 되어버렸다. 정보 수준에 따라 도시의 활동성을 활발하게 움직이거나 갇히게 만들어 자동차, 인터넷, 휴대전화, TV 등이 없으면 꼼짝달싹 할 수 없는 원시시대의 삶으로 돌아가야 하는 상황이 벌어지고 있다.

도시는 인간의 존엄성이 준수되고 자연 경관이 아름답고 남을 존중하는 미덕의 장소가 아니라 복잡하고 빽빽한 교통과 통신의 조직망을 만들어 수백만 명 이상의 사람들을 붙들어 매 놓았다. 이런 관점에서 사람들은 현대의 도시를 다양한 활동을 공유하며 더불어 살 수 있는 거대한 복합체라고 명명하지만 그곳에는 두 가지 유형의 모순이 양립된다.

첫 번째 모순은 신속한 도시 유동성의 조직망이 설치되었지만 도시는 반대로 차별받고 고립된 지역이 되어간다는 사실이다. 도시 유동성은 도시의 영역을 점점 더 크고 퍼지게 만들거나 지역을 테마별로 나누어 고립과 차별화를 악화시켰다. 지역을 테마별로 분류하여 개발하는 방식은 1970년대 유럽의 지방자치단체에서 지역 활성화를 위한 조닝 zoning의 방법으로 한국에서는 마치 현시대에 유행하는 개발정책인 것처럼 '기업형, 첨단과학형, 행정중심형, 미래형, 국제도시형' 등의 이름을 남발한다.

유동성 위주의 도시개발은 건설 위주의 친기업 정책으로 변질되어 독신아파트, 노인들만 사는 실버타운, 여러 형태의 다양한 오피스텔 등의 명칭을 만들어 부동산 건설은 증가시키고 도시의 환경과 기능은 마비시킨다. 그 결과 사회와 도시의 정상적 발전을 저해하는 고밀도의 인구집중을 유발하여 지역 환경은 공해, 소음, 사생활 침해, 교통장애, 물가상승 등을 겪게 되며, 특히 자동차의 범람으로 발생하는 교통체증과 공해 문제는 매우 심각하다.

예를 들면 1960년대 유럽 사회는 인구집중으로 자동차 산업이 발달하여 자가용 시대를 맞이했다. 자동차는 그 당시 문명과 부의 상징이자 도시를 움직이게 하는 유동성의 필수 요소로 등장했고, 유럽의 도시들은 자동차 흐름을 좀 더 빠르고 원활하게 하기 위해 구시대의 유산인 느려터지고 못생긴 궤도전차들을 모두 없애버렸다. 그리고 얼마 안 가서 도시들은 자동차의 폭증으로 매연, 소음, 교통 혼잡의 심각한 공해에 시달리게 되었고, 사라졌던 궤도전철은 40년이 지난 오늘날 혁신적인 친환경 교통수단의 정책으로 부활했다.

자동차 산업이 발달하면서 도시 유동성은 발달했지만 그 유동성이 사회를 발전시키지는 못했다. 자동차가 증가하여 인도를 줄이고 도로를 넓히고 도시 주변으로 고속도로, 순환도로, 외곽도로를 마구 건설했지만 도시의 발전은커녕 도리어 체증으로 마비되고, 오염되고, 흉측해지는 착오가 발생한 것이다.

자동차라는 과학과 기술의 문명이 도시문화를 발전시킬 것으로 기대했지만 결국 운송, 유통 방면의 욕구에만 만족하는 도시로 개발되었다. 점점 더 심각해지는 공해, 교통 혼잡으로 도심에 사는 사람들에게 자동차는 이제 발명품이기보다 처치 곤란한 애물단지로 전락하고 말았다. 도심에서 자동차를 몰고 다니는 일은 돈과 시간 낭비이자, 자기과시이며 공해의 원인이 된다는 점에서 운전을 거부하는 사람들이 늘어나기 시작했다.

파리 시청은 시민들의 편안한 보행을 위해 시내 차도의 넓이를 줄이는 인도 확장공사를 시내 전역에 추진하고 있다. 자동차가 가장 많은 유럽 제1의 도시가 자동차의 운행을 강제로 줄이고 인도를 4미터에서 6미터까지 확장하여 '걷는 도시, 산책하는 도시, 걸어서 아름다운 도시'로 만들겠다는 의지다.

프랑스 대부분의 도시는 도심으로 향하는 차량 진입을 부분적으로 금지하는데 샤르트르 도시의 경우 2008년부터 도심에 차량 출입을 전면 금지했다. 자동차의 출입을 전면 금지하고 나서부터 도시는 사람과 자연과 도시문화가 한데 어울려 다이내믹한 생활환경의 도시로 재탄생했고 거리마다 자동차의 소음과 매연 대신 시민들의 웃음소리와 자연의 소리가 가득하다. 샤르트르의 에파르광장(220쪽 사진)에는 자동차의 매연과 소음 대신 바람, 나무, 햇빛, 분수들이 어울려 아름다운 도시 광경을 연출한다.

선진국과 개발도상국 간의 도시정책의 차이를 살펴보면 개발도상국은 무공해 대중교통의 사회간접시설 개발보다 고속도로, 항만, 하천, 청사, 부동산 건설 등에 예산 책정이 편중되어 있다. 그 이유는 개발도상국은 무공해 대중교통 시설은 장기투자 종목이므로 투자개발비가 매우 높고 공사기간이 길어 투자액 회수 및 이익 발생에 어려움이 많은 반면 부동산, 항만, 하천개발 등의 토건사업은 바로 기업들의 부동산 투기사업과 연결되어 단시간에 투자액 회수가 가능하기 때문이다.

2008년부터 도심 내 자동차 출입을 전면 금지한 샤르트르 도시. 사진은 에파르 광장.

　다시 말하면 장기투자의 결과는 시민들의 몫이지만 단기투자는 정치권력과 재벌들이 정경유착한 노력의 결과로 공사가 준공되기도 전에 그들의 호주머니와 금고에 돈을 가득 채워주기 때문이다.

　두 번째 모순은 도시 유동성이 고립된 개인주의 사회를 고무하여 다핵화라는 새로운 유행을 만들어낸 점이다. 다핵화는 1가구 1주택의 핵가족 개념에서 더 개인화된 1인 1가구식의 주거 형태로 마치 현시대가 개성화 혹은 독립성의 시대인 것처럼 유행을 퍼트려 건설공사의 양을 증가시키고 공동사회에 대한 시민들의 의지와 단결을 방해한다.

　이 같은 삶의 방식은 개인주의의 차별화 사회보다 고립되는 정도가 심각하여 지역 전체를 '나 홀로 감옥'으로 만들어 도시의 공간을 빽빽한 고시원 같은 아파트들로 질식케 하는 변종 악성 바이러스와 같다.

공동사회를 분열시키는 이 악성 바이러스는 부동산 토건재벌만 부유하게 만들 뿐 젊은 세대들에게 혼인 기피, 출산 거부, 독단주의 같은 사회 심리를 유발시켜 사회활동으로 결속을 다져야 하는 사회환경 대신 인터넷에 파묻혀 혼자만의 삶에 중독되어버린다. 그 결과 책임사회의 민주주의에서 타인에 대한 비방을 언론의 자유로 착각하고 병역 기피, 세금 포탈 및 탈루, 낙하산 인사, 뇌물, 청탁 등이 난무하는 이기주의적 사회 관행의 사회를 조성하고 만다.

시민들이 서로 의지하는 사회란 국가에 대한 애국심으로 발전하여 공정한 사회를 추구하고, 시민 모두가 연대책임·공동의식으로 단결하여 국가의 발전을 이끈다. 나아가 시민들이 의지하고 단결하는 사회만이 시민의 모든 권리를 지키고 정상적인 사회공동체의 자유로운 활동이 보장된 도시와 국가로 거듭나게 한다. 이런 사회는 혼자 사는 것이 아니라 더불어 사는 사회풍토가 조성되어 시민 모두가 믿고 의지하여 한 사람의 시민이라도 어려운 곤경에 빠지면 사회가 그냥 내버려두지 않는다.

현대사회의 이러한 모순은 친기업 정책을 추진하는 국가에서 많이 볼 수 있다. 정치권력과 재벌들의 유착은 근세 이후 산업사회에서 형성되어 정경유착이 깊을수록 그 사회의 인간 차별화는 더욱 심해졌다. 그러나 오늘날 인간 차별화는 산업시대보다 더 무차별적으로 인간의 존엄성을 짓밟는 인권 상실의 극치에 도달하고 말았다.

산업시대에 탄생한 부르주아는 현시대의 전지전능한 재벌로 거듭나고 상층계급으로 구성된 대규모의 기업연합체제와 결속한 정치 세력은 정치 권한을 재벌의 돈벌이를 위한 세력으로 행사한다. 대표적인 예로 한국의 재벌그룹은 3년간 지속된 외환위기에도 국내 대기업들의 자산과 계열회사는 매년 증가했다.

경향신문*은 국내 30대 그룹 계열사가 2005년 681개에서 2010년 3월까지 980여 개로 증가했다고 한다. 재벌 순위 4위까지 각각 60여 개 계열회사를 거느린 이 기괴한 현상은 유럽 사회에서는 찾아볼 수 없는 일이다. 이러한 현상에 대해 이 신문은 '이명박 정부 출범과 함께 기업의 투자 의욕 고취, 경제 활성화, 일자리 창출 등 각종 명분을 들어 추진한 규제 완화를 틈타 대기업이 활발히 사업 확장에 나선 것으로 해석된다. 외환위기를 거치면서 계열사 및 사업구조 조정 등 혹독한 시련을 겪었던 대기업들의 몸집 불리기가 본격 재개된 것'으로 설명한다.

경제위기로 서민 생활 안정을 위해 대기업의 규모 축소와 기업구조 조정을 위한 행정부의 과감한 정책이 절실히 요구되는 상황에서 정반대의 일이 벌어졌다. 행정책임자들이 어려움에 처한 서민 경제의 활성화 대신 재벌들의 투자 촉진, 일자리 창출, 건설경기 회복을 위해 지주회사 규제 완화, 건설규제 완화, 고금리통화 등 재벌의 이익 창출만을 위한 정책 탓에 재벌들은 더욱 부자가 될 수밖에 없다.

이런 권력체제의 사회에는 무슨 일이, 왜, 어떻게 일어나는지 정확하게 분석, 평가하고 의견과 방법을 제시하는 과정이 생략되어 있다. 다만 모든 정책이 시작과 결과에 대한 통보만 있을 뿐이다. 그래서 쇠고기 파동, 천안함 사건, 용산참사, 재개발 철거, 4대강, 세종시, 언론탄압, 부정부패, 호화 청사, 범법자의 고위 관료 임명 같은 심각한 문제들로 사회가 떠들썩하지만 며칠만 지나면 조용하다.

도시와 사회의 혁신과 개혁은 비정상 사회를 정의와 책임사회로 재

• 〈친기업 정책에 계열사 늘린 재벌〉,《경향신문》, 2010년 4월 2일자.

인식하게 할 '정의구현'이라는 폭탄의 심지에 불을 붙이는 일이며 정의
구현의 폭탄이 터질 때 국가의 부흥도 찾아온다. 앞서 언급했듯이 혁신
과 개혁의 목적은 도시가 정상적이고 합리적인 사회체제를 갖추어 계
급과 차별 없는 균등하고 평등한 다이내믹한 삶이 이루어지는 데 있다.
그럼에도 많은 개발도상국이 선진국의 사례를 혁신의 기준으로 모방하
거나 응용하여 추진하지만 사회혁신은 다른 나라의 사회체제와 정책을
그대로 모방한다고 똑같이 선진국의 사회와 도시가 절대 만들어지지
않는다. 문화와 문명이 앞선 나라의 도시를 똑같이 모방한다고 그 혁신
을 이룬 그 나라의 문화와 문명이 오지는 않는다.

근세 유럽의 강대국들은 지구 끝까지 자신들의 영토로 확장하려 했
던 식민지 정책을 통해 세계 곳곳에 건설한 그들의 도시가 얼마 안 가
서 그 지역 민족의 문화 수준으로 황폐해진 경험을 한 바 있다. 도시와
사회라는 나무가 뿌리를 내리고 거대한 거목이 되려면 뿌리가 땅에서
성장할 수 있는 토양과 환경이 조성되어야 하며, 단순히 다른 곳으로
옮겨 심었다고 저절로 만들어지지 않는다는 사실을 깨달은 것이다.

사회혁신의 출발점, 글로컬리즘

현시대에서 사회혁신은 마르크스의 개혁과 혁신의 개념에서 출발했
다. 그는 사회혁신을 증기기관차, 믹서, 전화와 같은 기술의 혁신으로
비유하여 새로운 사회시스템은 사회를 새롭게 변화시킨다고 했다. 결
국 현재의 사회는 그의 이론을 증명하듯 매우 복잡하게 변화되었다. 기
술과 과학의 발달을 단순히 편리함으로 만든 통신시스템의 발전으로

간주했을 뿐 사회 전체가 디지털 정보사회 체제로 바뀌게 될지 상상조차 못한 것이다. 물론 이러한 변화는 단순히 기술과 공학의 결속으로 탄생한 것만은 아니다. 사회공동체의 활동, 정치적 변화, 세계화의 움직임, 대도시의 메트로폴리탄, 개별주의 등 여러 원인이 결합된 결과다.

유럽은 19세기 중반부터 민주주의 체제의 정착과 동시에 사회와 도시의 혁신을 추진해왔다. 특히 제2차 세계대전 이후 20세기 중반부터 추진해온 지역 차별 근절을 위한 도시의 혁신은 지금까지 계속 진행되고 있다. 그런데 이 혁신정책이 다른 나라에서 왜곡 해석되는 이유는 바로 혁신을 마치 신제품의 발명쯤으로 생각하여 '보기 좋은 사업이다', '인기를 끌 만한 사업이다' 등으로 해석하기 때문이다. 이 때문에 오늘날 혁신은 과거 르네상스, 종교개혁, 산업혁명, 시민혁명 등과 같은 의미의 개혁이 재현되지 않는다. 오늘날 전 세계는 지역중심주의, 세계주의와 세계화 그리고 지역중심주의와 세계주의를 동시에 겨냥한 글로컬리즘 정책에서 혁신을 추진한다.

우선 세계화란 각 나라가 상호의존관계를 형성하여 전 세계가 같은 수준의 사회, 문화, 과학의 발전을 추구하는 개념으로 국제화라고도 한다. 글로벌리즘은 지역주의와 반대되는 이론으로 세계의 모든 국가를 하나의 시스템으로 이해하려는 통합이론으로 해석한 지구공동체의 사회를 의미한다. 또한 이 개념은 세계를 구성하는 각 국가들이 합병하여 전체를 형성하는 이론으로 이미 주요 선진 국가들은 이 이론을 세계주의로 해석하여 G7, G20 등의 조직을 만들어 전 세계를 통제한다. 전 세계의 흐름을 주도하는 소수의 강대국 연합은 결국 국제연합의 실질적 기능과 효력을 상실하게 한다.

글로컬리즘은 글로벌리즘과 지역중심주의가 결합된 개념으로 세계 수준의 지역발전을 추구한다. 글로컬리즘의 진정한 의미는 선진국의 주도로 형성된 일방적 시스템 구조의 글로벌리즘이나 경제적 이익을 위한 자유무역협정FTA, APEC, G20 등의 연합 체결보다는 모든 나라가 공통된 수준의 사회적·문화적·정치적 삶을 공유하기 위한 협약 또는 협력관계를 말한다.

오늘날 세계는 300여 개가 넘는 국가체제로 나뉘어 불균형한 상태의 사회·경제적 힘을 겨루며 비공식적으로 세 그룹이 형성되어 균형을 유지하고 있다. 세 그룹을 살펴보면 다음과 같다.

첫 번째 그룹은 최강의 군사대국 미국을 중심으로 앵글로색슨계의 영국, 캐나다, 오스트레일리아, 뉴질랜드, 라틴아메리카 그리고 일본, 한국 등으로 강력한 경제 파워 시스템을 형성한다.

두 번째 그룹은 로마 문화로 성장한 유럽공동체로 프랑스와 독일을 주축으로 27개국이 모인 유럽연합이다. 그러나 유럽연합은 강대국 미국의 눈치를 보고 양다리를 걸친 영국이나 유럽연합을 거부한 스위스, 노르웨이 등이 있어 매우 불안정한 상황이다.

마지막으로 세 번째 그룹은 거대한 영토, 인구, 생산력을 자랑하는 중국, 인도, 러시아, 인도네시아 등의 나라들로 이들은 자체적인 경제·정치시스템으로 눈부신 경제성장의 발전을 거듭하여 오늘날 강력한 세력으로 발돋움하고 있다.

세계가 세 그룹의 영역에서 세력이 형성된다는 것은 과거의 불안정한 냉전시대로 역행되는 상황이므로 이 세 그룹을 이끄는 국가들은 다시 그들끼리 G7을 조직하여 세계를 통제한다. 하지만 세계의 약소국가들은 그들 임의대로 조직한 연합을 환영하지 않는다. 그들은 "이 조직은 세계를 독점 장악하여 그들의 시장을 만들고 이 조직 이외의 국가들은 개발도상국, 비원조 국가 등의 이름으로 철저하게 외면당하고 있다"
고 비판한다. 그 이유는 선진국의 연합은 자신들의 국가적 이익이 중요
하고 세계 평등사회를 위한 정치·사회적 문제는 국제연합이 해야 할
일로 떠넘기기 때문이다. 그들은 오늘날 가장 심각한 지구의 자연재해
와 불평등의 사회 문제보다는 경제협약, 무역 증대, 고용창출, 외화 획
득 그리고 선진연합을 위협하는 테러집단과 전쟁을 치르는 일이 더 중
요하다고 간주한다.

G20은 G7의 세력을 부러워하던 신흥개발국을 포용하면서 탄생했
다. G7 국가에 충성을 다짐하는 국가들 중 한국 같이 경제 능력이 양호
한 나라를 끼워 넣어 분담금 납부의 역할을 맡게 한 것이다. 세계의 많
은 나라가 선진국과 큰 차이 없이 경제와 군사력이 향상되었기에 G7의
세력으로 세상을 통제하기에는 역부족인 상황이다. 그래서 그들은 세
계를 그들의 무대로 계속 유지하는 데 필요한 막대한 경제 지원, 군대
파병 등의 경비를 일부 신흥개발국이 분담하는 자격을 부여했다. 이에
오랜 기간 G7의 눈치만 보던 신흥개발국은 선진국과 어깨를 나란히 할
수 있다는 사실에 감격하여 그들이 원하는 대로 군대 파병, FTA, 쇠고
기 수입, 군사공동훈련, 세계정상회의 등에 앞장서서 추종하는 해프닝
이 벌어진다.

프레시안*은 2010년 열리는 G20 정상회의를 앞두고 한국 정부가
'경호안전특별법'을 10월 1일자로 제정했다고 보도했다. 국제노총ITUC
과 인권단체는 '특별법 자체가 국제회의 개최를 위해 인간의 기본권을
무시하는 법으로 법안의 폐기를 주장'했다고 한다.

---

* 〈노점상 단속에 G20 계엄령까지〉, 《프레시안》, 2010년 10월 2일자.

국제회의를 위해 경호를 강화하는 것은 당연한 일이지만 주최 국가가 시민단체의 집회를 근절하고 시민의 노점상, 노숙인, 이주노동자들의 단속을 강화하는 특별법을 즉흥적으로 만들었다는 사실은 시민의 인권을 침해하는 행위이기 이전에 세계화의 개념에 정면 위배되는 일이다. 이는 글로벌리즘의 의미가 선진국 위주의 세계 통치 지배구조에 맞춰 극히 계산적이고 허황된 독점 자본주의적 세태로 변질되고 있으며 한국은 그들의 하수인으로 지나친 충성을 맹세하고 있음을 보여준다.

선진국은 국가 경제성장률, 국민총생산, 주요 국가 회원 같은 기준에서 만들어지는 것이 아니다. 한국이 아무리 국민소득이 높아졌다 해도 전 세계가 한국을 선진국으로 보지 않고 경제수출국 혹은 철저한 물질지상주의 국가로 보는 이유가 바로 여기에 있다.

세계 최강의 군사력을 자부하는 미국도 수많은 사람이 경제위기로 거리의 노숙자가 되고 서민들은 의료보험이 없어 제대로 치료받지 못해 죽고 사회차별주의로 게토가 형성되어 거리의 폭력이 난무하는 상황이 벌어진다. 전 세계의 수많은 민족이 모여 만들어진 연합국가이기에 이러한 현상은 어쩔 수 없는 것으로 해석하지만 캐나다, 오스트레일리아, 뉴질랜드는 미국과 같은 다인종 연합국가이지만 미국보다 민생이 더 안정적이다. 국가 발전을 위한 정책이 경제성장, 국제 경쟁력, 군사력, 재벌 위주가 아닌 자국민의 안정을 위한 사회체제를 가장 중요하게 추진했기 때문이다.

이 세계가 더는 몇몇 선진국으로 통제, 지배되는 시대가 되어서는 안된다. 만일 글로벌주의가 G7, G20이 이끌어가는 체제라면 세계평화와 지구환경은 더욱더 악화될 것이다. 오히려 국제연합의 역할이 강화되어 세계 각국이 더 밀접한 상호의존관계가 형성되어야 균등의 국제사회가 형성될 수 있다. 진정한 세계화는 돈과 군사력을 많이 가진 몇몇 나라의 조직으로 통제될 수 없으며 300여 개가 넘는 국가체제의 다양한 연합이 동일한 시각에서 추진되어야 통신, 교통, 산업, 기술, 과학, 경제가 발달하고 정치·사회의 혁신이 이루어져 균등한 세계, 더불어 사는 세계가 된다. 나아가 세계 모든 국가가 균등한 문화 수준의 삶을 살아갈 때 모든 국가는 그 민족만의 정체성을 보전하게 되고 동일한 삶의 환경이 조성된 도시를 만든다.

도시와 사회의 혁신은 중도정치의 실현에서 이루어진다. 어느 쪽으로 치우치지 않고 중용과 중정한 길로 꾸준히 걸어가는 중도정치는 이해, 용서, 배려 등의 감정적이고 주관적 관념이 아니라 객관적이고 합리적 판단에서 형성된다. 예를 들면 한국의 과거 정권에서 북한과 평화와 통일을 위해 화해, 대화, 경제협력 등의 햇빛정책으로 대통령이 노벨 평화상을 받고 전 세계의 이목을 끌 수는 있었지만 그 정책이 합리적 논리에 기반을 둔 사회혁신을 촉진하는 중도정책이라고 말하기는 어렵다. 결과적으로 햇빛정책은 기대와 달리 성과와 발전 없이 국세만 비공식적으로 낭비한 인기 위주의 정책으로 간주되고 말았다. 사회혁신의 정책은 보수도, 좌익도, 진보도 아니며 자유방임주의에서 벗어난 신자유주의나 수정자본주의의 이념도 아니다. 그것은 변증법적 합리론을 원칙으로 접근하는 균형사회의 실현으로 상호의존성의 원칙에서 출발한다.

상호의존성의 원칙은 이미 앞에서 살펴본 '경제, 정치, 사회, 문화, 영토' 등 사회의 모든 분야가 서로 균등한 상호의존관계의 사회체제일 때 도시의 혁신이 가능하며 세계화를 주도하게 된다.

첫째, 경제 분야는 서비스와 생산의 이익 발생이 목적이지만 그 이익은 재산 증식의 역할을 한 당사자들만의 분배가 아니라 사회에 환원되어야 한다. 모든 이익이 기업의 재벌 가족·투자자·임직원들에게 성과급·배당금으로 분배된다면 그 사회는 불균등한 차별사회일 뿐이다. 경기부양 정책이 고용창출, 수출 증대를 목표로 기업의 이윤 증대를 위한 기준에만 맞춘다면 사회는 기업들의 약육강식 세계가 되어버린다.

한국의 토건재벌은 가상공간을 상품으로 둔갑시켜 팔아치우는 사전분양제도로 수십 년 동안 부동산 투기를 조장하고 내 집 마련을 위해 평생 일한 무주택자들의 피와 땀을 착취하여 재벌이 되었다. 기업들의 비윤리적 경제놀이는 더 많은 이익을 내기 위해 증권, 주식, 채권, 펀드, 고리대금업 등의 분야에서 새로운 투기 신상품을 개발하고 도시 전체를 카지노 도박장처럼 만들었다. 경제 분야가 사회의 다른 분야와 균등한 관계가 아니라 사회를 독점하고 있기에 이런 현상이 나타난다.

둘째, 정치는 시민의 삶의 권리를 보장해주는 도덕적 철학이 그 바탕을 이룬다. 하지만 불균등사회에서는 정치적 권한이 곧 권력이다. 선거 때마다 불거지는 정치가들의 공약은 시민들을 대상으로 사기행각을 벌이는 것과 같다.

현재 한국에서 가장 심각한 사기 행각은 행복도시 건설 혹은 살기 좋은 지역개발이라는 뉴타운사업이다. 이 사업은 살기 좋은 지역의 개발이 아니라 그곳에서 수십 년 살아온 지역 주민을 내쫓는 범죄다. 때문에 국가에서 추진하는 모든 지역개발정책 대상은 우선적으로 취약계층, 저소득층, 무주택자들을 위한 것이어야 하는데 행정권자들은 부자들 위주의 사업을 벌이고 있다. 특히 주택정책에서 정부의 지역개발사업이 발표되면 기업들은 임의대로 건물을 짓고 팔지만 서민들을 위한 사업이라며 정부로부터 어떠한 제재도 받지 않는다. 그러나 이는 개발정책이 아니라 시민의 땅을 기업에 팔아먹는 행위다. 이러한 부당한 정책을 막으려면 주택정책에 사전분양제도가 존재해서는 안 되며 세입자들을 위한 법적 보호장치를 마련해야 한다. 또한 재개발 지역은 그 지역에 사는 세입자들을 그 전과 똑같은 조건으로 새로 건설되는 공동주택에 전원 입주하도록 해야 한다. 예컨대 아파트가 들어 서기 전 월세 10만 원을 내고 살았다면 새로 지은 아파트도 10만 원으로 배정하는 것이 진정한 의미의 재개발 정책이다.

셋째, 사회는 모든 사람이 서로 의지하고 믿고 공동으로 책임지는 사회를 만들고 차별지역, 부정부패를 근절하여 평등한 삶을 보장해야 한다. 도시에는 시민공동체의 사회활동을 촉진하는 광장, 공원, 도서관, 문화시설 등의 공공장소가 상가, 비즈니스 빌딩보다 더 많이 들어서야 한다.

도시의 모든 개발정책은 그 지역개발의 총 건설 면적의 일정한 비율을 확정하여 지역 주민을 위한 공공장소를 의무적으로 조성해야 하며 광장, 공원, 복지, 문화, 교육 등의 주요 장소는 변두리가 아니라 도심에 형성해야 한다. 도시의 공공장소가 많을수록 시민의 공공활동이 활발해지고 출산율과 취업률이 높아진다.

출산율은 우선 안정된 가정환경에서 출발한다. 주거, 의료, 문화, 사회의 모든 기능과 역할이 충족되어야 출산율이 정상화되는데 맞벌이 부부가 마음 놓고 일할 수 있도록 탁아소, 유아원, 유치원의 아동 전문 시설이 확립되어야 한다. 또 아이를 출산하는 서민 가정은 교육비, 건강의료비, 기초생활비, 임대주택비 등의 문제가 해결되어야 하며 고령화시대를 맞춰 노인의 건강과 사회활동을 위한 후생복지시스템의 시나리오가 구축되어야 인구 비율이 정상화된다.

고용창출은 국가의 경제력을 향상시키는 요인으로 일자리는 기업이 만들어내는 것이 아니라 국가정책에서 만들어진다. 무지의 정치권력자들은 기업이 사람들을 직원으로 고용하니 기업이 일자리를 만든다는 생각에 정부보조금을 제공하는 아이러니한 현상이 벌어진다. 고용정책이 무역수지, 경제성장률을 높이기 위해 추진하는 기업 보조금, 융자, 세금 면제, 고환율 정책 등으로 와전된 경우로 이 정책은 기업의 성장을 위한 친기업 정책일 뿐이다. 일자리는 시민들의 능력에 따라 스스로 만들어가는 것이고, 국가는 시민들이 일자리를 얻도록 능력을 키워줄 의무가 있다. 따라서 고용정책은 실직을 당한 사람들과 직업이 없는 사람들이 어떤 능력이 있는지, 어떤 생활환경인지 사회가 얼마나 관심을 기울이느냐에 따라 성공 여부가 결정된다.

프랑스의 고용정책을 살펴보면 정부는 실직자들의 고용을 위해 8단계로 분류하고 고용전문기관에서 그 업무를 담당한다. 실직자들에게 직업을 찾아주기 위한 8단계 과정은 전액 무료이며 교육을 받는 동안 기초생활비 이외의 특별수당금, 교통비 등을 정부에서 지급한다.

1단계는 자기 능력을 발견하는 과정으로 전공에 상관없이 본인과 전문가가 일대일로 6주간 그 사람의 능력을 찾아낸다. 이 사람에게 무슨 재능이 있으며 만일 재능이 있다면 어떤 분야에 필요하고 적합한 재능인지를 분석하여 그 결과에 따라서 적합한 직업을 선택하고 그 분야에 관련된 전문기술과 전문교육을 받게 한다.

2단계는 직업을 선택해주는 과정으로 3개월 동안 본격적으로 그 사람의 직업을 찾아준다. 2단계 과정은 1단계를 거친 사람들과 1단계 과정이 필요 없는 직업기능이 있는 사람들을 위한 과정이다.

3단계는 일정한 수준이 필요한 전문성을 가진 사람들을 위한 과정으로 일주일 동안 각 분야의 사람들이 그들이 원하는 직업을 찾기 위한 전략과 방법을 가르친다. 워드문서, 그래픽 제작, 프레젠테이션 방법, 취직하고자 하는 기업 정보 등을 상세히 알려준다.

4단계는 이 사람이 왜 직업을 찾을 수 없는지 그 원인을 상세하게 분석하는 과정으로 약 6개월 동안 재교육을 실시한다. 직업을 못 찾는 이유와 문제점을 분석하여 방법을 찾는 과정으로 대인관계, 성격, 가정 문제, 버릇, 질병, 심리, 우울증 등의 특별한 문제를 찾아 그 원인을 구체적으로 분석한다.

5단계는 자영업, 회사를 설립하려는 창업주들을 위한 과정으로 회사 설립을 위한 준비 과정을 도와준다. 이 단계의 사람들은 대부분 회사의 창업주, 전문경영자로 특별한 교육 과정은 필요하지 않으므로 창업을 위해 필요한 상공회의소, 정부의 창업보조금, 고용 인원에 대한 혜택, 세금 면제 등의 분야를 상세히 설명해준다.

6단계는 일자리를 찾는 사람들에게 일정한 시험, 사회적응능력 테스트, 적성검사, 심리분석 등을 실시하여 합리적 관점에서 자신에게 알맞은 직장을 선택하도록 유도한다. 가령 무역회사에서 일한 경험이 있는 사람에게 전혀 근무한 적 없는 변호사 사무실에서 일할 수 있는 능력을 발견하고 그 직장을 소개해준다.

7단계는 기업이나 정부기관에서 일정한 자격을 가진 사람들을 고용기관에 의뢰하여 선별하는 방식으로 고용기관에서는 그 기준에 맞는 사람들을 선별하여 각종 시험, 능력 검사를 약 80시간에 걸쳐 실시한다. 이 과정은 전문가들을 선별하여 공기관의 일방적이고 부적합한 입사 기준을 객관화하여 선별하거나 기업에서 입사 자격심사를 정확하게 하지 못하는 경우를 대비하여 전문 국가기관에서 엄격하고 공정하게 심사하여 선별한다.

　마지막 8단계는 새로운 아이템으로 회사를 창설하려 하거나 기존 회사를 인수, 합병하려는 기업주를 위한 과정으로 6주간 전문경영자 교육을 실시한다. 이 과정에서 기업 운영에 필요한 금융전문가, 법률사무소, 세무서, 경영전문가 등을 초빙하여 전문적인 교육을 받게 한다.

　고용창출의 문제는 정부가 전문가들로 구성된 고용기관을 도시의 각 지역마다 설치하여 집중적으로 실업자들의 문제를 공략한다면 고용문제를 해결할 수 있다. 앞에서 살펴본 8단계의 과정을 통하여 실업자들의 현실적 문제가 무엇인지 집중 분석한다면 실업 문제가 사회적 골칫거리로 등장하지 않을 것이다.

　넷째, 문화는 인간의 다양한 사회생활로 종교·예술·커뮤니케이션·도덕·교육 등의 분야에서 이루어지는 활동을 말한다. 종교단체는 사회에 영향력을 행사하는 세력 단체가 아니라 시민의 삶을 지켜주는 휴머니즘이 있어야 한다. 예술은 사회 전체가 만족하는 형평성·객관성·예술적 원칙을 준수하고 생활을 변화시켜 인류의 가치를 높여준다.

　커뮤니케이션은 정보매체를 통해 세상을 살아가는 지혜와 자세를 일깨우고, 사회를 바라보는 균형 잡힌 시각을 키워준다.

　교육은 일확천금을 얻거나 기회주의의 출세를 위한 온갖 편법의 수단과 방법을 가르치는 것이 아니라 평등한 사회로 발전시키는 능력과 도덕을 지닌 인재를 키우는 데 그 목적이 있다. 특히 한국 사회에서 교육과 관련한 문제는 어느 한 분야에 국한되지 않고 유기적 관계를 맺고 있어 해법을 찾기가 쉽지 않다. 그중 평준화 문제를 살펴보면 모든 국공립, 사립 교육기관의 교원들은 정부에서 일괄적으로 심사하여 교수, 교사 자격을 부여하고 능력평가제를 적용하여 관리한다면 전국의 평등한 교육이 실현될 수 있다. 그러려면 교육기관의 학위는 대학에서 자격심사를 하는 것이 아니라 정부학위평가원에서 심사, 수여해야 각 지역의 학교마다 천차만별인 학교의 질이 평준화될 수 있다.

경향신문*에 따르면 자기 집을 소유한 월수입 550만 원 중상계급 가족이 사교육비 때문에 문화생활은 불가능하다고 한다. 하물며 집도 없이 월소득 200만 원 이하로 살아가는 서민 가정에 문화생활을 기대한다는 것은 상상도 할 수 없다. 혁신정책은 최저 소득자들, 빈곤층의 가족들도 기본적인 문화생활이 보장되는 정책을 의미한다.

마지막으로 영토는 부동산이 아니라 동식물로 형성된 복잡하고 다양한 자연생태계의 영역으로 도시에 활동력을 공급하고 산업을 발전시키는 국가 재산이다. 만일 자연생태계가 개발정책으로 파괴되어 자원고갈, 오염, 이상기후 등이 발생한다면 그것은 단지 국가 비상사태의 문제일 뿐 아니라 인류 종말의 위기를 뜻한다.

한국의 건설정책은 바다를 매립하고 강을 준설하고 산을 깎아 생태계를 초토화하여 완전히 다른 세상을 만들어놓고 살기 좋은 지역으로 개발했다고 말한다. 강원도의 어느 공기업은 경기 악화로 주택이 미분양되자 건설 중인 건물들을 통째로 파묻고 그 위에 소나무 100여 그루를 심어 위장했다고 한다. 이처럼 한국에서 진행되는 개발은 자연을 파괴하는 행위에 아무 거리낌이 없다. 국토가 국민의 재산이 아니라 개인의 소유물로 인식하여 부동산을 마음대로 사들이고 파헤쳐 다시 몇 배로 비싸게 팔아도 전혀 문제가 되지 않는다.

- 〈주거의 사회학, 1부 뿌리 없는 삶─④같은 사람, 다른 삶〉, 《경향신문》, 2010년 4월 7일자.

결론적으로 사회의 혁신은 경제성장이나 지역개발의 정책이 아니다. 한국의 중앙정부와 공기업의 부채는 이미 국민총생산의 60퍼센트를 추월하여 610조 원으로 늘어났고, 지자체의 채권 남발은 지난 2년 동안 17배가 넘는 심각한 상황에 이르렀다. 여기에 정경유착으로 공·사의 부정부패는 더 심해져 한국의 사회체제는 이미 뇌물시스템으로 통용되는 수준에 이르렀고 불안정한 경기침체에 부동산 가격의 거품이 빠지면서 도산하는 건설업체가 늘고 있다.

사회혁신을 위한 정책은 사회 전체가 균등한 다가치성을 추구하는 체제에서 실현될 수 있다. 이를 위해 국제적으로 통용되는 원칙과 합리적 개념을 준수하여 한국적 가치로 발전시키는 글로컬리즘을 추진해야 할 것이다. 또 사회혁신을 위한 각 분야의 전문기관과 상호의존관계는 그 지역, 그 도시만의 상황과 조건으로는 아무 소용이 없으며 지역과 국가의 한계를 벗어난 세계화의 사고에서 가능하다.

혁신과 개혁의 도시정책 그리고 메트로폴리스의 변화

혁신정책이란 뚜렷한 개혁 목적이 검증되어 시민 모두가 그 목적에 이의를 제기하지 않고 공감하는 정책을 뜻한다. 시민 모두가 공감하는 정책은 다수당의 의결로 결정하고 매번 언론을 이용해 해명과 설득을 하는 정책을 의미하지 않는다.

바상*은 1990년에 대도시를 연결하는 스위스 고속전철 계획을 예로

*   Michel Bassand, *Cites, Villes, Metropoles*, PPU, 2007.

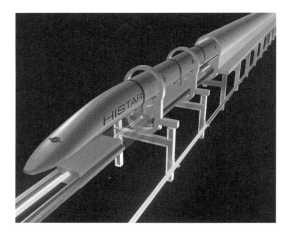

스위스 지하 고속전철 계획.
ⓒ스위스고속철도단

들어 혁신적 사업이 무엇인지를 설명했다. 스위스는 알프스 산악지대에 지하터널을 뚫어 시속 500킬로미터의 자기부상 고속철도를 건설할 계획이었다. 그러나 고속자기부상열차가 시속 500킬로미터로 달리려면 지하터널을 진공 공간으로 만드는 최첨단 과학기술의 성공 여부가 관건이었다. 이에 전 세계의 이목이 집중되었고, 스위스 정부는 의기양양하게 이를 혁신적 프로젝트로 간주했다.

그러나 이 사업은 많은 학자가 문제점을 제시하면서 스위스 시민이 모두 반대하는 사업으로 전락하고 말았다. 문제의 핵심은 아직 검증되지도 않은 자기부상 공학기술에 인간의 생명을 담보로 맡긴다는 자체가 비합리적이며 사고가 절대 나지 않는다는 과학자와 기술자들의 공법과 안전장치에 관한 자료와 설명을 백퍼센트 신뢰할 수 없다는 이유였다.

스위스 지식인 연합은 한 시간을 단축하기 위해 지하 깊숙이 진공터널을 뚫고 자연환경을 파괴하는 것보다 터널을 뚫지 않고 현재의 케이블 열차로 천천히 자연경관을 보면서 달리는 것이 더 현명하고 지혜로운 방법이라고 결정했다. 결국 세계적으로 인정받는 아름다운 스위스의 자연환경을 혁신정책이라는 이유로 파괴하는 행위는 용납할 수 없는 무지의 정책으로 간주한 것이다. 뿐만 아니라 양심적인 경제학자들은 이 첨단사업이 진행되면 관광객들이 현저히 감소하고 기존 열차산업 외에도 철도에 연계된 많은 산악도시도 고립되어 발전을 멈출 것으로 판단했다.

첨단사업을 운운하고 시민들의 편리와 국가 경제력을 향상시킨다는 이론은 현시대의 상식에 통용되지 않는 정치적 수법으로 이런 사업을 혁신정책이라 말하지 않는다. 세계 최고의 첨단사업이 될 뻔했던 스위스 정부의 자존심이 걸린 이 사업은 지금까지 재벌 세력의 희망 사업으로 남아 있지만 현실적으로 가능성은 없다.

현재 이 지구상에는 이 같은 첨단사업을 비롯한 엄청난 대규모의 도시건설이 진행되고 있다. 하지만 세계 최고라 부르짖는 이런 유형의 사업들이 과연 자연환경과 시민의 의견을 존중하는 진정한 의미의 혁신사업인지 또 혁신개발의 의미가 과연 어떤 목적으로 추진되는지 살펴봐야 할 것이다.

예컨대 두바이에 2010년 1월 개장한 부르즈 칼리파는 162층 건물로 총 높이 828미터에 이르는 세계 초고층 빌딩이다. 그러나 세계에서 가장 높은 건물이 되기까지 인도, 방글라데시, 파키스탄 노동자들에 대한 노동 착취와 인권유린이 자행되었다고 세계 언론은 전한다. 사업건설에 따른 노동 착취 현황을 보면 전문 목수는 일당 7.6달러, 일반 노동자는 일당 2.85달러에 노동을 착취했다. 마침내 2006년 3월 인근 공사장에서 폭동이 일어났고 인근 지역까지 퍼져 나가 100만 달러가량의 피

두바이 부르즈 칼리파의 공사 진행 모습(2008). ©Imre Solt

해가 발생했다.

　돈을 벌기 위해 사막의 나라에 온 가난한 노동자들의 임금까지 착취하면서 세계에서 가장 높은 건물을 건설하는 행위가 21세기를 증명하는 혁신적 개발정책이라고 말할 수는 없다. 아마도 이 자랑스러운 세계 초고층 건물이 존재하는 한 '임금 착취의 걸작'이라는 꼬리표도 함께 붙어 다닐 것이다.

　머니투데이＊에 따르면 2020년까지 세계에서 가장 높은 건물 20개 중 4개가 한국에서 지어지는데, 인천 송도에 151층, 서울 잠실에 555미터, 부산에 510미터와 550미터 높이의 건물들이 건설될 계획이라 한다. 만일 이 초고층 건축의 목적이 지역과 도시의 발전이 아니라 기업의 부

＊　〈세계 초고층 건물〉, 《머니투데이》, 2009년 2월 27일자.

동산 이익을 창출하고 과시를 위한 것이라면 이 사업들은 그 지역과 도시 발전에 방해하는 결과를 가져올 뿐이다.

건축의 목적은 건물의 크기와 디자인으로 결정하는 것이 아니라 '도시는 사회공동체의 장소'라는 본질에 맞춰 만들어야 한다. 도시의 장소들은 그 주위의 주거환경, 교통, 교육, 문화, 자연 등의 영역과 조화를 중요시 여기는 시나리오에 근거해 완성해야 한다. 그렇지 않으면 이러한 초고층의 건물이 들어서는 순간 이 지역에서 영속적인 시민들의 삶은 사라지고 콘크리트와 철골 구조의 거대한 구조물만 남게 된다.

혁신적 개발정책은 사회 각 분야의 '상호의존성' 이외에 '모든 학문과의 종합적 관점', '다른 학문과의 제휴된 관점'에서 정책의 당위성이 결정된다. 이 세 가지 개념은 소우주 세계와 대우주 세계를 연계하여 침체된 공동체 활동을 활발하게 만드는 다이내믹한 도시 유동성을 활성화하고 지역 환경에 변화를 가져와 이전의 도시 형태를 교체하는 대체도시화를 가능하게 한다.

대체도시화의 개념은 과거와 현재의 시점, 그 시대의 때와 장소가 동시에 보전되어야 하는 의무가 있기에 개발정책은 반드시 '현재의 원인'과 '미래의 결과'가 일치하고 책임이 뒤따라야 한다. 이러한 조건하에서 인구 수백만 명이 사는 대도시의 생활환경과 인구 수백 명이 모여 사는 시골 동네의 생활수준을 동등하게 한다면 오히려 자연환경의 장점이 더해져 시골을 도시보다 더 살기 좋은 지역으로 만들 수 있다.

한편 20세기 후반 서민 경제를 외치며 대도시 외곽지역을 날림공사로 싸구려 촌을 만들었던 유럽의 진보정책이나 새로운 콘셉트, 새로운 디자인, 새로운 첨단공학, 새로운 건축자재 등을 외치며 국민의 혈세로 국제도시, 세계디자인, 국제플라자 등을 외치는 현시대의 정책도 이제 더 허용되어서는 안 된다.

　도시의 혁신은 앞에서 설명한 보편타당성의 원칙에 따라 사회 모든 분야의 지식인들이 분석, 검증, 평가한 과정을 거쳐 결정한 정책일 때 개발하려는 도시의 미래를 명확하게 예측할 수 있다. 따라서 도시의 크기, 면적, 성격, 부피, 환경의 유형 등을 결정하는 형태학적, 기술적 조건 등의 구체적 사항은 그 다음 문제다. 다시 말해 낙후된 지역을 재개발할 때 먼저 그 지역이 언제, 어떻게 형성되었으며 지금까지 어떻게 진화해왔는지, 지역의 문제와 특성이 무엇인지, 재개발을 하면 누가 큰 혜택을 얻는지 등의 분석 과정이 더 중요하다. 이러한 과정은 과거에서 현재까지 생성된 그 지역만의 사회적 요인과 역사적, 문화적 가치와 기록을 통해 지역개발에 도움이 된다.

　그러려면 모든 도시의 정책은 계획, 착공, 준공 단계로 만들어지는 것이 아니라 사회학적, 인류학적 사고와 개념으로 잉태되어 천천히 성숙하는 도시가 되어야 한다. 콘크리트 양생기간을 근거로 만들어진 공정 스케줄로 도시를 건설한다는 것은 그 도시를 준공과 동시에 합병증에 걸려 부패되고 치료하지 않으면 곧 썩어 죽게 하는 일이다. 이런 유형의 과오들은 전문가의 진단과 판단을 거치지 않은 행정관료들의 근시안적 판단과 대책 그리고 국회 다수당의 결정이 정책으로 둔갑한 데서 비롯되었다. 정상적인 도시로 거듭나기 위한 노력은 과거의 잘못된 관행을 바로잡는 데서 출발해야 한다. 그럴 때 비로소 개발지역의 정체성을 찾고 사회공동체의 기능이 되살아난다.

　그렇다면 현시대의 메트로폴리스는 어떤 병을 앓고 있으며 어떻게 치료해야 하는가?

　메트로폴리스의 기원은 근세 이전의 산업도시에서 19세기 이후 영역이 확장된 도시를 말한다. 메트로폴리스가 형성된 근본적 이유는 도시로 몰려든 인구증가에 있었다. 엄청난 인구를 수용하기 위해 지역도시와 시골 마을을 흡수하는 도시 변환 과정을 메트로폴리스화라 한다. 물론 작은 규모의 도시가 갑자기 메트로폴리스로 변한 원인이 인구집중 때문이기도 하지만 여기에는 도시와 지방 간의 일자리, 교육, 문화, 주거환경의 차이가 자리한다. 메트로폴리스화는 제1, 2차 세계대전 종식 이후 선진국에서 시작되었고, 1920~1960년대까지 이어지다 차별 사회의 문제로 외곽지역에서 유혈 폭동이 발생하자 1970년 이후부터 대도시화 정책 자체가 사라졌다. 반면 한국 같은 경제성장 위주의 국가에서는 여전히 대도시화가 진행 중이다.

도시 주변의 지역들이 몹시 낙후되어 도시화의 과정을 계속 진행해야 한다면 이때 대도시화의 정책은 낙후된 지역의 삶의 수준을 향상시키는 문화적, 역사적, 환경 친화적 관점에서 개발되어야 한다. 이는 의식주 해결의 닭장 아파트, 매연과 오염으로 가득 찬 산업단지, 건물만

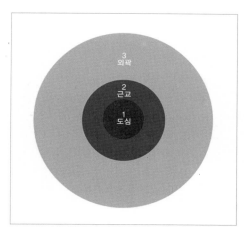

도심, 근교, 외곽의 테두리가 형성된 파리.

우뚝 서 있는 행정지역, 체육시설만 덩그러니 놓인 선수촌, 볼품없는 첨단과학단지, 창고 같은 대형 쇼핑몰, 교화시설 같은 대학 캠퍼스 등의 마구잡이 건설을 의미하지 않는다.

오늘날 대도시에서 가장 문제가 되는 점은 기존 도시의 보전이다. 조선시대의 수도 한양은 600여 년 전 성곽으로 둘러싸인 도성 안에 자리 잡고 있었다. 한양은 유럽의 도시 파리와 마찬가지로 시테였으나 대도시화 과정에서 동서남북 사대문 안의 옛 도시를 흔적도 없이 거의 파괴한 반면 파리는 옛 도시를 그대로 간직하고 있다는 데 차이가 있다.

파리는 기원전 4200년경 성곽으로 둘러싸인 작은 마을이었는데 지금은 도심의 앵트라뮈로스Intra-muros로 남아 있다. 파리는 1870년부터 1940년까지 성곽 근교에 방리유Banlieue라는 근교도시를 흡수하고 대도시화되어 앵트라뮈로스에 약 250만 명, 근교와 외곽에는 인구 1200만 명이 사는 세계에서 여섯 번째로 큰 대도시가 되었다.

1961년 드골 정부는 지역 차별의 문제를 해결하기 위해 신도시의 개

파리 근교 라데팡스. ⓒJean-Christophe Benoist

도시의 미래를 결정짓는 혁신

미국의 콜로라도 스프링 시. ©David Shanbone

념을 정립하여 파리 도시와 차별 없는 재개발을 선포하고 외곽을 연결
하는 외곽전철RER 사업을 전개했다. 이는 파리 외곽의 재개발정책으로
파리 도심, 근교, 외곽으로 형성된 세 단계의 테두리 도시(241쪽 그림)가
만들어졌고, 1980년대에는 라데팡스 등의 21세기를 상징하는 지역이
만들어졌다.

파리와 같은 대도시와 외곽철도 혹은 수도권 전철로 연계된 근교와
외곽의 지역개발은 대도시와 같은 성격으로 다양한 주제와 소재로 발
전한 반면 미국의 콜로라도 스프링 시는 출입구가 보이지 않는 막다른
골목의 지역을 만들어놓았다.

또 무주택자를 위해 대도시 주변을 개발하는 개발정책을 추진한다
면서 투자가치가 없는 지역은 수십 년간 그대로 방치해버렸다. 인도의
판자촌(244쪽 사진), 남아프리카공화국의 빈민촌(244쪽 사진) 그리고 한국

1973년 델리, 비동빌(위). ⓒWade Rathke
남아프리카공화국 빈민촌(아래). ⓒMatt-80

도시의 미래를 결정짓는 혁신

의 재개발 지역 및 달동네 등이 대표적이다.

한국은 지난 40년 동안 서울 외곽과 경기도 일대에 엄청난 물량의 아파트 집합소의 신도시를 건설해놓았지만 1960년 초기에 달동네로 형성되었던 서울의 삼선동(246쪽 사진) 지역은 2010년 현재까지 그대로 방치하고 있다.

한국의 달동네는 유럽의 비동빌과 그 개념이 다르다. 유럽의 비동빌은 정부가 무주택자들을 위한 주택정책으로 1960년대 전후로 건설되었지만 날림공사 때문에 초라하게 낙후되었을 뿐이다. 하지만 한국의 달동네는 정부가 시민의 생존권 보장을 위해 날림공사의 주택이라도 공급하기는커녕 시민들을 도리어 살던 지역에서 내쫓아 그들 스스로 생존을 위해 만든 지역이다.

한국의 달동네는 정부가 시민을 죽게 내버려둔 20세기의 실질적인 한국의 도시정책을 고발하는 상징이다. 이는 1960년대 이후 박정희 독재정권이 30여 년 동안 펼친 잘살기 운동이 결과적으로 시민의 생존권을 말살시킨 정책임을 말해준다. 이후 무지의 정치권력자들은 시민의 생존권을 약탈한 대가로 오늘날 재벌 조직을 낳았고 이들을 경제성장의 주역이자 기적의 영웅으로 둔갑시켰다. 그리고 아직까지 정치권력자들은 재벌에게 머리를 조아리며 시민을 약탈하는 도적질의 전통을 답습한다.

재개발은 이전의 도시 형태와 자연환경을 보전하여 그 지역만의 특색 있는 도시 개념으로 추진되어야 한다. 도심과 외곽의 단절로 마비된 각 지역사회를 활성화하여 지역 간의 사회적 교류를 촉진하려면 대중교통 이동수단, 정보통신의 조직망, 각 지역의 자연생태 등의 주제가 정책의 핵심이어야 한다.

서울 성북구 삼선동 달동네(2009). ⓒ권태훈

    도시가 비대해지면서 상대적으로 빈곤해진 외곽지역의 문제를 해결하여 다이내믹 도시로 재탄생시키는 정책이 대체도시화의 방법이다. 그 대표적인 예가 현재 프랑스에서 추진 중인 그랑파리 프로젝트다. 그랑파리 정책의 핵심 주제는 '다이내믹 도시의 재창조'다. 이는 기존 도시 형태에 내재된 문화, 사회, 교육, 예술, 역사 등의 강력한 문화적 잠재력을 개발하여 지역의 삶을 재탄생시키는 혁신적 사업이다. 파리 중심과 외곽에 사는 시민들에게 같은 삶의 질과 활력을 공급하고 여행객들에게는 좀 더 아름답고 효율적인 도시환경을, 학생과 지식인들에게는 안정되고 풍요로운 혜택을 제공하여 파리 전체가 차별 없는 도시를 만드는 것이 정책의 핵심이다. 이를 위해 파리가 세계적으로 역사와 문화의 중심지라 할지라도 뉴욕, 런던과 같은 도시 경쟁력을 갖춘 현대적 도시로 변환하기 위해서 파리 근교의 각 지역은 다양한 특성의 다극적 도시를 추구해야 한다. 그런 의미에서 이 정책의 골자는 도심과 외곽을 연결하는 이동교통 조직망에 잘 나타나 있다.

하지만 정부가 이 정책은 혁신적 사업이며 세계적인 건축가들의 상상력으로 시대를 앞서가는 작품이 될 것이라고 떠들어도 소용이 없다. 혁신적 정책은 시민 모두가 공감하고 동의하고 감탄하는 정책이 되어야 하기 때문이다. 그래서 정부는 수년간에 걸쳐 사회 모든 분야의 지식인들에게 그랑파리 정책의 모순, 오류, 실수 등을 여러 각도에서 세밀하게 분석, 검토하도록 주문했으며 각 분야의 전문가들은 이 정책의 문제점을 다음과 같이 제시했다.

- 그랑파리 도시정책이 파리와 근교 그리고 외곽지역을 무공해 이동수단으로 연계하여 도시 유동성을 발전시키고 각 지역의 특성을

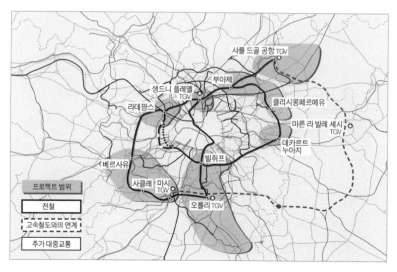

그랑파리 지역 연계 조직망(2010). ⓒ파리 시청

살려 도시 경쟁력을 높이는 목적에 타당성은 있지만 막대한 사업비가 소요된다. 국민의 혈세로 추진하는 이 사업이 과연 고용창출, 교육환경 개선, 건강의료 등의 문제보다 더 중요한 사항인가?

- 그랑파리에서 제시하는 각 지역의 다극화 개발은 과연 도시 전체를 균등하게 발전시킬 수 있는 객관적 논리의 타당성이 있는가?
- 정부가 세계적으로 유명한 건축가들을 매우 주관적인 기준으로 선발하고 그 건축가들이 출품한 작품에 대해 과연 건축가의 '창조'라는 환상에 사로잡힌 사업이 아니라 세계 경쟁력을 갖춘 사업이 될 수 있다고 판단하는가? 또 이들의 작품이 실제적으로 현실화되기 위해서는 어떤 방향으로 개선되어야 하는가?
- 혁신적인 지역도시로 발전시키기 위해 제시된 그랑파리의 사업에서 부족하거나 잘못된 사항이 있다면 그것은 무엇이며, 이 사업과 비교할 만한 합리적인 외국의 대도시 사업이 있는가? 만일 있다면 이 사업과 무엇이 다르며 다른 나라 사업과 이 사업의 장단점은 무엇인가?

프랑스 정부가 이 사업을 추진하면서 전 세계에서 지켜보는 지식인들의 의견과 판단을 무시한다면 그랑파리의 사업은 우물 안 개구리식 정책이 될 것이며, 현 정권은 프랑스 역사상 가장 무능한 정부로 기록될 것이다. 도시정책은 현 사회의 삶을 대변하기에 모든 정책에는 혁신적 발상이 반드시 필요하며 보편타당성과 변증법적 합리성이 조금이라도 결여된다면 실패로 돌아간다.

반면 한국 정부는 4대강, 세종시, 신도시, 용산 등의 정책들을 과연 지식인과 시민 모두가 공감하는 합리적 기준에 맞춰 추진하는가? 시민 모두가 공감하는 합리적 기준이 망각된 정책이라면 그 정책은 타인의 의견을 거부하는 독단적 사회를 만들거나 편 가르기식 사회를 만들뿐이다.

혁신정책은 도시에 힘찬 다이너미즘의 활동력을 제공하는 사업이며 이 다이너미즘은 정상적인 사회공동체의 활동을 촉진시킨다. 정상적인 사회공동체의 활동은 시민 모두가 공동사회의 중요성을 인식해야 가능한데 만일 도시가 공동사회의 장소 대신 개별사회의 장소만 만들어 시민들이 그곳에서만 살아왔다면 공동장소의 의미와 가치의 중요성을 깨닫지 못할 것이다. 혁신정책은 바로 도시에 사는 모든 시민에게 공동의식을 일깨우는 데서 시작한다. 만일 시민 모두가 공감하지 않는 건설을 강제로 추진한다면, 도시에 사는 시민 모두가 혁신의 필요성을 느끼지 못한 채 잘못된 정책을 놓고 찬반 세력이 격돌한다면, 국가정책에 대해 정치권력을 쟁취하기 위한 인기와 업적의 수단으로 인식한다면 혁신은 수백 년이 지나도 결코 일어나지 않을 것이다.

그럼 시민의 공동생활이 이루어지는 도시에서 공공장소의 기준과 조건은 무엇인가? 공공장소란 개인이나 단체가 소유하지 않고 시민들이 공동으로 사용할 권리가 있는 장소로 도시와 자연의 모든 공간을 말한다. 이는 도로, 광장, 공원, 전시장, 야외공연장, 공공 서비스 등의 장소와 역과 대합실, 전철, 카페, 대형 백화점, 상가, 전시장, 은행, 공공기관 민원 대기실, 우체국, 버스와 전철 정류장 등의 시설공간으로 구분한다.

공공장소는 외부와 내부로 구분되어 외부는 시민들을 위한 이벤트, 축제 등의 행사가 벌어지고 내부는 일상생활을 영위하기 위한 공간이다. 그러나 외부는 시민들 마음대로 사용할 수 있는 공공장소지만 내부로 진입하는 순간 그 장소는 공공시설과 사유장소로 바뀐다. 버스를 기다리는 버스정류장은 시민 모두의 공공장소지만 버스를 타는 순간 버스조합의 사유공간이 된다.

특히 도시 유동성은 공공장소의 기능을 높이는 동시에 사회생활을 발전시키는 역할을 한다. 대중교통이 발달된 지역의 사람들이 그렇지 못한 사람들보다 수시로 상가, 백화점, 전시회, 극장 등을 다니며 여유로운 삶을 스스로 찾아가는 것과 같다. 따라서 도시 유동성이 떨어지는 지역은 그 거리와 상관없이 그 지역 사람들의 삶의 방식, 지식, 유행은 물론 사회와 국가를 바라보는 관점까지 바꿔놓기도 한다.

도시 유동성은 수요와 공급의 원칙이 아닌 원인과 결과의 상대적 논리로 이루어져야 한다. 자동차 산업이 경제성장의 우선순위라고 해서 생산을 늘리고 그 수요에 맞춰 고속도로와 도심의 도로를 확장한다면 출구 없는 입구만 만드는 셈이다. 여기에 운하사업과 가뭄 방지를 위한 수량 확보의 수중보를 설치하여 동식물계를 파괴하는 행위, 도시 인구 분산을 위해 행정도시를 건설하는 행위, 고속도로를 확장하고 버스노선을 증설하여 교통 혼잡, 공해, 교통사고를 증가시키는 행위 등은 오히려 손실만 늘어나는 정책일 뿐이다.

예술적 관점에서 공공장소는 도시의 상징이다. 공공장소의 건립에는 도시의 맥락과 미학적 기준이 요구되며 이 기준들은 도시를 '문화적 장소'로 사유하는 인문사회학과 철학의 논리로 결정된다. 공공장소에 대한 인문사회학적, 미학적 관점의 접근은 건축, 도시계획, 조형, 조경의 방향을 올바르게 설정하여 도시에서 어떤 삶이 어떤 가치가 강조되는지, 어떤 미학적 아름다움을 지니는지 알게 해준다. 또 공공장소는 축제, 기념, 민속의식 등 전통행사의 장소인지, 국제행사, 벼룩시장, 전

도시의 안마당.

시 등의 일시적 행사가 목적인지, 권력자들의 권력 과시의 장소인지, 어떤 특징도 개념도 없는 맹목적이고 형식적인 장소인지 밝혀준다.

공공장소는 서로 다른 지역에서 같은 목적으로 만들어진 장소라 할지라도 그곳에서 느끼는 감각은 물론 그곳에서 들리는 소리, 냄새, 촉감도 달라야 한다. 공공장소는 역겨운 향수와 음식 냄새를 뿜어대는 소비와 유흥의 장소가 모여 있는 곳이 아니라 시간의 흔적을 말해주는 고목과 자연과 문화의 냄새가 나야 한다. 그래서 자연과 주위 환경이 마치 리듬을 타듯 사람들이 걷거나, 서 있거나, 앉거나, 기대거나 몸과 마음이 편안한 공간이 되어야 한다.

도시에서 시민들을 위한 공공장소는 도심을 상징하는 정적이 흐르는 안마당의 작은 광장이 있는가 하면 자연과 어울려 휴식과 만남이 이루어지는 흥분과 정열의 장소도 있다. 이 장소는 매연과 소음으로 굴러 다니는 자동차, 오토바이 등의 출입을 금지하며 이곳에서 시민들은 다양한 도시의 삶을 만들어간다.

공공장소는 도시에서 바쁘게 살아가는 시민들의 삶에 정신적, 심리적, 육체적 안정과 평화를 제공한다. 또한 그곳에 오는 사람들은 생각과 명상에 잠겨 자신의 존재를 되찾을 수 있는 용기와 위로의 장소가 되기도 한다. 그래서 도시의 장소는 종종 활활 타오르는 불길처럼 흥분과 열정으로 가득 차고 춤과 음악과 정열의 격렬한 움직임이 있으며 때로는 엄청난 보물이 숨겨져 있는 신비로운 장소가 되어 모든 시민의 마음을 설레게 한다.

이처럼 공공장소는 그 도시와 그 지역의 정체성을 나타내는 상징성, 고유성, 실재적 존재로 한 나라의 정신과 문화를 대표한다.

현재를 진단하고 미래를 예측하는
영속성의 도시

프랜차이즈 도시와 대체도시화

오늘날 우리의 도시는 어떤 모습인가? 현재 이 도시에는 어떤 정책이 추진되며 이 정책은 우리의 미래를 발전시키는 혁신적 정책인가? 현재의 이 도시가 아름답고 내구력을 가진 영구적 도시가 되려면 어떤 혁신적 개발정책이 필요한가?

망쟁*은 오늘날 도시는 1950년 이후부터 프랜차이즈 도시Franchise City가 되어버렸다고 말한다. 또 도시는 효율적인 행정관리를 위해 구역으로 나눈 구획도시Sectionalized City가 되거나 제멋대로 독자적 형태의 개별도시Individual City로 변화한다고 말한다.

프랜차이즈는 중세 절대군주의의 특권처럼 근세에 접어들어 상업과

• David Mangin, "La ville durable, c'est la ville qui bouge, in ville et mobilité durable", *La Recherche*, n°398, 2006.

무역의 교역이 발달하면서 어느 한 분야에 막대한 영향력을 행사하는 독점적 권리의 연쇄점 형태로 발달했다. 독점적 상업수단으로 시작한 이 프랜차이즈는 오늘날 다양한 종류의 패스트푸드, 카페, 패션, 화장품, 상점, 대형 마트로 퍼져 나갔고 이제는 도시까지 프랜차이즈화하기 시작했다.

프랜차이즈로 도시화한다는 것은 지구상의 모든 도시가 무역과 교역을 위한 도로, 철도, 항만, 항공의 운송수단이 같은 시대에 발전하면서 도시의 모양이나 규격이 같은 형태로 되는 것을 말한다. 특히 미국 상류사회의 경우 프랜차이즈 도시화의 전형적인 예를 보여준다. 이들은 자신들만의 공동체를 위해 외부와 완전히 차단된 고급주택 단지의 별천지 지역을 조성했다. 이들의 별천지 지역은 세계 각지에 있는 부자들에게 똑같은 별천지 왕국을 건설하는 프랜차이즈 지역, 프랜차이즈 빌딩 등이 유행하면서 건물과 단지 이름도 세계 각지에 똑같이 건설되었다. 이러한 프랜차이즈 건설은 사회를 분열시키고 위화감을 조성하는 몰상식한 행위지만 그들은 이러한 독점행위를 민주주의의 자유주의, 신자유주의의 특권으로 인식하며 마치 명품 브랜드 혹은 신세대의 트렌드로 주목한다. 명품 브랜드로 간주되다 보니 빌딩의 분양가도 높은 이익이 보장되고 부동산 투기의 재테크 상품으로도 가치가 높다.

상류사회에서 프랜차이즈 타운이 유행하게 된 결정적 계기는 바로 자동차의 발달이다. 근세 중기 인류는 문화와 자동차 사이에 격렬한 전쟁을 치렀다. 이 전쟁에서 문화는 산업혁명 이후 더 막강해진 자동차와 한판 승부를 벌였으나 참패하고 말았다. 그 결과 오늘날 도시는 자동차의 승리를 기념하듯 모든 도시가 자동차를 중심으로 바둑판 모양으로 마구 잘려버렸다. 도시를 계획하는데 자동차가 가장 중요한 위치를 차지한 것이다.

유럽에서 참패한 자동차와 벌인 치열한 전쟁은 아메리카 대륙으로 건너가 유럽보다 더 큰 참패를 당하고 만다. 그 결과 자동차의 세력은 미국 전역을 자동차의 도시로 만들었고 자동차의 크기 면에서도 거대한 희귀 변종들이 마구 태어났다.

자동차와 벌인 전쟁은 아시아 대륙에서도 자동차의 대승리로 끝나면서 인류의 도시가 자동차의 노예로 전락하는 비극의 종말을 맞았다. 그리고 오늘날 이 전쟁은 마지막 희망으로 남은 자연 문화의 아프리카 대륙에서 격렬한 전쟁이 진행 중이다.

문화가 자동차와 벌인 전쟁에 패하고 난 뒤 인류의 현실은 참혹하기 이를 데 없었다. 도시의 마차길, 좁은 도로, 골목, 동네 마당, 뜰, 돌담, 공원 등의 문화와 거대한 생태계는 자동차 일직선 도로의 아스팔트와 콘크리트 포장으로 매장되어 무참하게 사라져버렸다. 그리고 자동차의 횡포는 이미 한 세기를 넘어 지금까지 인간을 지배하고 있다. 그러나 문화를 보존하려는 인간의 집념은 자동차의 독재에 굴복하지 않고 게릴라 작전으로 폭군 자동차를 서서히 몰아내기 시작했다.

현명한 사람들은 아스팔트와 시멘트 등 환경 파괴의 오염 덩어리인 자동차 길을 걷어내 잔디를 심고 그 위에 무공해 궤도전철로 대체했다. 이 길만이 인류의 번영을 위해 인간이 가야 할 고행의 길이라 믿은 것이다. 자동차의 편안함에 중독되어 문화를 파괴한 잘못을 반성하기까지 한 세기라는 시간이 걸린 셈이다.

오늘날 프랜차이즈 도시화로 인류는 또 다른 심각한 문제에 봉착했다. 모든 도시가 재벌 소유가 된 것이다. 그들은 도시를 프랜차이즈화하여 돈을 버는 부동산 투기의 횡포를 저지르며 시민들의 삶을 지배한다. 혁신정책으로 도시의 프랜차이즈화에서 벗어나게 해야 하지만 그 방법으로 자본민주주의에 역행하는 인기 위주의 진보와 노동쟁의 등의 정치적 정책을 추진한다면 그 사회는 완전 침몰하고 말 것이다. 문제의 핵심은 무지 정책의 결과이므로 부자와 가난한 시민 모두가 공감하고 동의하는 과감한 혁신정책에서 안티프랜차이즈화가 가능하다.

안티프랜차이즈 정책은 앞에서 살펴보았듯이 각 지역마다 특성 있는 도시들이 상호의존관계를 형성해야 한다. 이 상호의존관계는 도시의 각 지역이 대중교통수단으로 연계되어 상가, 대형 마트, 학교, 관공서 등의 공공장소로 접근하기 쉬운 유동성을 의미하는 동시에 각 지역의 발전도 촉진한다.

도시가 아무리 밀집된 장소라 할지라도 각 세대의 사생활은 반드시 보호되어야 한다. 인구 수백만 명이 밀집된 도심이라 할지라도 주거공간은 각자의 사생활과 자연환경이 배려된 공간으로 형성되어야 할 것이다. 뿐만 아니라 부동산 소유자가 자기 마음대로 도심 빈터를 수년 동안 주차장으로 방치하거나 공유면적을 주거면적에 포함하여 이익을 챙기거나 일조권과 조망권을 비롯한 개인의 사생활을 침해하는 행위에 대해서는 강력한 법적 조치가 뒤따라야 한다. 결과적으로 사생활이 보호되는 공간, 곧 삶의 공간이 온전하게 유지될 때 그 도시의 주택정책은 혁신적 사업으로 평가받을 것이며, 나아가 프랜차이즈를 거부하는 도시가 될 수 있다.

미래를 추구하는 혁신정책은 도시를 '가보고 싶은 도시'가 아니라 그곳에서 '살고 싶은 도시'로 만드는 데 최종 목적이 있다. 이 정책은 현재 유럽이 추구하는 '영속성 도시 정책'이다. 이는 도시의 기초를 탄탄하게 하여 현재의 도시가 그 어떤 위기의 상황에도 지속적으로 발전할 수 있는 '내구력을 가진 도시 정책'을 말한다. 이 정책은 1960년 이후 프랑스가 주축이 되어 '도시의 혁신적 발전'이라는 주제로 도시 지하시설의 인프라 구축, 도시 이동교통, 도시 외곽의 균등한 발전 등을 추진해왔다.

1987년 4월, WCED는 소위 브룬트란트 보고서로 알려진 〈우리 공동의 미래〉를 발표했다. 브룬트란트는 도시개발정책에 대해 '개발정책은 현재 인류가 필요한 것을 충족시키는 행위지만 미래 세대가 위태롭지 않는 범위에서 개발해야 함'을 강조했다.

데이와 에멜리아노프*는 영구적 도시에 관한 토론회에서 '도시의 발전은 그 지역 자연생태계의 보존'에 있음을 강조한다. 자연생태계가 파괴된 도시는 결코 영구적 도시가 될 수 없으며 이런 개발은 결국 도시를 파멸로 이끈다. 두 학자는 '지금까지 인류의 도시가 서로 상반된 두 가지 편견이 서로 대립하거나 공유되었는데 그 대립은 개인의 재산으로 토지를 소유하려 했던 자유주의와 시민 모두가 평등하게 더불어 살며 공동의 이익을 추구해야 하는 민주주의와의 대립'이라고 말한다.

근세 이후 인류는 능력에 따라 부를 축적할 수 있는 사유재산제도의 자본주의와 차별 없는 균등한 사회를 추구하려는 민주주의가 서로 대립되는 세계에 살면서 도시를 발전시켜야 했다. 이러한 긴장의 상황은 오늘날까지 자유주의와 민주주의 사이에서 반복된다.

영속성 도시를 추구하는 혁신정책은 과거의 문화를 보전하고 현시대에 당면한 위기를 극복하여 발전된 미래를 추구하는 개념에서 가능

---

* Jacques Theys, directeur DRAST du CPVST, Cyria Emelianoff, Université du Maine, "Maître de Conférence La contradiction de la ville durable", *Le Débat*, n°113, 2001.

하다. 이 정책을 시행하려면 다음의 과정이 필요하다.

첫째, 자연생태계가 보존된 도시환경의 건설이다.

혁신정책은 자연을 파괴하여 온 국토에 위성도시를 마구 건설하고 고속도로를 두 배로 넓히고 강을 파헤치는 것이 아니다. 그것은 국토를 파괴하고 불평등하고 차별된 지역사회를 조성하고 같은 민족끼리 서로 충돌을 일으키는 개발일 뿐이다.

둘째, 잘못된 개발로 병든 도시를 살리는 대체도시화 정책이다.

대체도시화 정책은 도시가 음성적이고 부정적일 때 개입하는 방법이다. 양성도시에는 일자리와 주택 부족을 유발하는 인구집중의 문제가 없다. 이 도시는 세계화를 지향하며 시민의 자유, 평등, 권리를 존중하며 신뢰하고 의지하는 사회환경이 조성된다. 양성도시에 사는 시민들은 그 도시만의 시민이 아닌 세계인으로 간주되어 도시는 업그레이드되고 새로운 삶을 제공받는다. 사회를 관리하는 행정시스템은 생산적이고 합리적이며 이익이 발생하면 시민의 삶도 윤택해져 출산율이 안정되고 경제와 문화가 발전한다.

반대로 부정적인 음성도시는 필요 이상으로 거대하지만 정작 내부를 들여다보면 부자 동네와 비참하게 가난한 서민지역으로 나뉘어 있다. 이 도시의 시스템은 부자와 재벌의 이익을 창출하도록 프로그램화되어 있기에 이 도시의 사회는 경쟁사회, 불평등의 차별사회로 시위, 투쟁, 폭력, 자살, 범죄가 끊이지 않는다. 이 도시에서 추진되는 모든 정책은 새로운 시대를 열어가는 미래지향적 발전이 아니라 권력과 재력의 장기집권을 위한 횡포일 뿐이다. 터무니없는 정책은 전국 곳곳의 생태계를 파괴하고 시민의 권리가 보장되는 자유와 평등의 민주주의 대신 독재자로 군림하여 현재의 도시를 미래의 번영이 아니라 과거로 역행하게 한다. 따라서 음성적이고 부정적인 도시를 정상적이고 긍정적인 도시로 만들기 위해서는 도시의 부정적 부분을 과감하게 보수하고 교환하는 대체도시화 정책이 필요하다.

그럼 대체도시화란 무엇인가? 프랑스 학자들은 대체도시화에 대해 '파리는 대체도시화가 가능한가?'라는 주제 토론회*를 통해 바상** 등 많은 학자가 공통 이론을 설명했는데 이 방법론은 5단계 과정으로 요약할 수 있다.

1단계 정상적인 민주주의 체제가 정착해야 한다.

차별 및 불평등한 사회가 한번 형성되면 그 사회는 이미 오랜 시간에 걸쳐 모든 분야의 균형이 깨져 단시간에 회복하기 힘들다. 이미 오래전에 비정상적 관행으로 형성된 거대한 독점 세력 집단은 온갖 방해와 음모로 정상적 사회체제의 확립을 방해하기 때문에 회복을 추진한다 해도 오랜 시간이 걸리거나 회복할 수가 없다. 하지만 재력과 권력이 있는 세력이 아무리 크고 강력하다 할지라도 시민들의 과반수가 비정상적 사회 관행을 바로잡아야 할 필요성을 인식한다면 가능하다. 그러려면 사회의 혁신과 개혁이 따라야 한다. 이때 혁신과 개혁은 정상적인 민주주의에 대한 시민들의 재인식에서 출발한다.

　－ 모든 시민이 민주주의의 정체성을 올바로 인식하면 자신들이 살
　　 아가는 지역, 동네, 도시, 국가에 애정과 애국심이 생겨난다. 민주

---

* 　 Monique Eleb, Guy Burgel, P. Mansat, *TV presentation* 15 Sep, 2008.
** 　Michel Bassand, *La métropolisation de la Suisse*, PUR, 2004, *Cités*, *Ville*, *Métroples*, PUR, 2007.

주의에 대한 올바른 인식이야말로 정상적인 민주주의 체제의 사회를 형성하는 데 가장 중요한 본질이자 성공과 실패를 좌우하는 요인이다.

- 시민에게 행정부란 권력이 아니라 자유, 평등, 권리를 보장하고 시민들의 가정, 동네, 도시를 안전하게 지키고 평화롭게 살도록 할 의무가 있는 권한으로 인식해야 한다. 시민들은 행정관리자들이 시민의 자유, 평등, 권리를 보장하는 행정을 잘 수행하는지, 어떤 정책을 추진하는지 그 과정과 절차를 검증, 확인할 수 있어야 하며 이를 위한 사회제도가 확립되어야 한다.
- 시민은 정상적인 사회공동체가 확립되어야 사회가 발전함을 깨달아야 한다. 이제 자신들의 세력 확보를 위해 편리한대로 민주주의를 변형하는 보수, 진보, 중도, 환경, 인권 등의 집단을 거부하고 시민 전체의 공익을 위한 목적성이 명확하게 검증된 단체만이 사회활동을 하도록 법과 규준이 체계화되어야 한다.

2단계 차별사회는 불평등사회를 만드는 정치가 원인이므로 정치체제의 변화가 일어나야 한다.

모든 건설정책에 관련된 건축, 도시계획, 토목, 조경, 설비, 시공, 기술사 등의 전문직과 행정관리자와 운영자들이 건설에 대한 개념을 재인식해야 한다. 즉, 건설은 문화와 역사를 보전하고 창조하는 행위로 사회, 교육, 주거, 복지, 건강, 문화, 직업, 급료, 성별, 인종 등 각 분야에 평등한 사회를 확립해야 할 목적이 있다. 이 평등사회는 평등한 시민의 권리를 보장하는 것으로 다음과 같은 사회체제에서 확립된다.

- 일자리 고용, 임금 격차, 기초생활 보장, 의료보험 등의 권리는 시민의 기본 생존권 보장의 권리이므로 반드시 지켜야 한다. 즉, 갓난아이부터 노인까지 생존과 건강과 직업을 책임지고 성별, 나이, 학력에 따라 임금의 격차를 두는 관행과 공·사기업의 낙하산 인사 및 임원들에 대한 과도한 급료 및 성과급제도는 없애야 한다.
- 모든 시민은 평등하게 문화, 교육의 혜택을 받아야 하며 서민, 고아, 신체장애자들에게 더 많은 혜택이 돌아가야 한다. 특히 신체장애자와 고아들은 태어나면서부터 죽을 때까지 먹을 것, 잠잘 곳, 교육, 치료 등의 걱정을 하지 않는 사회체제가 되어야 한다.
- 일의 능률을 향상하고 인간의 존엄성을 지켜주고 가정의 번영을 위해서는 모든 실직자와 기초생활수급자를 포함한 모든 시민에게 법적으로 1년 중 25일의 유급휴가를 허용하여 시민의 휴식을 보장해야 한다.
- 모든 학문은 평등하게 교육해야 하므로 탁아소부터 대학까지 모든 교육체제를 재검토해야 한다. 교육프로그램이란 교육환경, 교사 수준, 교육 능력 등의 형평성에 근거를 둔다. 가령 대학을 졸업한 학생들의 실력이 졸업한 학교에 따라 차이가 난다는 것은 그 사회의 교육정책이 교육기관이 아닌 교육을 이용한 기업 양성에 있음을 말해준다. 대학 입학 능력을 가늠하는 고등학교 평가 기준이 수리, 언어, 과학의 범위를 벗어나 사회학, 철학을 의무교육으로 추가하여 정상적인 삶의 목적을 가르쳐 재벌과 족벌, 정경유착으로 형성되는 차별사회와 불평등사회의 뿌리를 뽑아야 한다.
- 자연을 훼손하는 모든 무의미한 건설은 더는 용납하지 말아야 한다. 이는 교량, 고속도로, 인프라시설, 운하, 신도시, 토목, 공장, 발

전소 등의 건설은 모든 자연생태계 학자들의 동의를 거친 후 정책을 추진해야 한다. 이를 위해 정책 결정은 공무원이나 낙하산 인사가 아닌 모든 학문 분야의 전문가로 구성된 '국토개발위원회' 혹은 '지역발전협의회' 등 학자 중심의 시민단체에서 세밀한 분석, 검증을 통하여 타당성이 입증되어야 한다. 입증된 정책은 민간 시민단체, 지식인들과 토론을 거쳐 결정되는 시스템으로 지방자치주의의 지방분권주의를 통제해야 한다. 이 시스템의 구성 요인에는 정치적 성향의 시민과 단체는 제외된다.

3단계 대체도시화는 거시적 관점의 미래를 예상하는 시나리오다.

도시의 혁신은 현재의 만족이 아닌 내일을 예측한 사고에서 출발한다. 미래를 예측하지 못하는 도시는 결국 환경오염에 따른 이상기후, 에너지 자원과 물의 고갈 등과 같은 지구환경의 위기를 가져온다.

4대강, 세종시 등의 정책은 미래가 명확하게 검증이 안 된 것으로 자연 파괴와 경제적 손실에 이르게 하는 돌발적이며 충동적인 행위일 뿐이다. 이런 유형의 사업은 그 피해와 손실이 너무 커서 국가를 위험에 빠트릴 수 있다. 이에 대한 실질적 책임은 이 사업을 추진하는 정치권력자들보다 이 사업을 저지하지 못한 언론, 학자, 전문 직업인 등의 사회 지식인들과 모든 시민에게 있음을 인식해야 한다.

- 도시와 사회의 혁신정책은 100년 후 미래 현실을 가상하는 시나리오가 의무적으로 제시되어야 한다. 이 시나리오의 주제는 다이내믹한 도시의 공동생활로 시나리오에서 제시하는 모든 방법론은 변증법적 논리로 전개되어야 한다. 반대하는 이견을 설득하고

찬·반·합이 중재된 결론을 찾기 위해서는 모든 학문 분야의 전문가와 전국 시민의 의견을 모은 앙케트가 종합적으로 제시되어야한다.

- 건물이나 구조물이 건설되면 최소 200년 이상 존립해야 하는 건설법규를 제정하고 심의해야 한다. 즉, 200년 후 문화재가 되고 자산가치가 높아 자손대대로 역사에 기록될 건물과 장소를 만들어야한다. 건물의 수명을 50년으로 보고 그 기간이 지나가기만 기다려재개발을 추진하는 정책은 도시를 문화의 장소가 아니라 부동산수익의 장소로 간주할 뿐이다.

4단계 각 분야의 상호의존성, 종합적 관점, 다른 학문 분야와 제휴된 관점에서 제정되어야 한다.

건설정책은 그 도시에서의 삶이 시간이 지날수록 풍요롭게 변화되고 사회 모든 분야에 상호관계가 형성되는 데 있다. 도시의 정책이 사회 모든 분야에 관한 지식 없이 단순한 토건기술만으로 추진하는 것은 범죄행위나 다름없다. 정책 프로그램이 여기저기 남의 것을 보고 따라하거나 주워 모은 것으로 만들어놓고 '다 좋은 것들만 모아놓았으니 문제가 없을 것이다'는 식의 정책은 구시대적 발상이자 독재정권의 무지일 뿐이다.

혁신정책의 핵심은 경제적 이익이 아니라 도시의 영속성 추구에 있다. 이 영속성은 모든 학문의 공통된 객관성을 따라 장소에 대한 과거의 역사적 근거부터 현재의 현실성까지 집중적으로 연구해야 영속성의 결론에 도달한다.

- 도시와 사회는 역사, 지리, 정치, 경제, 사회, 인구, 윤리, 교육, 공학, 생태, 생물, 도시, 건축, 의학, 법 등 인간의 모든 학문이 형성되는 곳이므로 도시의 정책은 모든 분야의 지식을 종합한 결정체가 되어야 한다.
- 종합적 지식을 정책으로 더 구체적이고, 더 현실적으로 추진하려면 모든 학문의 방법론을 공유하여 추진해야 한다.
- 결정된 정책은 효력을 발생하는지, 잘 진행되는지, 문제는 무엇인지를 감시하는 상호의존성 체제로 감시, 통제, 운영해야 한다.

5단계 출산율 증가를 가장 중요하게 간주한다.

출산율 감소는 정보사회의 발달로 편협하고 고립된 개인주의의 영향도 있지만 근본적 원인은 불안정한 사회체제에 있다. 도시와 사회의 경제력은 젊은이들의 활발한 사회활동에서 생성되므로 출산율의 감소는 곧 그 도시의 생명력과 경제력을 중단시키고 국가 성장을 멈추게 한다. 결국 도시에서 일어나는 모든 사회활동은 정지되고 죽음의 도시로 변해간다. 출산율 증가를 위해서는 앞에서 설명한 실업자와 서민을 책임지는 체제가 형성되어야 한다.

- 젊은 세대의 출산을 저해하는 요인을 없애기 위해서는 가족의 안정된 삶을 보장해야 한다. 아이가 있는 가족은 현실 사회에서 어떤 일이 일어나도 행정부가 100퍼센트 보장하고 책임지는 정책이 실현되어야 한다. 사회는 독신주의자들뿐 아니라 가족이 있는 가정에게 특혜와 축복을 선사하는 사회와 도시가 되어야 한다.
- 도시는 시민들은 물론 외부에서 온 사람들도 편안하고 안전하게

풍족한 생활을 할 수 있도록 환대하는 도시가 되어야 한다. 즉, 보험이 없는 병든 서민을 무료로 간호하고 치료하는 병원이나 요양원, 내버려진 아이와 고아들을 따뜻하게 보살피는 보호소, 엄동설한에 갈 곳이 없어 길가에 내버려진 노숙자들을 보살피는 시설은 사립의 민간기업 형태가 아닌 국립기관에서 운영해야 한다. 그러나 이러한 보호시설은 사회에서 소외된 갈 곳 없고 의지할 곳 없는 사람들에게 의식주를 제공하는 역할에 그쳐서는 안 된다. 당면한 사회적 문제를 해결해주고 정상적인 사회인으로 돌아갈 능력을 키워주는 곳이어야 한다.

- 특히 젊은 세대의 사회활동이 이루어지는 어린아이들을 돌보는 탁아소, 유치원 그리고 초중고·대학 등의 교육 장소가 영리 목적인 사립기관에서 운영한다는 사실은 국가의 미래를 번영이 아닌 멸망으로 이끄는 일이다.

결론적으로 대체도시화는 도시 스스로 소외되고 불평등하며 차별하는 사회를 발견하여 정상적 도시로 변화를 추구하는 혁신정책이다. 도시 스스로 문제점을 발견하고 치유할 자생력이 있다는 사실은 그 사회가 모든 분야에서 균형을 이루어 아프고 병든 곳 없이 건강하게 살아 움직이는 미래를 향한 영속적 도시가 될 수 있음을 의미한다.

도시개발의 민주주의적 평가 기준

영속성 도시는 끊임없는 도시 생명력의 신진대사에 있다. 신진대사란 묵은 것이 없어지고 새로운 것으로 교체되는 현상이다. 생물학에서는 생물이 영양물을 섭취하여 낡은 물질을 걸러내고 병들고 늙은 세포를 새로운 세포로 교체하는 물질대사 기능과 외부에서 침입한 세균과 바이러스에 대항하여 생명을 지키는 항체 능력으로 정의한다.

도시가 생명력을 가지고 신진대사를 한다는 사실은 도시 유동성으로 사회활동이 활발하고 사회 각 분야가 균형적 발전을 이루며, 특히 자연 생태계가 온전히 보존되어 있음을 뜻한다. 반대로 자연생태계를 도시개발정책에서 거슬리는 요소로 간주하는 사회라면 그 도시의 신진대사는 과도한 편식으로 당뇨, 궤양, 소화불량, 비만 등의 병을 앓게 된다.

대도시의 외곽과 지방의 도시들 대부분이 외곽순환도로와 국도 주변에 나란히 건설되거나 도시가 도로를 중심으로 형성된다면 정상적인 도시생활이 이루어지지 않는다. 자연환경의 훼손과 자동차의 범람으로 발생하는 공해뿐만 아니라 도시의 영역을 관통하는 도로는 정상적인 공동사회를 방해하는 요인이 된다.

지구의 환경을 보호하고 혁신적 개발정책을 추구하기 위한 국제적 노력은 1992년 6월 브라질 리우에서 열린 지구환경을 위한 유엔환경개발회의UNCED에서 본격 논의되었다. 이 회의에서 각국 대표는 삶의 수준을 향상시키기 위해 '환경과 개발의 정의, 개발의 문제점을 방지하기 위한 도시환경, 도시개발 상황, 자연생태계의 보존과 효율적 관리, 도시운영' 등을 의논했다. 그 결과 지구환경 보전을 위한 의제Agenda 21 실천 계획을 채택했으며, 강령에서 "도시의 개발은 가난에서 벗어나기 위한 목적도 중요하지만 자연환경 보존, 지구 온난화 방지, 생물다양성 보존, 산림보전 등을 위한 경제와 기술지원의 문제가 더욱 중요하다"고 명시했다.

2002년 요하네스버그 세계정상회의에서는 각 나라의 대표, 협회, 단체, 기업들이 모여 환경과 개발의 관계에서 준수하고 지켜야 할 의무사항을 구체적으로 논의했다. 즉, '환경과 개발이 조화를 이루어야 전 세계가 차별 없는 평등사회, 공동책임의 사회로 나아갈 수 있음'을 강조했다. 이 회의에서 각 나라의 대표들은 무차별적 개발에서 자연환경을 지켜야 한다는 공통된 인식 아래 경제성장, 국민소득, 생산수출만을 고집했던 각 국가의 정치 및 사회체제의 변화를 촉구했다. 도시의 개발정책은 자연환경과 조화되어야 그 삶의 질적 수준이 향상되고 경제성장은 물론 빈부 차이를 줄이고, 사회복지 및 인권 신장을 가져올 수 있음을 다시 한 번 일깨웠다.

2008년 6월 23일, 프랑스 건설부와 환경부의 주최로 거행된 도시건설 정책에 대한 유럽연합 국제회의는 "도시개발은 국가 행정책임자, 시·도의원, 국회의원, 협회와 단체의 지도자, 기업의 대표 및 임원들의 책임 아래 추진해야 한다"고 강조했다. 이와 함께 오늘날 지구상의 많은 인구가 도시에 살고 있으나 과반수의 사람들이 최악의 환경조건으로 삶이 위협받고 있음을 지적했다. 최악의 환경이란 자연생태계 훼손, 경제위기, 차별사회, 인권유린, 독재정치 등과 같은 도시환경으로 그 주범이 도시개발정책이라는 데 한 목소리를 냈다. 이에 프랑스 정부는 2012년까지 전국에 있는 도시 가운데 한 지역을 선별해 완벽한 자연생태계 지역으로 만들고 프랑스를 기점으로 전 유럽에 확산하기로 합의했다.

유럽연합은 이 회의에서 1992년 리우 선언Rio Declaration, 1994년 덴마크 알보그 선언Alborg Charter, 2007년 5월 유럽 각국의 도시개발 담당과 관련한 장관 27명이 조인한 독일 라이프치히 선언Leipzig Charter을 재확인하며 다시 한 번 준수할 것을 각 나라에 주문했다.

2009년 11월 4일, 프랑스는 영속적 도시의 건설을 위한 각료회의를 개최하여 생태지역, 생태도시에 대한 프로젝트를 구체화했다. 2008년 국제회의에서 거론된 이 정책은 물과 에너지를 사용하는 건설현장, 공장, 발전소, 냉난방기구, 자동차 등에서 나오는 독가스, 매연, 소음공해를 줄이기 위한 목적으로 추진되었다. 이 회의에서 프랑스 정부는 "현재 지구상의 도시는 심각한 상황으로 점점 더 비대해지는 비정상적 도시에 맑고 깨끗한 공기와 물을 공급하기 위해서는 도시개발정책이 이전의 방식으로 추진되어서는 안 되며, 이는 더욱 강력한 법으로 규제해야 한다. 모든 도시의 행정책임자, 기업주들은 각자의 책임과 의무를 다해 자연환경 보전의 원칙을 철저하게 준수해야 한다"고 강조했다.

이 회의 이후 프랑스 전국 지자체에서 제안한 160여 개 생태지역 프로젝트 가운데 현재 19개가 추진 중에 있으며 유럽에서는 독일 프라이부르크 시의 바우반 생태지역 프로젝트(아래 사진)와 스톡홀름의 생태지역(오른쪽 사진)이 대표적이다.

독일 프라이부르크 시의 바우반 생태도시. ⓒClaire7373

빗물 증발을 위한 초록 지붕 설치

태양 전지를 이용한 태양 에너지의 전기 전환

태양 전지판으로 물 가열하기

중금속을 사용하지 않은 건물 외벽과 지붕

물을 적게 사용하는 변기와 수도꼭지 설치로 물 소비 반으로 줄이기

카풀로 자동차 운행 줄이기

안전한 산책로와 자전거도로

가정용 자동 지하 쓰레기 수거장치

유기농 식품 제공

가연성폐기물은 지역난방과 전기를 생산하는 데 사용, 유기폐기물은 바이오가스로 전환

친환경 제품 옷 입기

물을 이용한 열 교환기

파머스마켓을 통한 지역 주민의 지역 농산물 구매

생태 패션과 환경에 대한 인식

거리 빗물은 빗물처리장 대신에 근처 호수로 흐르게 하기

스웨덴의 스톡홀름 생태도시. ⓒ스웨덴주택청

두 지역을 보면 각 지역의 건설면적과 자연지역의 건폐율은 50퍼센트 이상이며 각 건물들은 태양열을 이용하여 자체적으로 전기 난방에너지를 공급한다. 주택지역에 조성된 자연공간은 잘 꾸며놓은 조경 정원의 개념이 아니라 작은 생태계의 숲으로 이루어져 있다. 또 스톡홀름 시는 물과 나무가 어울리는 숲의 공간, 5층 이하의 건물, 분수, 보도, 산책로, 자동차 없는 거리 등으로 조성되어 있다.

2010년 5월 19일, 프랑스 됭케르크에서 '영속적인 도시의 건설'이라는 주제로 유럽연합회의가 개최되었다. 이 회의에는 유럽 각국의 대표들은 물론 시장 2000여 명과 지자체당·의원들이 참석하여 '21세기의 도시개발에서 무엇이 중요한지, 정의가 무엇인지'에 대한 토론을 하며 정책의 핵심을 정립했다.

영속성 도시란 구체적으로 어떤 형태의 도시인지 행정책임자로서 도시의 개발에 대한 정의가 무엇인지, 정책자로서 의무, 역할, 임무가 무엇인지, 21세기 도시로 발전하기 위해서 각 나라의 도시가 처한 지역적, 지리학적 위치와 상황을 어떻게 극복하고, 어떻게 변해야 하는지에 대해 협의했다. 또 도시가 한정된 그 지역만의 영역을 벗어나 세계화와 결합한 로컬리즘을 발전시키기 위한 정책으로 유럽 각 도시들은 어떤 조건으로 협조하고 협약관계가 유지되어야 하는지, 각 시장들이 인식하는 도시의 문제점과 경험 사례가 있다면 무엇인지, 미래 도시를 상징하는 새로운 도시개발 개념이 있다면 무엇인지, 자동차 사용을 최대한 규제할 방법은 무엇인지, 행정정책을 개선하는 데 더 개성적이고 특별한 도시의 상징성과 개발 주제가 있다면 무엇인지를 다각적으로 협의하고 의견을 나누었다. 이처럼 영속성 도시를 위한 개발정책에 대한 국제사회의 노력은 이미 1992년부터 본격적으로 추진해왔음을 알 수 있다.

지금까지 수많은 국제회의에서 거론되었던 도시개발정책은 과거에 저질러놓은 잘못을 정리정돈하거나 날림공사가 빚어낸 불량주택을 재개발하여 다시 분양하고 낙후된 건물을 최신식 건물로 바꾸는 데 있지 않다. 그들은 이미 1970년 이전에 그들이 저지른 무분별한 외곽도시 건설에 대한 잘못을 반성하고 뉘우쳤기에 지금은 미래까지 변하지 않고 보전할 수 있는 영속적 도시를 어떻게 만들어야 하는지, 그 문제의 핵심이 무엇인지를 인식하고 고민하는 데 도시개발정책의 목적이 있다.

그러나 대부분의 국가는 여전히 과거에 무엇을 잘못했는지, 왜 반성을 해야 하는지, 영구적 도시를 만들기 위한 건설정책이 왜 필요한지조차 모른다. 과거의 잘못을 깨달아야 사회의 개혁 과정이 진행될 수 있고 개혁 과정을 거쳐야 차별과 계급 없는 사회가 형성되고 혁신적 도시로 탈바꿈하여 미래를 향한 영구적 도시가 될 수 있음을 모르는 것이다. 미래의 발전을 추구하는 도시는 시대착오, 정치과욕 그리고 법과 규칙을 마음대로 수정하는 비정상의 행정운영체제에서 만들어지지 않는다. 그것은 보편타당성에 근거한 민주주의의 기본 원칙과 평가 기준을 따라 만든다.

그렇다면 혁신도시를 위한 민주주의적 평가 기준이란 무엇인가?

1990년대 도시 현대화를 추진하던 유럽의 건설정책은 모든 대도시, 지방도시, 시골 마을까지 같은 수준으로 현대화하여 철저한 지방분권주의의 발전을 가져왔다. 도시와 시골의 하찮은 마을까지 똑같이 현대화한 도시의 개발정책은 바로 민주주의에 대한 확고한 정책의 신념에서 기인한다. 즉, 모든 도시 현대화의 과정, 절차가 평등 원칙을 추구하는 민주주의의 신념으로 추진되었기에 유럽의 모든 도시가 같은 수준의 현대화가 될 수 있었다.

2003년 6월 프랑스는 '혁신적인 도시개발'을 주제로 500여 가지 의제를 대상으로 21개 지방에서 2008년까지 추진할 모든 건설사업에 대한 평가를 실시했다. 전국의 모든 건설 프로젝트를 새로운 개념의 평가 방법으로 재점검, 재평가, 재설정하여 그 사업들이 과연 미래의 도시로 적합한지 구체적으로 검토한 것이다. 여기서 새로운 평가 방법이란 건설, 지역사회, 환경, 문화 등에 관련한 모든 분야의 전문 지식인과 협의를 통해 건설과 지역사회의 연관성, 계획의 효율성, 제도와 전략의 문제점, 행정기관 조직과 운영의 문제점 등을 검토하여 평가하는 과정이다. 즉, 전문가도 아닌 공무원들로 구성된 행정부가 정책을 처음부터 끝까지 제멋대로 결정해놓고 주민과 몇몇 언론을 대상으로 공청회 형식을 통해 사업 당위성을 변명하는 것이 아니라 사업 여부를 결정하는 객관적 평가 기준을 의미한다.

전국의 모든 건설사업을 같은 기준으로 평가하는 방법은 곧 사업의 목적, 결과가 서로 일치하는지 객관적으로 판단할 근거를 마련해준다. 건설의 당위성을 지역주의의 편견 없이 있는 그대로 보고 판단하는 이 방법은 우리나라에서 전국 모든 학생들에게 똑같은 시험 문제를 주고 학생들의 실력을 객관적으로 평가하여 어느 학교에 무엇이 문제가 있는지, 만일 있다면 교사의 수준인지 아니면 교육환경이 문제인지를 분석하여 대책을 마련하는 것과 같다.

만일 이러한 민주주의적 평가 기준의 방법을 놓고 몇몇 교사들이 '일제고사'는 학교와 학생들의 자유를 억압하는 군국시대의 잔재라고 간주한다면 그것은 교육의 평준화를 오히려 방해하는 결과만 가져온다. 이러한 역설적 현상은 현실 기만적 사고방식에 그 원인이 있으며 학생들의 미래를 망치고 국가의 발전을 저해하는 요인이 된다.

건설정책도 마찬가지다. 정책 목적이 타당성이 있는지, 공사비는 거품 없이 정확하게 책정되었는지, 건축허가 및 입찰심사에서 심사위원의 자질과 공정성에 문제가 없는지, 공사를 추진할 능력이 있는지, 건설 이후 도시가 발전할 수 있는 사업인지 철저하게 재평가하는 것이 바로 민주주의식 평가 기준이다. 이러한 민주주의식 평가 기준으로 한국 정부가 저지르는 모든 사업을 검증한다면 호화 청사 건립, 세종시, 4대강, 신도시 건설, 아파트 미분양, 서민을 내쫓는 재개발 건설, 용산참사, 광화문광장 등의 문제는 처음부터 없었을 것이다. 그런 사업을 구상한 정권의 책임자들 또한 무능력한 관료로 낙인찍혀 더는 발붙이지 못했을 것이다.

지방분권주의를 주장하며 지자체장의 권한으로 관례와 유행을 좇거나 엉뚱한 영웅 심리로 운하 및 행정도시 건설을 추진하는 개발정책은 민주주의 정책이 아니라 보잘것없는 시한부 권력자의 자만과 위세일 뿐이다. 그것은 민주주의를 빌미로 시민의 눈을 속여 공정한 사업인 양 위장하고 조작한 사기이며 '때와 장소'의 개념 없이 별안간 하늘에서 뚝 떨어진 날벼락일 뿐이다.

오늘날 수많은 개발도상국의 권력자들은 민주주의를 자기들의 이익에 편중된 관점으로 해석한다. 그들은 경제 활성화를 위해 생산과 소비 위주의 정책을 시행하고 시민들은 자동차, 전자제품, 패션, 아파트 등의 신상품 구매에 중독되거나 산업발전 정책으로 공해, 쓰레기, 산업폐기물 등의 오염에 시달린다. 민주주의가 정치권력의 술책으로 표류하면서 사회 혼란을 일으키는 것이다.

이런 이유로 민주주의에 근거한 평가 기준의 건설정책은 그 지역만의 특수하고 유일한 환경 건설뿐 아니라 국제협약이 제정한 조항, 법, 규칙에도 부합해야 한다. 현시대의 세계화로 모든 나라에서 차별 없는 사회체제를 준수하고, 국제적으로 제정한 규칙, 제도, 생산규격을 표준화하여 건설의 결과가 서로 일치하게 되었다. 그 결과 세계의 도시는 자연생태의 환경, 사회적 균형, 빈부 차이 없는 평등을 우선으로 삼는 정책을 추구한다. 이렇게 일치된 기준으로 추진되는 도시정책은 세계인의 공통 관점인 글로벌리즘의 상호주의와 보편타당성 이론에 기인한다. 이로 말미암아 그동안 도시를 평가하던 기준인 인터넷 광케이블, 전자통신, 위성전파장치, 전자설비시스템 등의 최첨단 시설은 첫 번째 자리에서 밀려났다.

민주주의 평가에 근거한 도시는 모든 시민이 차별 없는 지역에서 배타적이지 않고, 협력하고, 단합하고, 공동책임감으로 살아가는 데서 그 가치를 찾는다. 균등한 도시의 발전은 도시에 늘 새로운 삶을 제시하는 '혁신적 공간', '타인과 서로 양보하고 절충하는 공간', '상호의존하는 공간' 등의 수천 가지 공간들이 새롭게 만들어지고 진화되어 영속하는 도시로 재탄생된다.

민주주의적 사고와 절차로 형성된 도시는 각각 그 시대를 증명하고 검증하는 그 도시만의 독특한 특이성과 일치성이 있다. 즉, 지역적 문화와 특색은 서로 다르지만 과거 같은 선조였다는 역사 덕분에 도시의 일치감을 느낀다. 예를 들면 프랑스 북서부의 브르타뉴 주, 영국 서부 지역, 스코틀랜드, 아일랜드의 도시 형태가 동일하다. 그들 조상은 기원전 800년부터 유럽 대륙에 살았던 켈트족이었고, 6세기경에는 아르모리카족으로 동일 민족이었다.

유럽연합은 포르투갈의 수도 리스본을 유럽 문화의 중심 도시로 선정했고, 2008년 가장 살기 좋은 유럽의 도시로 스웨덴의 예테보리를 선정했다. 이들의 도시환경을 보면 두 도시가 서로 다른 지리학적 특성으로 형태는 다르지만 공통된 개발 과정을 거쳤다는 점에서 일치한다. 리스본은 신석기시대, 고대 로마 시대를 거쳐 현시대까지 인류 문화의 발전을 증명하는 4000년 이상의 역사를 가진 도시인 반면 예테보리는 중세 중기에 작은 어촌들을 중심으로 1619년 구스타프 아돌프 왕이 건설했다. 이 두 도시가 현시대까지 각 시대의 특이한 문화와 역사를 보전하고 발전한 데에는 역사 문화의 도시에서 첨단산업, 관광, 자연생태계가 어울리는 자연생태 도시로 발전했다는 공통점이 있다.

국가를 대표하는 수도이자 세계 중심의 도시임에도 리스본의 도시 인구는 약 300만 명(도시 약 80만 명, 근교 270만 명)이고, 예테보리의 도시 인구는 약 100만 명(도시 50만 명, 근교 50만 명)에 불과하다. 이는 바로 지방분권주의를 겨냥한 자치도시정책의 성공을 의미한다.

포르투갈의 리스본은 프랑스, 에스파냐와 더불어 고대부터 유럽 남부의 산업 중심지로 발전했다. 예테보리는 자동차 볼보를 비롯한 다국적 산업단지, 조선소, 공과대학, 산업, 교육, 문화의 도시로 스웨덴에서 두 번째로 큰 도시로 발전하여 고속도로, 철도, 항만, 항공을 통해 국내와 유럽을 연결한다. 예테보리는 1879년부터 운행해온 전철 궤도차, 강과 바다를 연결하는 해상버스, 크고 작은 여러 종류의 버스노선을 운영한다. 리스본의 전철 역시 세계에서 가장 아름다운 전철로 평가받는다.

이 두 도시에서 강조한 도시와 생태계 환경의 조화는 강제성을 띤 법과 규칙으로 혹은 특정한 정치 이념으로 만들어진 것이 아니라 시민 스스로 자연과 조화됨을 예술로 인식하고 실존적 생태계의 중요성을 인식했기에 가능했다. 시민들이 공동으로 자연의 중요성을 알았기에 그 도시의 개발은 사회적, 경제적 욕구를 충족하는 엄청난 부가가치를 지닌 미래 세계인의 공동 자산이 되었다.

현재의 도시건설이 미래의 자산이 된다는 사실은 개발된 도시에서 시민들의 삶이 향상되어 그 도시의 경제적, 문화적 발전의 결과를 가져온다는 점에서 그러한 도시개발은 불평등하고 불안정한 계급사회체제, 일시적인 부동산 경제의 이익을 겨냥한 건설이 아니었음을 증명한다.

무결점의 도시, 에코시티

오늘날 세계는 격감하는 출산율, 무방비 상태에서 맞닥뜨리는 외환위기 등의 이변을 겪으면서 각 나라의 현실적 상황에 가장 효과적인 방법을 모색하며 살아간다. 그런데 국가가 위기상황을 대처하기 위해 모색하는 방법이 시민의 일상생활을 보장하고 안정된 사회를 유지하는 일과 무관하다면 시민들은 단지 그 사회의 구성원 역할만을 해야 할 것이다. 그런 사회의 도시는 평화롭고 안락한 삶이 보장되는 장소가 아니라 누가 더 크고 비싼 자동차와 고급 아파트를 사는지, 누가 더 부동산과 주식으로 이익을 남겼는지, 누가 더 좋은 교육환경에서 사는지가 최대 관심사다.

특히 한국을 비롯하여 신흥개발국의 아시아 국가들은 시민 중심의 평등사회를 위해 강력한 권한의 지방자치제도의 지방분권화 확립을 추진하면서 오히려 강력한 권한의 지역주의는 세계화, 글로벌 개념에서 이탈하여 지역 중심 개발로 치우치는 경향이 많다. 오래전부터 평등한 도시, 깨끗하고 풍부한 물, 공기, 조경 등의 수준 높은 자연환경의 도시정책을 추진한 나라였다면 좁고 편협한 지역주의의 시각이 아닌 세계화의 시각에서 지역 특색을 찾는 글로컬리즘으로 발전했을 것이다. 그러나 많은 신흥개발국은 현시대의 흐름이 지방분권제도가 아닌 세계화에서 발전한 글로컬리즘으로 변화하는데도 지방분권제도를 더 강력하게 추진한다. 이는 지방자치제도를 각 정당의 정치권력 쟁취를 위한 선거구로 인식하기 때문이다. 그래서 지방자치단체장들은 돈 많은 기업을 위한 친기업 정책, 특정한 목적의 정치공약사업 등을 남발하며 지역사회의 발전보다는 자신의 정치 생명을 연장하기 위한 방법으로 사용한다. 이 같은 지나친 지방자치단체의 지역분권주의는 오히려 도시를 밀집지역으로 만들고 부자와 권력자들이 지배하는 차별사회를 조성하여 시민에게 고통과 피해를 주는 형식주의 도시가 된다.

소베*는 국토환경부에서 발표한 도시개발정책의 제안에서 '개발정

---

*   Marc Sauvez, "La ville et l'enjeux du developpement durable", 2001.

책은 공정하게 증명된 방법과 절차를 거쳐 모든 사람이 평등한 도시적 삶의 환경을 제공하는 개발 개념'으로 추진해야 한다고 강조했다. 이는 오늘날 일반화된 삶의 유행, 주택, 첨단장비 등은 경제적, 기술적, 금융, 행정의 혁신이 가져온 결과지만 사회의 혁신은 물건을 팔고 사는 형식적 결과가 아니라 전체가 균등하게 투자개발하고 운영 관리하여 차별 없는 도시를 만드는 정책에 있다는 사실을 말해준다.

그러면 도시정책이 지방분권주의의 조종을 받지 않기 위해서는 어떤 방법의 규제가 필요한가? 지역분권주의 정책은 지역만을 위한 개발정책 이전에 도시와 국가의 미래를 위태롭게 하는 결과일 뿐이다. 따라서 이 상황에서 탈피할 수 있는 유일한 방법은 지역의 모든 개발정책이 국가 전체의 관점에서, 세계 전체의 관점에서 통합된 시스템에 기반을 두어 운영되는 체제 확립이 절실하다. 즉, 지자체장이 그 지역의 발전을 위해 정책을 추진한다고 할 때 중앙시스템을 통하여 전국 각 분야의 전문기관에서 그 정책을 의무적으로 분석, 검증하여 사업의 추진 가능성을 결정하는 방법이다. 이러한 중앙시스템 개발정책은 그 지역의 물, 공기의 오염, 자연환경의 훼손과 개발로 발생하는 불평등, 차별에서 오는 지역 주민의 피해, 존엄성 및 생존권 상실 등의 문제를 사전에 방지할 수 있다.

데이*는 도시개발정책에 대하여 "혁신적 도시정책은 생태계의 균형, 평등사회, 영토에 대한 정확한 사회적 관점의 인식이 중요하다"고 강조했다. 비정상적인 차별사회, 자연이 파괴된 생태계의 문제점을 해

• Jacques Theys, "L'approche territoriale du developpement durable, condition d'une prise en compte de sa dimension sociale", *IFEN*, 2002.

결하는 것이 바로 혁신적 도시정책이다. 이 정책을 통해 자연생태계와 사회의 상호관계를 회복할 수 있다. 그는 "도시정책의 성공은 지역분권 주의와 세계주의의 연결고리에서 가능하며 지역주의의 개발에 대한 '모순성'과 '이중성'을 탈피해야 혁신적 도시정책이 될 수 있다"고 말한다.

여기서 '모순성'이란 진취적이고 혁신적인 건설 이유를 강조하며 여러 이름을 걸고 추진하는 지역개발사업을 의미한다. 이 사업은 흔히 '문화도시, 생태도시, 만능 기능의 콤팩트 도시, 최첨단 도시, 철도와 도로의 균형, 내구적인 도심개발, 농촌개량, 개량된 민주주의 정착을 위한 건설, 재개발을 방지하기 위한 재개발' 등의 수많은 슬로건을 내세우고 추진한다. 한편 '이중성'은 사회, 정치 문제에 대한 행정부의 권력 위주의 정책으로 지역발전보다 정치공약, 정경유착, 정치 인기 등이 연루된 사업이다.

모순성과 이중성으로 구분된 두 유형의 정책 특징은 기념적인 것, 상징적 관심의 대상 혹은 산업, 첨단 과학단지 등의 경제적 이익을 위한 목적으로 변질되어 도시를 기업 이익이 목적인 프랜차이즈 왕국으로 만든다. 지역 주민의 삶의 수준 또한 도시에서 사는 것과 동일하게 이루어져야 하는 개발 원칙이 무시된다. 지역의 지리적 위치에 상관없이 전 세계인이 동일한 만족을 느끼지 못하는 이유도 도시개발이 지역에 따라 다르게 추진되는 까닭이다.

지역 주민의 동일한 삶을 추구하는 정책은 네덜란드의 도시개발정책에서 찾아볼 수 있다. 농촌의 도시 현대화를 위한 네덜란드 개발정책은 생태학적 기준을 따라 추진된다. 농촌의 자연환경을 그대로 보존한 도시를 만들어 도시의 문화와 농촌의 자연환경의 두 장점을 균등하게 적용한 개발정책은 도시와 농촌의 격차 없이 최고 수준의 환경도시를 만든다.

한국을 비롯한 제3세계에서 행하는 개발정책의 공통점은 자연과 문화가 공존하는 개발의 노력을 시대착오적 발상이나 손해 보는 미련한 사업으로 간주한다는 데 있다. 개발정책에서 가장 중요한 '자연생태계 스스로 생존하는 환경'의 개념을 올바르게 이해하지 못한 것이다.

예를 들면 건설사업을 주도하는 재력과 권력의 세력들은 인구 5000만 명이 사는 도시라면 지구 전체 인구의 1퍼센트에 해당되므로 지구에 방출되는 이산화탄소량도 1퍼센트에 해당된다고 간주한다. 그래서 그들은 아무리 난장판의 개발을 해도 지구환경의 오염 문제가 그들의 개발 사업 때문이라고 생각하지 않는다.

개발정책에서 생태환경과 도시개발은 서로 정반대의 분야처럼 보이지만 서로 융합되는 비중에 따라 그 결과는 완전히 상반되어 나타난다. 생태환경을 신경 쓰지 않으면 도시개발에 상관없이 인간은 생존 위협을 받을 것이고, 도시개발을 신경 쓰지 않으면 문화가 형성되지 않아 자연 속의 원시문화로 되돌아갈 것이다.

도시문화는 인류 역사가 시작된 이래 사회생활에서 형성되어 늘 새롭게 발전하고 변화했지만 생태환경은 기술, 과학, 산업발전, 경제성장 등을 진행하는데 늘 방해 요소였다. 하지만 오늘날 도시개발정책은 그 지역의 경제적 이익, 편리한 일상생활 등의 실용주의 차원의 접근이 아니라 자연생태계와 균형을 이루어 공존하는 도시를 추구한다. 그 대표적 예가 현재 유럽, 미국, 캐나다에서 공동으로 추진하는 지역 생태개발사업 에코시티프로젝트이다. 이 개발정책은 도시와 자연을 융합하는 도시환경이 목적이다.

에코시티 정책은 인구 수백만 명 이상이 사는 대도시의 공간이 번잡하지 않고 숲과 나무로 우거진 자연공간에서 자동차 없이 일상생활을 할 수 있는 도시를 말한다. 이 정책은 현실을 초월한 꿈과 이상을 담은 상상의 세계가 아니라 실현 가능한 세계로 1퍼센트의 결점도 허용하지 않는 '무결점의 도시'를 추구하는 도시정책이다. 그러나 이 '무결점의 도시정책'은 선택사항이 아닌 법의 강제성을 띤 의무정책일 때 가능하다. 금융, 토건재벌 세력은 이 정책을 이익은커녕 손실만 있을 터무니없는 사업으로 인식하기 때문에 그들에게 자발적 동의나 공감을 기대하기란 불가능한 이유에서다.

이 정책을 추진하는 정부의 확고부동한 의지가 없고 강력한 법적 효력을 부여하지 않는다면 누가 환경을 위한 엄청난 개발비를 지불하겠는가? 토건재벌에게 콘크리트 비용 그 이상의 비용이 들어가는 나무와 잔디심기에 필요한 생태환경 분담금을 강요한다면 그들은 자체적으로 그 어떤 개발사업조차 벌이지 않을 것이며 기업 이익을 위해 다른 종목의 사업에 집중 투자할 것이다. 따라서 이 정책이 실현되기 위해서는 정부의 강력한 의지가 가장 중요하다. 정부의 의지가 합리적이라면 시민 모두가 공감하고 동의하는 정책이 되어 '무결점의 도시정책'은 성공적인 결과에 이를 수 있다. 성공적인 결과란 사회를 안정시켜 각종 범죄, 자살, 노숙자, 실업률, 출산율이 감소하고 차별주의, 토건 세력의 족벌주의, 독재주의, 지방자치단체장의 착각과 범죄행위 등이 역사 속에서 사라지는 것이다.

에코시티프로젝트는 과거 17세기 근세 시대와 비슷한 경우다. 그 당시 모든 유럽 도시는 왕의 권위이자 영광의 상징으로 간주되었기에 부르주아 재벌들은 절대권력의 명령 아래 개발을 진행하여 오늘날 화려

두바이의 도시는 홍콩이나 상하이, 뉴욕 맨해튼과 별로 다르지 않다.
2008년 3월 두바이의 정경(위). ⓒDavid Pin
두바이의 시가 정경(2006)(아래). ⓒM. Faisal Murad Peshawar

한 바로크 시대의 유럽 도시들이 형성될 수 있었다. 또 근세를 지나면서 유럽의 정치체제가 의회정치의 사회민주주의 체제로 바뀌어 '국가의 모든 자산은 공공의 것'이라는 인식 아래 그들은 유럽복원정책과 현대화 도시정책을 성공적으로 추진할 수 있었다.

만일 행정권자가 토건재벌 세력의 심기를 불편하지 않게 권고와 설득 형식의 정책을 추진했다면 '무결점의 도시정책' 실현 가능성은 기대하기 힘들다. 대신 재벌과 유착하여 이전 도시의 역사적 흔적조차 모조리 쓸어버리고 그 위에는 세계 초고층의 건물, 그러나 임금 착취로 비인간적인 빌딩들로 가득 찼을 것이다.

두바이의 도시(281쪽 사진)는 두바이만의 특색 있는 도시가 아닌 세계 각국에서 볼 수 있는 비슷한 모양의 빌딩을 선별하여 모아놓은 빌딩들의 집합소가 되었다. 두바이만의 도시 정체성을 찾지 못한 것은 가장 큰 비극이지만 한국처럼 5000여 년의 역사와 전통이 숨 쉬는 역사적, 문화적 흔적과 자연생태계를 불도저로 싹 밀어버리고 신도시를 건설하는 정신 이상자만이 할 수 있는 정책과는 분명 다르다.

현시대의 지식인들은 두바이의 건설을 과거의 역사에서 찾아볼 수 없는 나무 한 그루 없던 텅 빈 사막이었다는 점에서 21세기 시대적 발상의 신도시로 간주한다. 그래서 그들은 사막에 생태공원을 조성하기 위해 엄청난 투자와 노력을 아끼지 않았다는 사실에 찬사를 보낸다. 버려진 땅에 문화를 조성하는 그들의 노력은 비록 진정한 도시 건설 정책은 아니지만 미래를 향한 혁신정책으로 간주된다.

비정상적 건설정책은 정부와 재벌의 정경유착, 친기업 정책, 부동산 개발과 투자를 통한 경제적 이익 등과 같은 사고방식에 기인한다. 하늘을 찌르는 광대한 건물들이 집중된 도시일수록 그 도시에 사는 시민 대부분은 가난하고 소수의 토건 및 금융 세력들은 엄청난 부자가 된다. 이런 유형의 개발정책은 종종 시민을 위한 정책에서 벗어나 부동산 투자 유치를 위한 사업으로 변질되기에 국제 금융위기, 경기침체 등의 문제가 발생하면 정부, 공기업, 토건기업, 금융기업 등은 터무니없는 사업을 남발하여 천문학적 빚더미 도시로 전락하게 된다.

내일신문*에서는 한국은행 자금순환도 국가결산 자료에 따르면 "2006년부터 2009년 3년 사이에 기업부채는 822조 원에서 1233조 원, 일반 시민 가계부채는 671조 원에서 854조 원, 국가부채는 282조 원에서 359조 원으로 늘어났다"고 한다. 부채증가율 대부분이 최근 주택담보대출, 가계금융부채, 기업부채로 특히 공기업부채 중 개발정책을 주관하는 주택공사의 부채는 260조 원에 이른다고 한다. 그들이 그동안 얼마나 부실한 개발정책을 무책임하게 남발했는지 그 심각성은 중범죄에 해당한다. 민간부문 부채는 2087조 원이 넘어 국민총생산의 194퍼센트를 넘은 상태이며 정부 부채비율은 국민총생산의 33.8퍼센트라고 하지만 공기업부채는 민간기업에서 제외했기 때문에 실제 상황은 더 심각하다고 한다.

이 결과에 대한 책임은 누구에게 있는가? 잘못을 냉철하게 책임지는 사회만이 혁신의 길로 나아갈 수 있다. 이런 결과는 행정권한자들의 무능력과 직권 남용에서 비롯된 것으로 이미 오래전부터 사회 관행으로 자리 잡아 정권이 바뀌면 누구도 책임을 거론하지 않는다. 책임정치, 도덕정치의 정치철학에 무지한 권력자들이 정책을 올바르게 인식하고 판단할 수 있는 제도적, 정신적 사회혁신이 이루어지지 않는 한 건설정

---

* 〈한국부채규모〉,《내일신문》, 2010년 8월 4일자.

책은 '무결점의 정책' 대신 '엉망진창의 무능정책'에서 결코 벗어나지 못할 것이다. 이는 정부가 G20 회원국임을 자부하고 세계화 정책을 강조하지만 실제적으로 국가 전체를 부도내버리는 형식주의에 빠져 있음을 증명한다.

레글*은 "오늘날 수많은 도시는 기존 도시에서 더 나은 삶의 환경을 추구하기 위해 끊임없이 개발을 추진하지만 부동산 관련 기업들은 사람들이 선호하는 유행 형태를 계속 만들어내 도시가 지닌 원래의 매력과 본질을 엉뚱하게 변질시켰다. 즉, 도시는 거대한 기업 세력이 만든 '부동산 상품시장'으로 변질되어 빈익빈 부익부의 도시로 전락했다"고 한다.

다시 말해 국민 전체를 위한 정부 정책이 기업 위주의 개발로 변질되면서 지구의 생태계를 훼손하고 있다. 수많은 국가의 권력자들이 여전히 생태계의 중요성 대신 건물의 모양, 방식과 유행을 더 중요하게 인식하기 때문이다.

이렇게 전 세계에서 자연생태계를 파괴하는 개발정책은 시종일관 경제적 효과, 산업발전 및 첨단과학화, 도시재개발, 외곽 주변의 도시화를 위한 명목으로 추진되었다. 하지만 1992년 리우회의 이후 세계는 '현대화'를 위한 개발정책에서 벗어나 생태계를 회복하는 생태도시화를 추진한다. 생태도시화란 이미 훼손된 생태계를 회복하는 방법으로 비산업화, 비도시화의 방법밖에는 대책이 없다.

생태도시화의 구체적 사례를 보면 프랑스 북부 릴 시는 도시 주변에

---

* Lydie Laigle, "Métropolisation et développement durable", *CSTB*, 2006, pp. 33~36, n° 70.

유럽 최대의 과학, 교육, 공학, 기술의 첨단산업단지 소피아앙티폴리스. ⓒSophia Antipolis

건설된 대단위 산업지대를 완전히 비산업화해 새로운 전원도시로 태어났다. 반면 서부와 동부지역의 수도인 렌과 스트라스부르는 이전의 산업단지를 자연생태계 환경이 융합된 과학단지, 서비스화된 특수지역으로 탈바꿈했다.

　20세기 초기 국가 경제성장의 주요 정책으로 도시 주위에 겹겹이 비늘 모양으로 만들어진 산업단지들이 국가 성장을 저해하는 요인이었는데 그 원인은 바로 공해와 지역 차별이었다. 산업단지가 들어서면서 주변 도시환경은 더욱 나빠져 그 지역에 사는 주민들은 정상적인 도시생활을 하기 힘들었다. 그래서 지역 차별의 근절을 위한 정책으로 공장이나 창고가 모인 산업단지에 생태계를 조성한 결과 우거진 숲에 무공해 과학 및 서비스 단지로 탈바꿈한 것이다.

　이 비산업화 정책은 1970년대 이후부터 유럽 전역으로 확산되었으며 오늘날 자연생태계를 고려하지 않은 특수한 목적의 산업 및 과학단지의 건설은 존재하지 않는다. 1969년 프랑스 남부 지중해에 설립된 첨단과학단지 소피아앙티폴리스가 이를 증명한다.

이 과학단지는 6400여 헥타르 규모의 최첨단 과학기술을 자랑하는 전자 · 통신 · 항공 · 의료 등 수백 가지 분야의 1400개 연구소와 대학, 1300개 기업, 상시 고용인 3만 명이 모인 유럽의 실리콘밸리다. 이 단지의 개발정책에서 가장 중요한 개념은 바로 앙티폴리스anti-polis다. 즉, 도시를 거부한 도시, 도시적 형태를 거부하고 자연생태계의 과학도시로 탄생한 것이다.

한국은 어떠한가? 한국의 건설정책은 선진국들의 이 같은 비산업화의 움직임과 정반대되는 길을 당당하게 걸어가고 있다.

한겨레* 보도에 따르면 새만금 간척사업은 세계 최장 길이(33.9킬로미터), 공사기간 19년, 공사비 2조 9000억 원, 서울시 면적의 3분의 2(401제곱킬로미터)를 차지하며 한국 경제의 주역이 될 역대 최대의 개발사업으로 평가받는다.

농림수산식품부는 이 간척사업을 '녹색 성장의 거점'이라고 말한다. 엄청난 면적의 바다 갯벌 생태계를 파괴해놓고 녹색 성장이라 말하는 자체가 모순이다. 정부는 새만금 간척지를 '농업용지, 산업용지, 관광 레저, 국제 업무, 과학연구용지, 신재생에너지, 도시용지, 생태환경용지' 등의 온갖 용도의 이름을 붙여 개발할 예정이며, 산업 관광 · 레저 생태환경 용지를 활용해 67.3제곱킬로미터의 도시를 계획한다고 한다. 또 기반시설, 수질 개선 등으로 20조 8000억 원을 추가 투자하여 명품

---

* 〈새만금 방조제〉, 《한겨레》, 2010년 4월 26일자.

복합도시, 관광활성화, 경제 중심 도시를 만들겠다고 발표했다. 어마어마한 자연생태계를 파괴하고 부동산을 만들어 기업들의 배를 채워주겠다는 것이다. 과연 전 세계에서 누가 이 자연 파괴의 행위를 보고 국가번영을 위한 개발정책이라 말하겠는가?

새만금 방조제만큼 심각하고 터무니없는 사업이 또 있다. 바로 바다를 막아 호수로 만들겠다는 시화방조제 사업이다. 방조제 바로 옆에는 수십 년 전에 형성된 시화호 면적의 약 4분의 1이 넘는 시화공단이 수십 년 동안 방치되어 마치 유령 도시나 다름없다. 이 공단은 만들어질 때부터 지금까지 공원은커녕 서울의 아파트 단지에 흔히 심어 놓은 나무 몇 그루의 정원조차 없다. 이 지역의 행정책임자들은 이 주변에 살고 있는 경기도 시민의 삶을 보고 과연 정상적인 도시의 문화와 자연환경을 누리는 삶을 제공했다고 말할 수 있는가?

바다를 막아 생태계를 파괴하고 사업용지로 사용하겠다는 이 두 사업은 자연생태계를 회복하려는 세계화 정책을 정면 거부하는 행위이

시흥의 시화와 안산의 대부도를 잇는 시화방조제. ⓒ옹진군청

다. 지구환경을 파괴하면서 세계의 평등사회, 평화를 위한 G20 회원국
이라는 사실에 모순이 있음을 깨달아야 한다. 이 정책은 '모순성'과 '이
중성'의 극치를 나타내는 '자만, 과시, 무지'의 산물이다. 사업의 모순
과 위선이 많을수록 이곳을 농업, 산업, 관광레저, 국제, 과학, 신재생에
너지, 도시, 생태환경 등 수십 가지 유형의 개발상품으로 만들겠다는
온갖 사탕발림의 말들이 쏟아진다.

　더 심각한 곳이 있다면 인천 전역에 펼쳐진 공장단지다. 인공위성 사
진에서 드러난 인천광역시는 인구 약 250만 명 이상이 사는 정상적인
도시가 아니라 오염된 고물과 부패된 고철 덩어리들을 잔뜩 쌓아놓은
창고지대와 다를 바 없다. 월미도에서 만석동, 가좌 1동, 용두산 아래까
지 펼쳐진 거대한 공장단지 지대에는 인간은커녕 동식물도 살아갈 수
없는 삭막한 자연환경인데다 매연과 오염만이 매일같이 뿜어 나오고
쏟아내는 지옥의 환경이다.

　경제성장, 산업발전 등의 이유로 자연생태계와 문화의 영역을 파괴
하는 이런 식의 산업정책은 인간의 삶을 황폐화하면서 제품을 만들어
이익을 남기는 데 혈안이 되었다. 한번 자연생태계가 훼손된 지역은 자
연의 특성, 자원, 에너지가 고갈되고 재생이 불가능하여 도시에 사는
인간의 삶에 활동력을 제공하지 못한다. 나무 한 그루 베는 데 걸리는
시간은 10분도 채 안 걸리지만 그 나무를 다시 회복하려면 100년이라
는 세월이 흘러야 하기 때문이다.

　정부의 개발정책이 정책의 테마, 정치적 인기, 여론 등에 따라 추진
되어 다른 지역과 삶의 질에 차이를 두거나, 인구가 한 지역에 유난히
집중되거나, 특정 지역의 부동산 값이 유난히 상승하는 현상이 일어난
다면 그 정책은 실패한 것이다. 또 개발정책이 한 지역을 집중적으로

공략하여 다른 지역 간의 격차가 벌어지고 가격상승을 유도하고 기업의 부동산 투자를 끌어들일 경우 도시는 교통체증으로 마비되는 '관절경직ankylose', 매연, 중금속과 독성의 오염에 기인한 '중독toxicity', 성냥갑 같은 밀집된 공간이 만들어내는 '질식asphyxia'의 도시가 되고 만다. 그런 도시가 바로 소돔과 고모라의 저주받은 도시이다.

자연 그대로의 실존 도시

앞장에서 영속성 도시정책으로 설명한 에코시티 정책이나 자연생태계 보존의 핵심은 도시의 개발을 자연 그대로의 실존적 도시로 추구하는 데 있다. 도시에 나무를 심고 숲을 가꿔 자연환경을 만드는 주목적이 생태계의 환경을 조성하여 더 나은 삶의 환경을 만드는 것이지만 최종 목적은 인간은 자연으로 돌아가야 인간 본연의 존재, 도시의 실존적 존재를 찾을 수 있다는 존재론에 근거를 두고 있다.

유네스*는 도시의 실체는 자연과의 관계에서 그 존재성이 정의된다고 설명한 바 있다. 그가 쓴 보고서를 인용하여 자연을 통한 도시의 실존성에 대해 살펴보고자 한다.

전형적 도시의 실체는 고대 그리스 폴리스의 정치적, 공간적 공공장소를 의미하지만 오늘날 도시는 도시의 상징적, 형태학적 실체는 물론 사회학적, 현상학적 실체까지도 마구 변질되었다. 현대화라는 도시개발로 도시라는 사회적 장소를 거대한 무리가 밀집되어 혼잡한 곳, 사회

*   Chris Younès, "La ville-nature", *Revue Appareil*, special, 2008.

공동체가 제각기 분열된 곳, 개인과 이기주의의 장소를 만들어놓았다. 또 도시개발, 지역경제 활성을 핑계로 방대한 자연의 생태학적 공간을 무참히 파괴하거나 사회적 평등, 지역 균형을 무시하여 심각한 사회균열 현상을 가져왔다. 생태학적, 인문역사학적 개념의 공간으로 정의될 대지의 영역은 건설의 이름 아래 건물과 도로들의 집합장소로 왜곡되어 이전의 형태학적, 지리학적 흔적조차 찾아볼 수 없는 별세계가 되어버렸다.

이러한 도시개발의 변질된 결과에 대해 세키*는 "이는 도시가 발전하는 단계가 아니다. 이것은 원칙을 벗어나 온갖 잡종의 이종교배 결과에서 나타나는 변종의 결과일 뿐이다. 오늘날 도시는 '확고부동한 내구력을 갖춘 도시를 개발한다며 만든 옆으로 분산되어 펼쳐지는 도시'와 '역사적 혈통과 계보의 문화유산을 보존하는 도시'로 분류되어 심각하게 서로 격돌한다"고 보았다.

도시의 개발이 환경에 민감하게 작용하는 도시사회학적, 자연생태학적 요소보다 도시를 광대하게 펼쳐놓고 도시 유동성에 가치를 부여하고 찬미하는 역설적 현상이 벌어진다. 도시의 영역을 개발이라는 명목 아래 민영화하여 재벌들과 땅투기꾼들이 서로 치열하게 싸우는 투기장소로 변질되는 심각한 현상이 일어난다. 도시는 과격하게 혁신을 주도하는 극단론자의 장소로 혹은 일확천금의 상금을 위해 격투를 벌이는 격투장으로 전락했다.

이러한 현상에 대해 슬로터다이크**는 "도시의 지역들은 도시라는

---

* Bernardo Secchi, *Revue Urbanisme*, p. 12, n° 306.
•• Peter Sloterdijk, *Sphère I, II et Ecumes, Spheres III*, Maren Sell éditeurs, 2005.

구면체 안에 속해 있으며 각각 전혀 다른 알맹이로 형성된다. 삶의 환경은 모태의 자궁에서 시작하여 인터넷까지 이르렀다. 인간은 둥근 천장인 쿠폴coupole의 공간에서 살다가 인간관계와 교류라는 현실의 환경을 지나치게 강조하는 궤변의 도시에 살게 되었는데, 이런 삶은 바로 거품일 뿐이다"라고 말한다.

쿠폴의 공간이란 고전주의 도시에서 나타나는 인간의 사회적 삶을 의미하고, 인간관계와 교류를 중요하게 간주하는 현실의 환경이란 교통, 통신, 인터넷 접속 등의 삶을 의미한다.

낭시*는 로스앤젤레스의 현대화된 도시의 진행 과정과 경험적 사실을 통해 무엇이 중요한지 설명한다. 그는 현재 보이는 로스앤젤레스의 높은 건물들이 모여 있는 현대화를 찬양하는 것보다 이 도시가 어떤 과정을 거쳐 발전해왔는가를 정확히 파악하는 것이 더 중요함을 강조한다. 과거의 역사적 사실을 무시하고 현대화라는 욕망으로 도시건설을 추진하면 그 도시의 지역들은 각각 고립되고, 분리되고, 권력의 지배를 받는 도시가 된다. 그리고 각각 고립된 지역들로 이뤄진 지역의 삶은 다른 사람과 더불어 살지 못하고 서로 격돌하고 충돌하여 곧 사회 분열이 폭동으로 번지게 된다.

그러나 도시를 자연으로 만든다면, 도시의 실존적 본질을 자연에서 찾는다면, 현시대에서 나타나는 도시의 현상적 실체는 180도 달라진다. 도시와 시골, 문화와 자연, 인간과 생태계 간의 융화가 이루어져 도시는 상상을 초월할 만큼 발전한다. 하지만 도시가 자연으로 돌아가야 한다는 이 주장에는 단순히 일반적이고 습관적 관점에서 자연으로 접

---

*   Jean-Luc Nancy, "La ville au loin", *Mille et une nuite*, 1999.

근할 수 없는 주제가 내포되어 있다. 이를 위해 요나스*는 자연도시란 도시에 현존하는 자연공간을 이루는 물리적 형태도 중요하지만 인간 중심의 휴머니즘이 동시에 준수되고 이를 예증할 수 있는 자연의 변화가 이루어져야 한다고 말한다. 이 원칙은 곧 세르**의 '자연계약Contrat Nature'과 베르크***의 '세상에서 사람이 살 수 있는 장소Ecoumène', 슬로터다이크의 '삶의 철학Biosophie'에서 주장하는 이론과 일치한다.

세르는 '자연계약'에서 인간은 지구의 땅과 하늘을 둘러싼 아름다운 생명의 자연을 파괴할 권리가 없으며 자연을 책임지고 지켜야 할 의무가 있음을 분명하게 명시했다. 그는 이러한 의무에 대해 "자연이란 무엇인가? 자연은 그 영역 자체가 인간의 모든 조건을 가진 전체를 의미한다. 자연이 제멋대로 왜곡, 변형되거나 파괴되어 소멸된다는 것은 곧 그 지역에서 살아가는 인간의 삶이 강제로 구속되는 일과 같다. 자연은 사람이 편하게 지낼 수 있는 쾌적한 환경의 주거공간을 만들고 춥지도 덥지도 않은 난방시설과 일할 수 있는 의자와 테이블이 있는 훌륭한 고급 호텔과도 같다. 만일 자연을 해치고 악용한다면 그 순간부터 인간의 정상적 삶의 조건을 강제로 빼앗고 제거하는 것과 같다. 자연은 인간의 삶의 조건이자 삶의 주제다"라고 말한다.

베르크는 도시의 영역을 정의하는 지리학 분야에 철학의 존재론이 부재되어 있음을 지적한다. 그는 "인간의 존재는 지리학적 존재다"라고 정의했는데 이는 지구의 모든 환경의 소재를 관장하는 지리학의 학문에 대해 왜 자연과 영토의 개념이 공존해야 하는지 영토의 본질이 무

- • Hans Jonas(1903~1993), *Le principe responsabilité*, 1979.
- •• Michel Serres, *Le contrat naturel*, poche, 1990, p. 64.
- ••• Augustin Berque, *Ecoumène*, Paris, Berlin, 2000.

엇인지 그 이유를 밝히는 철학적 사고로 인식해야 한다는 것이다. 그는 지구의 환경이 적절하고 올바른 우주론의 이론과 개발로 자연을 훼손하는 현대화의 조건이 서로 균형을 이루어야 함을 요구한다. 우주론의 이론은 곧 자연은 단순히 눈에 보이는 형상의 소재가 아니라 현상학적 본질로 그 존재성을 증명하는 존재론에 근거를 두고 있으며, 이 존재론은 플라톤과 아리스토텔레스에서 시작하여 데카르트, 뉴턴이 완성한 철학을 뜻한다.

슬로터다이크*는 '삶의 철학'에 대하여 "인간의 삶은 추상적, 형이상학적 그리고 전체주의적 개념의 정치 성향으로 해석되어서는 안 되며 다양한 초점과 가능성으로 접근해야 하는데 그것이 바로 삶의 철학 연구다. 이 연구는 인간의 삶에서 지구환경, 대기, 면역체계, 육지가 물 속에 가라앉아 수장되거나 격리 혹은 고립된 것, 인류 기원학적 관점에서 도시가 별개의 섬으로 만들어지는 것, 문화 대신 에어컨의 삶이 강요되는 것 등 사회 주요인과 공동체의 조직 등을 중요하게 간주한다. 이 '삶의 철학'은 지구에서 인간의 삶을 위한 공간은 어떻게 구성해야 하는지를 이해하게 해준다"고 설명한다.

현시대의 도시는 현대화라는 위기에 처해 있다. 현대화의 위기에 대해 유네스는 "현시대에서 서양의 현대화의 움직임은 자연으로 돌아가야 하는 인간의 본질을 방해하는데 이러한 현상은 17세기 갈릴레이(1564~1642), 베이컨(1561~1626), 데카르트(1596~1650)가 정의한 이원론을 정면 대응한다. 즉, 인간을 자연 밖으로 내몰아 자연을 인간 마음대로 조정한다"고 말한다.

• Peter Sloterdijk, *Ecumes, Sphere III*, 2005, pp. 145~146.

자연에 대한 인간의 일방적 판단은 자연을 파괴하고 사람들에게 황폐한 삶의 환경을 만들어 두려움과 공포에 떨게 하거나 무책임한 사회를 조장하는 사회 분열과 같은 심각한 문제를 낳았다. 자연의 순수함과 자연과 공생하는 도시에 대한 개념은 과학기술 지상주의자들의 가상적이고 비인간적 상상을 통해 현대화의 개념으로 대체되었다. 결국 보이는 것은 자연을 흉내 내고 있으나 내용의 본질은 사라진 데 있다.

　　하이데거*는 자연의 순수함에 대하여 "자연의 순수함은 자연 그 자체에서도 나타나거나 형성되지 않는다. 이 세상에는 고대 그리스 사상가들이 정의한 '자연 그 자체Physis'**의 개념, '부활과 쇠퇴'를 반복하는 자연의 '존재와 부재'를 더는 찾아볼 수 없다. 이른 새벽 환하게 떠오르고 저녁에는 노을을 만드는 태양과 달과 별들의 움직임이 삶에 직접 연관된 것처럼 자연은 수많은 세상의 신비를 감추고 있다"고 설명한다.

　　사람들이 도시화의 과정에 대해 자연환경의 원상회복은 불가능하다고 착각한다면 정상적인 도시를 거부하는 것과 같다. 자연에 대한 욕구가 강할수록 이 세상은 인간에게 더 적합한 환경으로 변화하고 인간의 문화는 자연과 조화를 이루어 더욱 발전한다. 도시는 자연으로 말미암아 시적 도시가 되어야 하며, 녹색화되어 시골이 되어야 하며, 실크스크린으로 채색되는 것처럼 아름답게 표현되어야 한다.

　　자연이라는 단어는 물, 공기, 땅, 불, 동식물군으로 표현되며 인간의 삶에서 계절의 리듬, 낮과 밤, 심장과 호흡, 깨어남과 잠듦 그리고 탄생과 죽음의 가치를 포함한다. 여기에 반복되는 생명 탄생의 의미를 함축

- 　Martin Heidegger, *Hebel, l'ami de la maison*, 1958, trad. Paris : Gallimard, 1966.
- ••　고대 그리스 언어로 자연을 의미하며, 그리스 철학의 기본 개념이다.

한다. '자연nature'은 '미래의 탄생Futur de Nascer'을 뜻하며 고대 로마어의 어원에서 유래한다. 미래의 탄생은 물체의 탄생을 의미하므로 고대 그리스의 'Physis'와 그 의미가 일치한다. 이 'Physis'의 근원인 'Phù'는 '성장과 발육'을 의미한다.

아리스토텔레스는 《자연학Physique II》(1~192장)에서 자연은 자체적으로 다른 것이 되고 스스로 이동, 성장 혹은 감소하는 가능성을 가지고 자체적으로 움직이고 정지하는 원칙에 기준하여 '만들어진 존재'와 '자연적인 존재'로 구분했다.

메를로퐁티*는 "자연은 인간이 생존하기 위한 영역 밖의 존재가 아니라 바로 인간 자체를 형성하여 우리가 존재한다"고 말한다. 자연은 만들어진 세계가 될 수 없으며 더 멋있는 풍경을 만들기 위해 축소되거나 왜곡될 수 없다. 자연의 요소로 구성된 풍경을 조성한다면 자연의 공간성과 예술화 과정을 고려하여 그것이 현실적으로 개인의 주제인지 혹은 단체의 주제인지 지적이고 정상적 사고로 판단하여 조성해야 할 것이다.

만일 자연은 씨를 뿌리고 재배하고 나무를 옮겨 심어 정원을 가꾸는 것으로 간주하고 사실적 자료에 근거를 둔 과학적 방법으로 취급한다면 자연의 신비로움과 다양성은 인간 세상에 더는 존재하거나 환원되지 않을 것이다. 자연은 그 자체가 다의성의 물자체로 상징성, 상상의 꿈 그리고 사실적이고 실감나는 현실성이 매듭으로 얽혀져 서로 분리될 수 없는 문화를 표현한다. 또 인공, 위조, 거짓의 독으로 균형을 상실

•   Maurice Merleau-Ponty(1908~1961), "Le cours sur La nature au collége de France."

하고 마비된 이 세상을 치료하는 해독제로 훼손된 환경을 재생하게 하는 강력한 잠재력이 있다.

리켜*는 기술 관련 사람들과 과학적 지식은 인간의 살아가는 환경을 불확실하고 덧없게 만들어 결국 이 세상은 재앙의 파국을 맞게 된다고 했다. 과학이나 공학기술로 미래를 예상하고 확신할 수 있는 가능성을 기대하고 모색한다는 것은 이 세상의 종말을 앞당기는 일이다.

현시대에서 벌어지는 자연 황폐는 생태시스템의 파괴뿐만 아니라 인간의 삶 자체까지 무자비하게 파괴했다. 세계는 지구환경 파괴로 두려움과 공포 때문에 지구에 대한 이전의 의식에서 벗어나 마구 변형되는 지구환경에 대한 전략적 방법을 추구했다. 바로 자연보존, 기술개발 그리고 사회체제의 확립이다.

도시를 현대화한다는 것은 곧 지구 운명의 돌변을 불러일으키는 놀이와도 같다. 도시 현대화의 명목으로 절대적이고 냉철한 이론과 사상의 구속에서 해방되어 자연의 생태환경을 불도저로 밀어 완전 초토화하고 도시의 맥락과 배경은 고려하지 않은 채 마음대로 추진하는 일을 현대화의 특권으로 간주한 것이다. 하지만 현대화의 진정한 의미는 인간 문화와 자연의 다이너미즘에서 또 다른 형태의 시너지 효과의 가능성을 상상하는 도전이다.

도시의 현대화는 도시화된 주거지역에 자연환경을 조성하여 지역주민의 삶의 질을 높이고 인공적이고 독성을 뿜어내는 가공물 건설로 자연의 심각한 재앙이 일어나지 않도록 주거환경을 지키고 보호하는 것이다. 또 자연과 조화된 주거지역의 환경은 비인간적 행동을 감소시

*   Paul Ricoeur(1913~2005).

켜 생기와 활력이 넘치는 주거환경을 유지하게 한다.

세계적으로 추진되는 영구적 도시를 위한 개발정책은 도시에 생존 가능성, 존속 가능성, 실현 가능성, 공정성을 부여한다. 영구적 도시를 위한 이 정책은 20세기 후반부터 범세계적 차원의 의무적 틀 안에서 핵심 주제로 탄생했는데 바로 '기술과학', '효과적인 금융경제', '생태 보존', '삶의 발전과 혁신'의 결합이다.

하지만 이 정책의 애매모호한 개념 설정으로 많은 학자가 논쟁을 벌였으나 이 정책은 도시화 정책의 효과적인 방법으로 현재까지 추진되어 주거환경에 많은 변화를 가져왔다. 이에 메를로퐁티, 베르크 등의 학자들은 혁신적 정책의 개념에 대해 아래와 같이 설명했다.

- 정상적인 도시화 정책은 규격과 모델에서 벗어나 그 지역에 일치하는 예술적 가치에 적합한 내구성과 공명성을 회복해야 하는데 이 예술적 가치는 세계화를 향한 효과와 역할을 고려해야 한다.
- 모든 도시의 변형, 개발의 결정은 정치적 관점에서 또 기술적, 상업적 효과도 중요하지만 도덕적 관점이 더 중요하게 적용되어야 한다.
- 도시의 형태학적 맥락에 조화되지 않거나 과시와 자만의 건축으로 발생하는 문제점이 발생하지 않도록 정책 과정과 절차를 명확하게 검증해야 한다. 건축 행위를 위한 행정절차 및 진행과정이 재설정되어 다른 분야와도 상호관계와 균형발전이 정책 결정의 주요 개념으로 추진되어야 한다.

이러한 혁신정책은 궁극적으로 도시의 시민들이 도시와 자연은 분

서울시가 추진하는 휴먼타운의 조감도. ⓒ서울시청

리될 수 없는 영역으로 간주하고 그 사회의 근본적 사고방식, 관리 및 운영방식, 토지에 대한 인식의 변화가 있어야 가능하다.

자연의 출현으로 도시가 새롭게 재구성되는 변화에 대하여 슬로터다이크는 자연을 통해 인류학적, 정치학적, 지형학적 요인이 변화된다고 설명한다. 그는 '도시는 인간적 공간과 장소로 발전해야 하는데 인간적 도시는 필요한 시설의 설치나 마음대로 변형한 인공적인 자연환경에서 만들어지지 않음'을 강조한다.

20세기 말부터 유럽에서 추진했던 '자연 속의 도시' 정책은 오늘날 전 세계적으로 확산되는 반면 한국의 도시개발정책은 1960년대 건설방식을 벗어나지 못하고 있다. 외환위기, 경기침체 등으로 부동산 분양에 문제가 발생하자 이 상황을 극복할 개발사업으로 새로운 재개발사업이 등장했다.

프랑스 중부의 인구 4만 명이 사는 자연 속에 파묻힌 도시.

머니투데이*에 따르면 서울시는 인간 중심의 도시 조성사업으로 휴먼타운 조성사업을 추진한다고 한다. 사업의 목적은 아파트의 장점과 저층 주거지의 골목길을 살려 커뮤니티가 살아 있는 신개념의 주거정책에 있으며 인수동 능안골, 성북동 선유골, 암사동 서원마을 등을 시범사업지로 지정했다. 그러나 이 휴먼타운의 조감도에서 왜 이 사업이 다른 재개발사업과 무엇이 다른지, 왜 이 사업을 휴먼타운이라고 명명하는지 입증할 만한 명확한 근거가 없다. 길거리에 나무 몇 그루와 CCTV를 설치해놓고 휴먼타운이라 이름을 붙이면 휴먼타운이 저절로 된다고 착각하는 것이다.

서울시가 휴먼타운이라는 이름으로 개발정책을 추진한다면 이 타운

• 〈아파트 공화국 서울, 휴먼타운 뜨나〉, 《머니투데이》, 2010년 9월 23일자.

은 건물의 면적보다 자연의 면적이 더 많아야 하고 건물마다 마당과 정원이 설치되어야 할 것이다. 또 이 지역의 중심은 어린아이, 청소년, 시민을 위한 공공장소는 물론 문화생활을 위한 장소들도 지역마다 설치되어야 할 것이다. 인간이 인간답게 살 수 있는 환경을 조성하는 정책만이 '휴먼'이라는 단어를 감히 사용할 수 있기 때문이다.

반대로 프랑스 중부의 인구 4만 명이 사는 도시(299쪽 사진)는 자연에 파묻혀 도시 전경이 보이지 않는다. 도시에는 혼자 잘났다고 삐죽 튀어나온 고층 아파트는 물론 텅 빈 고속도로와 주차장 공간도 보이지 않고 도시 전체가 일정한 높이로 같은 맥락을 형성하여 나무들로 가득 찬 숲만 보인다. 이 도시의 책임자들은 거리에 나무 몇 그루 심어놓고 휴먼타운이라 생색내는 것이 아니라 아예 숲 속에 도시를 만들어 시민들에게 자연생태계의 삶을 만들어준다. 도시가 자연 속에 잉태되어 주민에게 실질적인 인간적 삶을 보장할 때 그 도시를 휴먼타운이라 말할 수 있다.

도시의 영속성, 도시의 존재성

영속성 도시를 추구하는 정책은 혁신정책으로 모든 사업이 중앙정부 차원에서 국토개발계획에 따라 국책사업으로 추진한다. 건설 착공 및 준공은 사업주인 기업이나 개인이 추진할 수도 있지만 건물의 모양, 공간의 구성, 면적, 조경, 내부 공간, 주위 환경, 지역 분위기 등의 결정은 바로 정부가 책임지고 통제하고 점검해 결정해야 한다.

정부가 결정해야 한다는 말은 국가의 재산인 만큼 사회 각 분야의 전문가들이 철저하게 검사할 수 있는 시스템 체제를 확립해야 하는 것이지 건축심의나 허가의 행정을 맡은 공무원들이 결정 권한을 행사하는 것으로 착각해서는 안 된다. 모든 국가의 정책을 관련 기관에서 자체적으로 계획을 세워 정책을 결정하고 시·도 의회에서 예산을 통과하는 방법으로 정책을 추진한다면 곧 그 사회가 독재정권이거나 민주주의를 겉핥기식으로 알고 있는 무지한 정권의 사회임을 말해준다. 정상적인 정책은 행정책임자의 상상과 권력의 과시에서 추진되는 것이 아니라 사회 각 부서의 전문가들의 지식, 의견, 협의 그리고 동의를 거쳐 계획되고 국민의 의견을 수렴한 최종 결과로 결정해야 한다.

영속성 도시를 위한 정책은 개발 지역에 이름, 출신, 이유, 성격, 재능, 개성 등의 정체성을 찾고 미래의 번영을 추구하는 사업으로 최고의 정책과 최선의 노력이 따를 때 지역에 잠재된 가능성과 가치를 찾아 영속하는 도시로 만들 수 있다. 그런데 이런 최고의 정책은 전문가들도 아닌 예산을 집행하는 행정기관의 공무원들로부터 나올 수 없다. 여기서 말하는 정체성이란 민족의 전통, 혈통, 민속, 역사, 사회, 문화, 지리, 생태적 자연환경 등 물질적, 정신적 본체를 의미하며 정체성의 확립은 곧 지역의 실질적 장소의 탄생이자 개발정책의 성공을 의미한다. 이런 이유로 도시정책은 거리에 있는 단순한 벤치, 가로등이라 할지라도 최고의 작품을 만들어야 하며 과반수 찬성은 물론 공청회의 변명과 타협으로 결정해서는 안 된다.

영속성을 추구하는 개발정책은 구체적으로 도시의 내구력, 보호 능력, 그리고 협력관계가 주요 개념이다. 도시의 '내구력'이란 예상치 못한 사회 혼란, 위기, 대이변, 재앙, 교란 등으로부터 도시의 정체성을 보전하고 지키는 대처 능력을 의미한다. 이 내구력은 사회 전반에 걸친 모든 분야의 문제점을 미리 예지하여 신속하게 반응할 수 있는 능력으로 시민 모두가 공동책임, 연대의식, 윤리, 예의, 도덕을 중요시하는 사회에서 형성된다.

　도시의 '보호 능력'은 시민의 삶을 지키고 보호하는 능력으로 그 능력은 자연환경의 조화로부터 얻는다. 시의 인프라시설, 주거지역, 산업단지, 공공장소 등에 자연생태계의 환경이 조성되면 시민을 위한 도시의 보호 능력은 강해진다. 그래서 도시의 모든 개발은 이유를 막론하고 이미 조성된 지역의 자연환경 생태계시스템을 파괴하지 않고 보존함은 물론 자연생태계에 귀속되어야 한다.

　도시의 '협력관계'는 다른 도시와 세계의 상호의존관계를 통해 자립적이고 견고한 자치도시로 거듭남으로써 세계화를 발전시킨다. 앞에서 이미 설명했듯이 세계화는 선진국 주요 국가만의 조직에서 추구되는 것이 아니라 선진국이든 개발도상국이든 모든 국가가 차별 없는 유대관계를 형성하여 경제적, 문화적 혜택을 함께 공유함을 의미한다.

　에멜리아노프*는 "도시의 혁신적 개발정책이란 도시를 영속성의 장소로 만드는 것이며 이 영속성 도시는 그 도시만의 정체성과 문화가 영구적으로 보전되어야 가능하다"고 말한다. 그가 말하는 시간의 영속성은 앞에서 설명한 대로 어떤 재앙과 위기에도 변함없는 도시의 내구력과 같다. 그는 '도시의 영속성이란 그 시대의 시간, 정체성, 공동의식 그리고 장기적인 다이너미즘이 끊임없이 지속하는 것'으로 정의한다. 그것은 곧 도시의 흘러간 세월, 지나간 시간이 아니라 '창조되어 살아온 기간'을 의미한다.

• 　Cyria Emelianoff, "Comment definir une ville durable?", *Géographe*, 09, 2002.

창조되어 살아온 기간의 의미는 베르그송*의 철학에서 상세하게 알수 있다. 그는 시간에 대해 "물질이 존재한다는 것은 시간의 체험을 통한 경험에서 알 수 있으며 현재의 의식에는 과거와 미래가 다 포함되어 있다. 인간의 지성은 미래를 내다보는 예감과 직관의 능력이 있는데 이능력은 미래에 일어날 위험에서 안전하게 보호하는 강력한 힘이자 우리 삶을 영속적으로 편안하게 만드는 도구다"라고 했다.

그는 또 《물질과 기억》**에서 "인간의 영혼과 정신은 비물질이기에 공간이 아니라 시간으로 그 존재성을 정의해야 한다. 그러나 인간의 몸은 물질이기에 시간이 아닌 공간 안에서도 그 존재성이 정의된다. 못에 걸린 옷의 경우처럼 옷과 못의 두 물질이 동시에 한 공간에 공존해야 못에 걸린 옷의 모습이 가능하다"고 한다. 곧 인간이 살아가려면 '공간'이 필요하지만 그 몸의 내부에 있는 영혼은 '시간'에 존재하므로 공간은 시간과 동시에 탄생되어야 한다.

도시개발을 위한 정책도 마찬가지다. 정책의 목적은 현재 살아 있는 인간의 삶을 충족시키기 위한 행위지만 동시에 미래에도 지속되어야 하므로 도시정책은 '도시의 존재성'에 대한 영속적인 시간 개념에서 출발해야 한다. 현재의 도시에서 미래를 예지할 수 있을 때 그 도시에는 역사, 지리, 특성, 휴머니즘, 생태의 자연, 미학의 예술성 등이 내포되어 삶의 시간은 멈추지 않으며 영속적으로 성장하고 번영한다.

도시의 영속성은 도시에서의 차별 없고 끊임없는 다이내믹의 삶을 의미하며 이 삶은 도시의 사회성과 기능에서 나타난다. 도시의 사회성

---

*   Henri Bergson(1859~1941), "Essais sur les données immediates de la conscience", 1889.
** Henri Bergson, *Matière et mémoire*, 1896.

과 기능은 그 장소를 구성하는 여러 요소와 요인이 결부하여 작용하는 근접성 개념으로 접근해야 한다. 근접성 개념은 앞장에서 건축과 도시 계획적 관점에서 설명했지만 현상학적 관점에서 설명하자면 다음과 같다.

근접성은 이념부터 방법까지 포괄한 개념으로 장소와 서비스 행위의 관계, 자연환경과 휴식 공간의 관계 등을 응용한 개념이다. 즉, 상가를 만들면서 고객을 위한 서비스 공간과 동선을 연구하는 것, 숲 관광지의 보존지역과 관광 영역을 정하는 것, 민주주의의 자유와 방종 그리고 범죄행위의 경계를 설정하는 것, 특정 장소를 개발하는 과정에서 어느 연령대의 사람들이 가장 중요한 대상인지 파악하는 것 등을 결정하는 개념이다.

근접성 개념의 정책은 고속도로 주변에 자연생태계의 숲을 조성하는 것, 주차장 시설에 공원과 문화시설을 공유하는 것, 인구 수십 명의 시골 마을을 도심지와 동일한 문화 수준으로 개발하는 것이다. 또 복잡한 도시라도 도심에 나무가 울창한 공원이 있고 도로에는 도보 전용 및 자전거 전용 도로가 설치되어 있다. 그리고 번화한 도심의 거리마다 운치 있는 벤치와 가로등이 가로수와 어울려 많은 사람이 독서를 즐기는 장소를 만드는 것이다. 이처럼 근접성 개념의 정책은 도시의 삶의 질을 높임으로써 도시는 높은 경제성장, 풍족한 사회복지, 서민 경제 중심의 금융정책, 지방자치단체의 세계화 추진 등을 이룰 수 있다.

하지만 무지한 정치권과 행정관료들은 이 근접성의 개념을 도시 유동성으로 착각한다. 그래서 그들은 전국에 복잡한 운송망을 설치하기 위해 고속도로, 터널, 운하, 하천 개발을 강행하여 전국의 자연생태계를 오염시키고 인류의 생명까지 위협한다. 근접성을 유동성의 개발로 착각한 정책의 결과는 곧 지정학적 관점에서 부정적 결과를 가져온다. 즉, 운송 도로망의 건설은 더 많은 에너지 소비를 증가시키고 대기오염이 증가하여 이상기후로 공기청정기, 난방기, 소음방지시스템 등의 소비지출이 늘어난다. 또 자연생태계 훼손으로 삶의 질이 떨어지고, 각종 유행병, 호흡기질환, 정신질환 등으로 국민 건강은 악화되고 이에 따른 보건 예산은 증가한다.

유네스*는 "도시의 영속성이란 도시의 각 지역에서 자유롭게 변화하는 삶의 다양성을 의미하며 개발은 도시 고유의 본질을 변질시키지 않는 범위 내에서 개발정책임을 검증해야 한다"고 말한다.

오늘날 도시는 부동산의 가치와 소비의 대상으로 간주되어 계속 몸집만 커가는데 이 모든 행위가 바로 개발이라는 외적 논리로 진행된다. 네덜란드의 도시 발전 과정을 보면 영토는 소유하는 부동산이 아니라 바다와 끊임없는 싸움으로 얻는 귀한 생명과 같은 존재임을 알 수 있다. 감춰진 국토를 찾기 위해 바다와 투쟁한 그들의 토지정책은 한국의 시화호나 새만금처럼 기존 땅은 내버려둔 채 자연생태계를 유지하는 데 가장 중요한 역할을 하는 갯벌을 파괴하고 부동산으로 둔갑시키는 정책과 본질이 다르다.

네덜란드는 지구상에서 가장 인구밀도가 높은 작은 나라지만 바다 수면보다 낮은 지리학적 특성을 잘 살려 생태환경이 가장 좋은 나라로 만들었으며 현재 에이ʝ 프로젝트를 추진하고 있다. 이 프로젝트는 암스테르담의 인구증가에 따른 주택 부족 문제를 해결하기 위한 건설정

* David Marcillon, Didier Rebois, Chris Younès, "Figures urbaines du durable", *Ecoquartier*, urbanisme, 2006.

암스테르담 에이뷔르흐 프로젝트(2006). ⓒGNU Free Documentation License

책으로 2000년부터 암스테르담 동쪽 해안에 위치한 에이 호수에 인공
섬 7개를 만드는 에이뷔르흐 개발사업을 말한다.

이 개발사업은 15년 안에 1만 8000세대의 주택을 건설하여 인구 5만
여 명, 1만 2000여 명의 고용창출 효과를 지닌 군도 도시를 세우는 계획
이다. 이 군도는 수천 년의 역사를 가진 암스테르담의 도심과 연계하여
농경지, 생태주거지를 확보하는 데 그 목적이 있다. 이 계획은 바다와
투쟁하여 얻은 땅을 효율적이고 경제적 가치를 높이기 위해 어떻게 해
야 하는지 그 과정을 증명한다는 점에서 의미가 크다. 결국 이 정책의
핵심은 인공 섬의 도시를 만드는 데 들어간 비용보다 훨씬 큰 경제적,
문화적, 사회적 가치 개발에 있다.

이 사업은 바다를 향해 열린 '공원도시'의 개념에서 시작되었다. 처
음에는 바둑판처럼 조밀한 도시계획이 인구밀도를 높이고 그 때문에

외레스타드 프로젝트. ⓒGNU Free Documentation License

자연환경이 훼손된다는 이유로 생태학자와 사회학자들의 거센 반발을 샀다. 이들은 땅의 가치가 아무리 비싸도 영속성 도시를 건설하기 위해서는 그 어떤 공해도 용납할 수 없다고 판단했다. 결국 도시계획 사업은 전면 수정 작업에 들어갔다. 그 결과 공공장소, 산책로, 해수욕장, 공원, 도로, 사생활 공간에서 흘러나오는 하수처리 문제를 해결하고, 전 지역은 자동차 운행 대신 도보와 자전거전용도로로 구획했다. 공공시설은 자연생태공원 등의 조성으로 자연환경을 오염시키는 문제를 완전히 제거하여 현재 친환경 도시사업이 추진되고 있다.

외레스타드 사업은 덴마크의 수도 코펜하겐 부근의 아마게르 항구에 추진되는 개발정책이다. 이 사업은 주민 2만 명, 학생 2만 명이 거주하고 8만 명의 고용창출을 목적으로 추진되었다. 1993년 코펜하겐 도시화 사업으로 추진된 이 개발사업은 인구증가를 해결하기 위한 주택

건설의 사업이 아니라 덴마크 정부의 확고한 정치적 의지로 추진되는 혁신도시사업이다.

이 사업의 특징은 오랜 역사의 도시 코펜하겐과 공존하며 양립할 수 있는 도시개발로 21세기의 문화를 상징하는 건축과 자연의 도시를 추구한다. 이 도시의 형태는 폭 1킬로미터 미만에 5킬로미터 정도의 일직선형 구조로 계획된 특이한 지리적 특성을 띠며 수도와 국제공항을 연결하는 도심의 도로축은 스웨덴의 3대 도시인 말뫼와 연결된다.

말뫼는 12세기에 건설된 도시로 도시의 역사적, 지리적 특성을 인정받아 2001년 유럽연합은 '미래 도시'로 선정하기도 했다. 말뫼와 외레스타드의 용이한 접근성은 스웨덴과 덴마크의 경제, 사회, 문화활동에서 밀접한 협력관계를 형성했으며, 그 결과 코펜하겐과 말뫼를 잇는 외레순 다리가 건설되었다. 이 교량은 1999년 8월 15일에 완공된 유럽과 스칸디나비아 대륙의 해저터널을 지나 섬 위로 연결하는 거대한 규모

오슬로 센트럼. ⓒNora et Matthieu

현재를 진단하고 미래를 예측하는 영속성의 도시

오슬로 브요르비카 프로젝트. ©GNU Free Documentation License

의 사회간접시설로 2007년에는 차량 1500만 대, 열차 960만 대, 인구 2500만 명이 통과했다. 이 다리는 양국을 연결하는 교통로이자 외레스타드와 말뫼 도시의 지역 경제가 성장, 발전하는 데 결정적 역할을 했다.

외레스타드 도시에 설치된 공중궤도전철은 코펜하겐 도심에서부터 외레스타드 전 지역을 빠른 속도로 연결하며, 소음과 매연이 전혀 없는 이 무공해의 대중교통수단은 자연과 조화를 이루는 이동 교통수단으로 생태도시의 도시 정체성을 대변한다. 또 직선 도시만의 독특한 구조로 형성된 3줄의 긴 복도식 도로는 각각 독특한 산업 클러스터로 다양한 특징과 소재로 형성된 구역과 연결되어 새로운 감각의 다이내믹한 도시의 삶을 제공한다. 이 도시계획에서 강조되는 중요한 형태적 장점은 자연환경과 조화된 각 지역들이 '대학과 커뮤니케이션', '주거와 서비스', '쇼핑몰과 제3차 산업' 등의 특수하고 전문적인 상호의존관계를 형성한다는 데 있다.

　노르웨이의 수도 오슬로는 전체 면적의 70퍼센트가 숲과 호수로 이루어진 생태도시였다. 20세기 이후 도시가 커지면서 빙하로 만들어진 북쪽의 좁고 깊은 협곡 피오르에 주변 도시들이 만들어졌다. 이에 노르웨이 정부는 북쪽 협곡으로 퍼져 나가는 오슬로의 도시 팽창을 막기 위한 정책으로 브요르비카 항만 개발을 추진하고 있다. 이 개발사업은 도시의 중심 역할을 하는 항만에서 북쪽 협곡에 만들어진 피오르 도시와 연계하여 피오르에 세워진 도시들을 현대화하려는 개발정책이다.

　브요르비카는 노르웨이의 수도 오슬로를 대표하는 항만으로 2005년부터 현재까지 두 단계로 사업이 진행되고 있다. 첫 번째는 2005년부터 2010년까지 진행되는 브요르비카 터널공사로 이 터널은 길이 1100미터로 유럽대륙을 관통하는 E18번 고속도로와 연결된다. 두 번째는 2010년부터 2012년까지 진행되는 그 주변의 도시화 사업이다. 브요르비카 항만 바로 앞을 통과하는 해저도로는 노르웨이의 모든 해역을 연결하는 해안 고속도로의 주요 노선으로 옛 도크와 연결되어 새로운 교역의 중심지를 형성한다.

영속성의 도시를 추구하는 혁신정책

결론적으로 도시 영속성을 추구하는 개발정책은 전문적이고 합리적인 기준, 사업 관련자들의 사명감, 충분한 기간의 연구와 타당성분석, 사회 각 분야의 동의 등과 같은 과정을 거쳤을 때 가능하다.

도시개발이란 문화적 가치관을 지닌 도시의 탄생으로 이전에 생성된 문화와 자연환경을 다 지우고 새로운 모양의 건물을 건설하는 것이 아니다. 혁신도시, 미래까지 지속 가능한 영속성 도시, 문화를 창조하는 도시는 아무리 보잘것없어 보일지라도 역사의 흔적들을 제대로 보전하는 정책을 펴나갈 때 가능하다. 기업들의 건설 이익을 목적으로 추진하는 도시정책은 당장 부족한 주택은 마련할 수 있어도 도시의 영속성을 만들어내지 못한다. 도시개발의 최종 목적은 건설 이익이나 경제활성화가 아니라 바로 문화적, 인간적, 사회적 유산을 창조하는 데 있다. 도시의 정체성이 무엇인지 모르고 현상학적 본질을 무시한 개발정책은 아무리 도시의 겉모양과 이미지를 그럴듯하게 꾸미고 조작해도 진정한 의미와 가치가 존재하지 않는다. 도시정책이 정치공약, 정경유착, 친기업, 부동산 활성화, 비현실적 이상주의 등으로 추진된다면 그 정책은 지구를 오염시키고, 인간을 차별하고, 구속과 억압으로 인권을 짓밟아 민족의 번영을 방해하는 결과를 가져온다. 그 지역만의 유일한 문화, 자연환경과의 조화, 시골과 도시 간의 차별 없는 평등한 삶, 고유한 민족성과 세계의 발전을 동시에 추구하는 정책을 추진할 때 영속성의 도시로 변화할 수 있다.

영속성의 도시를 추구하는 혁신적 정책을 요약하자면 다음의 세 단계로 살펴볼 수 있다.

첫 번째는 도시가 당면한 문제점과 도시의 본질을 정확하게 인식하여 정체성을 회복하는 과정이다.

문제의 원인과 결과를 정확히 인식하려면 특정 분야가 아닌 모든 분야의 학문적·경험적 지식을 통해서 가능하다. 도시에 발생하는 각종 범죄, 차별, 불평등, 고립, 권력 남용, 부정부패 등의 문제들은 사회의 한 요인에서 발생하지 않기 때문이다. 즉, 사회에 같은 종류의 범죄가 자주 발생했다면 그 원인은 그 지역 행정기관의 무능력뿐만 아니라 도시의 사회·정치체제, 사회 관행, 지역공동체, 경제상황, 문화 혜택, 교육 수준, 자연환경 등에 있다. 그러므로 도시의 문제점을 해결하려면 모든 지식의 상호관계로 형성된 철학적 관점의 합리론으로 접근해야 한다.

합리론은 마치 거울에 비친 사물을 보듯 도시의 실재적 모습을 통해 정체성을 발견하게 한다. 정체성은 자신의 실제 모습을 이성적으로 바라보거나 상대방에 비친 자신의 본질을 깨닫게 될 때 발견하는 자기반성이다. 인간은 타인을 통해 자신의 존재를 확인하듯 도시도 사회, 인간, 자연, 세계 등의 구성 요인과 상호관계로 정체성이 정의된다.

맺음말

리커*는 정체성의 개념을 정의하기 위해 '자기반성적', '현상학적', '해석학적' 철학 관점으로 접근했다. '자기반성적' 관점은 사람들이 지금까지 살아오면서 무엇을 잘못했는지 어떤 모습으로 살아왔는지 반성할 수 있는 자아관념으로 여기에는 경험적 지식이 필요하다. 태어날 때 인간의 본성은 순수하지만 자기반성을 하지 않는 사람들은 삶에 대한 원칙과 정의를 지키고, 자신의 발전을 위해 노력하고, 타인을 존중하는 마음이 부족하다. 대신 그들은 자기의 세력을 과시하고 남을 괴롭히는 유아독존적 삶을 선호하는데 이는 자기반성과 정체성이 없기 때문이다.

정체성이 부재된 사람들은 세력 다툼에서 이기는 것이 인생의 최종 목적인 양 패배하면 깊은 우울증에 빠져 자살까지 서슴지 않는다. 자신의 실체를 정확하게 인식하지 못하기 때문에 중도의 길 대신 출세를 위해 앞만 보고 마구 달리거나 자신을 죽음으로 내모는 극한 길을 택한다. 인간이 자기반성을 통해 자신의 정체성을 재발견하는 일은 인간의 영혼을 가장 소중하게 여긴 소크라테스의 정신, '생각함으로써 존재'하는 데카르트의 방법적 회의론 그리고 칸트의 순수이성비판의 실천철학과 일맥상통한다. 따라서 도시정책은 과거를 돌아보는 반성적 관점을 중요하게 여기는 지식인들이 확립하고 추진할 때 그 정체성을 찾을 수 있다.

'현상학적' 관점은 사람들이 신학, 철학, 문화, 역사 같은 일관된 지식을 기초로 동일한 목적을 추구하는 상태를 말한다. 사람들이 추구하는 목적이 일치한다는 사실은 모든 사람이 공통된 관점으로 옳고 그름을 판단한다는 것이다. 공통적 관점은 합리적이고 변증법적 방법을 통

---

*   Paul Ricoeur, *Soi-meme comme un autre*, Seuil, 1990.

해 타당성, 예술성, 실용성 등의 가치가 검증됨을 의미한다.

'해석학적' 관점은 단순한 기호학적 해석이 아니라 정확한 증거로 판단하는 것이다. 예를 들면 고대의 성경 구절에 대한 종교학자들의 공통된 주해, 문화재의 과학적 분석, 법률적 판례처럼 본질을 왜곡하지 않고 접근하는 경우다. 이 관점은 기억상실증에 걸린 사람을 치료하는 데 가장 효과적이며 과학적 방법이다. 기억을 되찾으려면 가상의 심리치료, 최면요법보다는 사실적 근거를 가지고 접근해야 한다. 즉, 자신이 태어난 장소, 어릴 때 가지고 놀던 물건, 가족, 연인, 친구 등의 증거를 많이 제시할수록 잃어버린 기억과 정체성을 회복하는 데 효과적이다.

마찬가지로 도시도 현재의 모습, 주어진 상황과 환경만으로 잃어버린 정체성을 회복할 수 없다. 도시가 재벌과 정치권력의 지배를 받고 부동산 투기의 장소로 인식된다면 도시의 정체성은 회복이 불가능하다. 국제도시, 경제도시, 세계디자인 도시 등의 외형적 정책이 아니라 잃어버린 도시의 정체성을 회복하는 정책이 우선적으로 추진되어야 영속 도시가 될 수 있다.

두 번째는 도시의 현재를 진단하는 과정이다.

과거를 돌아보아 정체성을 찾았다면 그 다음은 '형태학·지리학적', '사회학·정치학적' 그리고 '문화적' 기준으로 도시가 현재 정상적 기능과 역할을 하는지 진단한다.

소바즈*는 "유럽의 도시들은 '소시오그램'과 '소시오드라마Sociodrama'의 각본에 따라 형성되었다"고 말하며 도시를 사회성의 장소로 정의한다. 즉, 도시에서 벌어지는 모든 현상학적 징후의 원인과 결과는 바로

* André Sauvage, *Les habitants de nouveaux acteurs sociaux*, Harmattan, 1992.

사회학적 요인에서 기인한다.

1970년대 아메리카와 아시아의 신흥도시들은 기능을 중요하게 생각한 실용적·기호학적 관점을 강조하여 도시를 상품화했다. 이 현상에 대해 쇼애*는 "후기 현대주의의 기술과 과학의 영향으로 이전의 도시 감각이 사라져버렸다"고 지적했다. 그런데 그 시대의 현상이 아직까지 계속되어 현대도시는 교통과 운송의 유동성, 통신 및 전자 네트워크를 위해 바둑판 모양으로 행정구획된 거대한 철근 콘크리트 구조체가 되었다.

'형태학·지리학'적 기준은 과거에서부터 현재까지 형성된 형태학적, 지리학적 환경이 잘 보전되었는지, 어떤 미래 환경으로 변화해나갈 것인지 시민 삶의 환경을 점검하는 것이다. 도시를 거대한 규모의 교량, 터널, 공항, 발전소, 항만 등의 사회간접시설과 대형 건축물로 채우는 것은 이 기준을 상실한 결과다. 이런 도시의 정책은 마치 갈림길에서 어느 길로 가야 할지 동전을 던져 점치는 사람들이 만든 정책일 뿐이다. 즉, 그들이 공중으로 무심코 던진 동전의 앞뒷면을 따라 도시의 한쪽은 고층빌딩의 부동산 상품이 가득하고 다른 쪽은 버림받은 빈민가를 이룬다.

'사회학·정치학적' 기준은 도시가 시민을 귀빈처럼 부족함 없이 대접하는 특급호텔 같은 장소인지 아니면 피난민 수용소인지, 시민이 모두 지붕 있는 제 집에서 살아갈 수 있는 도시인지 아니면 길거리 한 구석에 방치해버리는 도시인지 알려준다. 이 기준은 반드시 지켜야 하는

•   Françoise Choay, *L'urbanisme, utopies et réalités. Une anthologie*, Points Seuil, 1965.

인간의 존엄성, 생존권, 안전, 자유, 평등을 의무적으로 보장하는지 진단한다. '사회학적·정치학적' 기준에 부합된 도시정책은 개인주의, 이기주의, 자기중심주의가 아닌 공리주의 사회를 추구한다.

'문화적' 기준은 시민의 공정하고 평등한 삶의 권리를 말한다. 인간은 누구나 태어나면서 죽을 때까지 타인과 차별 없이 평등한 삶을 살아갈 권리가 있으며 이 권리는 윤리학과 도덕정치에서 선택조항이 아니라 의무사항이다.

베버[*]는 이 권리에 대해 "도시는 시민이 신체적으로 건강하고 경제적으로 풍요하며 지적인 생활을 영위하여 서로 인격적으로 존중받도록 삶의 권리를 '보증'하는 것과 같다"고 했다. 여기서 보증은 개인의 신용과 담보의 보증이 아니라 금융기관이 발행한 지급보증서 혹은 국가통수권자의 보증서처럼 엄청난 힘을 자랑한다. 따라서 도시에 사는 모든 시민은 부자든 서민이든 예술, 교육, 휴식, 관광, 의료 등의 혜택에 차별이 있어서는 안 된다.

세 번째는 도시를 치료하고 회복하기 위한 시스템의 확립이다.

도시를 치료한다는 것은 도시를 '기의', '기표'로 재생함을 의미한다. 도시의 기의는 도시의 본질, 기표는 도시를 형성하는 현상을 말하며 이 두 개념으로 도시의 정체성이 확립된다. 기의와 기표의 도시가 되려면 도시를 형성하는 모든 요인, 요소, 변수들이 서로 충돌하지 않고 상호관계를 유지하고, 견제하고, 검증하여 하나로 만드는 시스템의 방법에서 가능하다. 이것이 바로 도시 클리닉[**] 시스템이다.

- [*] Max Weber, *La ville, Aubier Champ urbain*, 1982.
- [**] Ville Clinique, 용어는 필자가 인류학 클리닉 이론을 적용하여 명명했다.

이 시스템은 가뉴뼁의 인류학 클리닉* 이론을 기초로 하여 도시가 실리적이고 '환대'의 장소이자 '예술 상징적' 장소가 되도록 변증법적 합리론으로 점검하고 통제한다. 또한 도시 전체를 하나의 합리적 체계로 본다. 도시에서 대립, 경쟁, 협력관계를 형성하는 사회, 정치, 과학, 경제, 도덕, 종교, 예술 등의 수많은 요인이 상호작용하고 의존하도록 체계를 형성한다.

도시에서 인간의 문화는 언어학, 활동학, 사회학, 가치론의 네 가지 문화로 형성되었기에 이 시스템은 네 개의 영역에서 도시의 현재를 진단하고 미래를 예측한다.

언어학은 설득하고 표현하기 위한 '수사학적', 운율이나 글자에 제약받지 않고 자유롭게 쓰는 '산문학적', 실질적인 결과가 중요한 '과학적', 아름다운 표현의 '시적', '신비적', 객관적 사실이 바탕이 되는 '논리적' 영역으로 거짓, 사기, 모방, 왜곡, 선전 등의 말과 어휘는 제외한다. 따라서 도시의 정책은 타당성을 설득하고, 과학적으로 증명되고, 아름답고 논리적이어야 한다.

활동학 관점에서 도시는 '효율성', '실용성'의 장소이자 '예술품', '불후의 걸작'이 되어야 한다. 즉, 도시는 경험주의를 근거로 철저하게 효율성을 검증하는 동시에 매혹적이고 경이로운 '마법'의 장소를 만들어 시민의 삶을 기쁘게 한다.

사회학에서 도시는 더불어 사는 '사회정치학', '사회성'의 장소다. 따라서 얼굴과 성격이 전혀 다른 사람들과 함께 살아야 하므로 도시는

---

* Jean Gagnepain, "Du vouloir dire", T1 *Pergamon* 1982, T2 *Livre et Communication*, 1991.

'유연성', '합창'의 장소가 되어야 한다. 우연히 만난 사람들과 자유롭게 화음을 맞춰 합창을 하듯이 시민이 도시 정체성의 중요성을 인식하고 더불어 사는 사회구조와 체제가 형성되어야 한다.

가치론은 도시가 '도덕', '신뢰', '단결', '존중', '애국심'이 존재하는 장소를 뜻한다. 시민이 집, 이웃, 동네, 지역, 도시, 국가를 사랑할 수 있다는 사실은 곧 그 도시가 멸망과 죽음의 길이 아닌 영속성의 미래를 향해 발전하고 있음을 증명한다.

따라서 국가의 모든 정책은 바로 이 네 개의 합리론 시스템에서 그 실현 가능성이 결정된다. 언어학 관점에서는 철학, 역사, 과학, 사상, 예술 분야의 학자들이 설정한 기준에 근거해 정책의 타당성을 결정해야 하며, 활동학 관점에서는 경제, 기술, 미학, 건축, 도시계획, 조경 분야의 전문가들이 제시한 기준으로 검증해야 한다. 사회학 관점에서는 사회학, 정치학 분야의 학자들이 제시하는 기준을 따라 판단해야 하며, 가치론 관점에서는 도덕, 윤리, 교육, 법, 행정, 인류 분야의 학자들이 제시하는 기준을 바탕으로 결정해야 한다.

생명력 없는 '디자인 수도'는 '소모품 도시'

서울시는 디자인의 성과를 인정받았기에 2010년 세계 도시들과의 경쟁을 통해 세계디자인수도로 서울이 선정됐다고 한다. 또 동대문디자인플라자 같은 디자인사업을 통해 서울디자인 발전에 대한 서울시의 확고한 의지·정책성·시정개발계획에 국제적인 인증·관심을 받으려 한다고 한다. 그러나 도시는 인류 역사와 문화의 총체적 장소이지 상품이 아니다. 세계디자인수도협회라는 사립단체가 감히 다른 도시와 비교 심사해서 선정할 수 없으며, 도시에 국제적 인증을 부여해 평가한다는 것 자체도 이치에 어긋나는 말이다.

따라서 서울시의 이 행사는 업적 과시·홍보를 위해 세계디자인수도협회라는 단체를 이용한 것밖에 그 이상의 의미도 가치도 없다.

도시는 동대문디자인플라자 같은 건물 수십 개를 만든다고 해서 세계디자인수도로 평가될 수 없으며 평가돼서도 안 된다. 이런 건물들의 출현은 600년 서울 역사에 전혀 무지한 어느 외국인에게 국민의 혈세를 설계비로 지급하면서 영광의 감사패까지 수여하는 꼴불견의 결과만 자초할 뿐이다. 서울시가 동대문이라는 장소를 통해 세계적으로 인정받는 디자인 수도가 되고자 했다면, 외국인보다 한국의 역사·사회·민속학자들에게 동대문의 수백 년에 걸친 역사적 흔적과 동기를 찾아 재건해야 했을 것이다.

도시가 무엇인지 기본 개념조차 무지한 서울시는 하나의 맥락을 가진 서울이 아니라 괴상한 모양의 건물들을 이곳저곳에 세워 파면으로 파열된 도시로 변질시키고 있다.

도시의 정체성은 기괴한 건축물의 건설이 아니라 전체 맥락을 준수하는 디자인으로 형성된다. 로마 바티칸 시는 세계인에게 삶의 생명력을 불러일으키는데, 그 정체성은 바로 도시의 연속성과 맥락에서 나타난다. ⒸDiliff

도시를 디자인한다는 것은 도시에 생명력을 부여한다는 의미다. 도시의 생명력은 시간을 초월해 수천 년이 지나도 같은 장소로 존재하는 불변성에서 탄생한다. 유럽의 성당·시청·광장 등의 장소들이 수세기가 지나도 계속 같은 모양의 공공장소로 생명력을 유지하는 것과 같다. 도시의 생명력은 박물관에 가둬놓은 유물이나 바리케이드로 막아놓은 유적지, 입장료를 내고 들어가는 고궁이 아니라 실제로 시민들이 수백 년 동안 도시의 일상적인 공간으로 살아가는 장소에서 만들어진다.

한국에서 간혹 건설 허가의 조건으로 건축물 존치기간을 50년으로 요구하는데, 이는 건축을 인간의 삶이 영원토록 지속되는 생명력의 장소로 간주하는 것보다 시한부의 콘크리트 덩어리로 보기 때문이다. 건축은 내부구조와 겉을 싸고 있는 재료들이 낡아 안전에 위험한 시기까지만 존재하고 그 다음 재건축·재개발로 당연히 사라지는 대상으로 판단한다.

그래서 한국의 도시는 문화와 역사의 흐름에 공존하는 유기체가 아니라 사용하다 낡으면 새것으로 갈아치우는 소모품으로 채워져 있다. 세월이 지날수록 건물에서의 삶이 황폐해져서 재개발한다는 것은 그 건물이 처음부터 인간의 삶을 위해 태어난 장소가 아니라 공급과 수요의 거래에 의해 만들어졌기 때문이다.

그렇다면 도시의 생명력은 어디서 만들어지는가? 바로 도시의 맥락을 형성하는 일치·조화의 개념에서 만들어진다. 조화는 한 장소에 색상·높이·재질이 같은 건물을 세웠거나 똑같은 건축양식·유행의 건물들을 모아놓았다고 형성되지 않는다. 다른 목적의 건물들과 그 지역의 도시·자연환경이 하나가 돼 변함없이 오랜 세월을 지속해야 가능하다. 즉, 도시는 눈에 보이는 것 이외에 인간의 감정과 본질이 동시에 존재하는 예술철학의 주관성과 객관성, 감각과 관념으로 정의돼야 한다.

고대 그리스·로마 시대부터 추구된 도시의 아름다움에 대한 정의는 데카르트, 칸트, 부르디외 등의 철학·인문사회학적 사유를 통해 도시의 실체가 무엇인지 명백히 드러나게 되었다. 도시의 디자인은 도시 전체를 한 맥락으로 전제한 마스터플랜으로 추진해야 제멋대로 생긴 건물들은 스스로 퇴출돼 조화가 형성된다. 이런 원칙 없이 마구 건설되는 대형 고층빌딩들은 전혀 예측하지 못한 불상사의 잔해로 간주될 뿐이다.

600년 역사를 가진 서울로 복원하지 않고 불협화음의 건물들을 계속 만든다는 것은 도시 디자인의 기본 개념조차 보지 못하는 눈먼 인간들이 권력을 차지하고, 제멋대로 자신들의 욕망을 채우는 데 급급하다는 것이다.

—《경향신문》 2010년 3월 20일자

시민의 결단만이 '돌연변이 사회' 바꾼다

오늘날 대도시는 인구 1000만 명이 넘는 메트로폴리탄이다. 이 거대도시는 '발전'과 '돌연변이'의 두 유형이 존재한다. '발전'된 도시는 인류 사회의 오랜 역사적 경험을 토대로 확고부동한 사회체제로 형성된 도시다. '돌연변이'는 원칙 없이 커진 변태적 도시다. 발전된 도시는 가정과 사회 활동이 보장되는 혁신적 정책에 의해 이루어진다. 또 다면성과 균등성의 두 시나리오에 의해 확립된다.

다면성이란 특정 직업적 관점이 아니라 사회 모든 직업의 포괄적 관점으로 도시의 가치를 증명하는 다가치적Polyvalent 개념이다. 균등성은 사회를 형성하는 경제·정치·사회·인구·문화·영토 분야가 동시에 함께 발전하는 균형을 의미한다. 균등성이 없는 사회의 어느 한 분야에서 문제가 발생하면 사회 전체가 피해를 입는다.

한국은 눈부신 경제성장을 자랑하지만 기업의 성장일 뿐 사회는 늘 혼란과 불안정의 연속이었다. 다면성과 균형이 무시된 정책이었기에 사회 전체가 뇌물·청탁에 연루된 부정부패의 나라가 되었다.

정치가들은 시민사회를 위한 도덕과 철학적 사고보다 국회 다수석 차지·지자체선거의 승패 결과에 집착했고, 제왕처럼 시민 위에 군림했다. 그 결과 전국의 수천만 평의 자연은 신도시의 이름 아래 우후죽순 세워진 건물수용소로 변했다. 도표의 수치로만 증명되는 경제성장을 정책 타깃으로 추진했던 고위공직자 대부분은 강남과 전국에 부동산을 소유하고 있다.

금융위기로 서민 경제는 수년간 참혹한 상황인데, 재벌기업의 재산은 계속 늘어났다. 수출 확대·경제 안정·건설 회복을 위한 정책은 고환율·부자 감세·부동산 규제 완화·건설보조금 지원으로 기업의 배만 가득 채웠고, 국토의 주요 부지는 그들의 소유물로 전락했다. 경제대국이 되려는 한국의 정책은 결국 황금만능주의 돌연변이 사회를 만들어, 개인·기업·정부의 부채가 국내총생산의 두 배인 2300조 원에 이른다. 한국의 부채비율이 다른 국가보다 양호해도 차별 없는 사회를 추구하는 개혁이 없다면 한국의 미래는 어둡다.

앞으로 부동산의 거품가격은 구매가격 이하로 더 폭락할 것이고 많은 기업이 도산할 것이다. 출산율은 감소하여 많은 학교가 사라지고, 복지 예산 부족으로 더 많은 노인과 노숙자들이 길거리에 내버려질 것이다. 그렇다면 한국에 어떤 혁신정책의 시나리오가 제시되어야 하는가?

혁신은 공무원과 기술자들의 조작과 법안의 의회 통과·예산 확보를 결정하는 정치인들의 찬성과 반대로 만들어지지 않는다. 경제·사회·정치·문화·인구 등 전 사회 분야의 지식인들의 공통된 관점에서 가능하다. 경제는 서비스와 생산에서 이익을 내는 게 목적이지만 재벌·투자자 당사자들이 그 이익을 독식한다면 사회는 불균등·차별사회로 변질되어 기능이 마비된다.

경제 이익은 사회에 환원되어 국가를 발전시켜야 부정부패·재벌 세습의 악습을 끊을 수 있다. 정치는 도시와 시골, 부자와 서민이 평등하게 사는 권리를 보장하는 것이지 호화 청사 건설, 국제행사 유치 등의 허세가 아니다.

사회는 시민이 더불어 사는 사회공동체로 진실과 신용의 정치체제만이 사회 불균형·차별·부정부패를 방지하고 활력의 도시 삶을 공급하여 국가를 발전시킨다. 그래서 도심은 광장·공원·도서관·공연장·문화시설 등의 사회공동체의 장소로 거듭나야 한다. 문화는 종교·예술·커뮤니케이션·도덕·교육으로 도시의 삶을 변화시켜 인류의 가치를 업그레이드해야 한다.

인구는 도시가 발전 쇠퇴하는 핵심 요인으로 맞벌이 부부의 아이를 위해 탁아소·유아원의 전문시설과 저소득층 가정의 교육·의료·생계·주택을 정부가 전부 책임져야 증가한다.

건설은 토건재벌의 종합건설제도·턴키제도를 폐지해야 중소전문기업이 성장하고 주택시장이 안정된다. 공공기관의 낙하산 인사는 철폐하고 공직자들의 부정부패를 철저히 감시하는 시스템이 필요하다.

국회위원·지자체장은 국민투표 결과와 별도로 위장 전입·병역·탈세·투기 등을 검증하고 법적 권한을 부여해야 한다.

전국의 부동산은 정부고시가와 물가상승률로 통제하고 생산 이외의 목적으로 소유한 부동산들은 매년 높은 세금을 매겨 강제 징수해야 한다. 건물의 건폐율·용적률·환경구역 등의 법안은 지자체와 국토해양부가 아닌 학자 중심의 국토심의위원회에서 결정해야 한다. 하지만 이러한 개혁의 실현은 좌파·우파, 보수·진보의 세력 다툼의 결과가 아니라 전 시민이 공감한 결단에서 이루어지기에 개혁이 어렵다.

시민들이 여론에 휩쓸려 합리성 없이 특정 정당에 표를 몰아주는 사건이 또 재발한다면 사회개혁은커녕 자기 욕심만 채우는 또 다른 파렴치범에게 국가의 재산과 국민의 운명을 맡기는 것과 같다.

― 《경향신문》 2010년 4월 26일자

신도시는 '비인간적 도시'

정부는 최근 서민주택 공급을 위해 그린벨트를 해제하고 수도권 다섯 곳을 보금자리 주택지구로 선정했다. 언론들은 이 지역의 대지·농지 시세와 건설 분양가의 시세차익이 없어 돈 많은 기업이나 투자자들에게는 매력 없는 사업이라고 예측한다. 왜 서민들을 위한 주택공급이 수지타산의 방식으로 거론돼야 하며, 누가 무슨 논리와 개념으로 이런 정책을 결정했는지 그 근거를 검증해야 한다.

기존 도시는 낙후된 채 수십 년간 방치하고, 수도권의 환경을 위해 반드시 빈곳으로 보전해야 할 자연을 일확천금을 노리는 노다지 땅으로 간주한 것이다. 마치 먹을 것을 찾아 돌아다니다 초원을 발견하면 즉시 황무지로 초토화시키는 메뚜기 떼들의 테러와도 같다.

세계 어디를 가더라도 도시는 그 지역의 특성과 사회공동체라는 사회체제에 의해 만들어졌다. 그리고 사회를 조정·통제하는 정치적·사회적 요인과 제도는 그 도시의 흥망성쇠를 결정했다. 예를 들면 유럽 고대시대의 원로정치는 로마제국의 로마네스크·비잔틴 도시를 만들었고, 중세의 봉건·군주정치는 가톨릭 고전도시로, 그리고 근세의 공화정치는 산업·공업 도시로 변화시킨 것을 보면 그 유래를 알 수 있다.

오늘날 정보사회는 수백만 명 이상의 인구가 집중된 거대한 몸집의 도시, 메트로폴리스를 형성하게 했다. 도시 개념에 무지한 사람들은 이 방대한 도시를 마치 경제성장, 문화 발전, 주거환경의 혁신적 결과로 착각한다. 사실 한쪽은 현대화의 첨단시설이고, 다른 쪽은 서민들을 내팽개치는 불균

한국의 신도시개발은 지역민을 내쫓고, 지역 특성과 사회공동체 개념을 상실한 채 진행된다. 사진은 최근 신도시로 확정된 개발 지역 현장. ⓒ혁신도시 빛가람

등한 사회의 두 얼굴을 가진 야누스Janus의 괴물과 같다.

　도시의 중심은 아파트의 집합체가 아니라 교육·문화·사회적 장소로 형성돼야 한다. 그러나 부동산 거래가 도시정책의 핵심이다 보니 사회, 시민이 없는 광대한 건물 집합소만 만들고 있다.

　도시 개념이 망각된 정책에 의해 외곽에 건설된 신도시들은 인간적 도시보다는 비인간적 도시다. 인간적 도시는 성격, 특징, 형태, 주위 환경 등으로 명확하게 정의된 장소들이 도시의 중심을 이루고 있다. 즉, 도시의 중심은 시장, 공원, 산책로, 야외 강당, 광장, 공연장 등의 사회적 공공장소로 이뤄져 시민들에게 힘차고 생동감 있는 사회활동을 제공한다.

　비인간적 도시는 기능은 있지만 특징과 의미가 상실된 전철역, 공항, 병원, 고층아파트 단지 등의 장소로 구성된다. 1960년대 미국 대부분의 슬럼가와 유럽 외곽도시에서 발생했다. 그러나 한국은 오늘날까지 이런 비인간적 도시만을 반복해 건설하는 심각한 과오를 범하고 있다.

　도시를 개발하는 정책은 대체도시화의 방법론으로 추진돼야 한다. 이는 도시 주위에 이미 형성된 기존의 동네·마을들을 중심으로 도시화하고, 대도시와의 연계를 통해 대도시의 수준 높은 문화적 삶을 공유하는 방법이다. 하지만 한국의 도시개발은 5퍼센트의 강남부자와 재벌들이 60퍼센트 이상의 시민들 주거지를 점령하여 흔적조차 싹 쓸어버리고 고층아파트촌을 만들어 부동산 재테크로 이용한다.

　그리고 그곳에서 수십 년 동안 살아온 시민들은 도시 외곽으로 쫓겨나 불안정하고 덧없는 하루살이의 삶을 살면서 폭력과 범죄자의 희생양이 되고 있다. 정치가들은 이런 정책이 합리성의 검증보다 경제적 효과, 정치적 의지, 그리고 최종 결과가 더 중요하므로 시민들은 무조건 복종해야 한다고 착각한다.

　정책은 시민들과의 협의와 납득의 결과이지, 지배하고 다스리는 설득의

대상이 아니다. 시민들이 검증하고 동의하는 절차를 무시하는 정책은 합리
성과 객관성이 결여됐다는 의미로 절대 추진해서는 안 된다. 만일 그래도
강행한다면, 이 도시의 미래는 선진국과 동일한 세계화로 향한 발전의 변
화보다는 암흑과 재앙의 후퇴만 있을 뿐이다.

— 《경향신문》 2010년 4월 3일자

'서울디자인' 도시 정체성이 없다

도시의 정체성은 어떻게 정의되어야 하는가? 만일 도시가 '살기 편하
다'는 기능만으로 만들어졌다면 그곳은 빽빽하게 배치된 고층아파트만 가
득할 것이다. 파리 근교 '천국'이라는 고급아파트에 사는 어느 부인은 "커
다란 콘크리트 건물 구멍 안에 사는 두더지 같다. 먼지나 소리 없이 조용한
이 아파트가 감옥 같아 고통스럽다. 시간이 빨리 가라고 창문 아래의 자동
차 숫자나 세고 있다"고 말한다. 모양은 천국이지만 실제 삶은 지옥인 것
이다.

도시는 인간의 삶이 연출되는 무대로, 훌륭한 연기는 시나리오에서 만
들어진다. 사람들이 볼 연극을 선택할 때 광고보다 줄거리를 챙기고, 표지
의 화려함보다 내용으로 책을 구매하는 것처럼 도시라는 무대는 고층빌딩
보다 감동적인 시나리오가 더 중요하다. 이것이 도시의 정체성을 결정한
다. 도시의 시나리오는 그 형태와 사회적 요인, 역사의 보전, 도시의 다이
내믹성과 품격을 지키는 도덕성, 유동성으로 완성된다.

도시 형태란 지리적·건축적·자연생태적 요인으로 구성된 도시의 스타
일과 영역이며, 사회적 요인은 사회활동의 모든 분야를 합리적으로 운영하
고 결과에 책임을 지며 발전의 의무를 다하는 정치·사회시스템을 의미한

다. 역사의 보전은 도시에서 인간의 삶과 존재성을 증명하며, 도덕성이란 무례하고 자기 욕심만 채우는 원시인을 인격적인 인간으로 행동하게 하는 규범과 원칙이다.

유동성이란 도시와 지방을 연계해 균등한 삶을 이루는 네트워크다. 이 중 역사의 보전은 도시 정체성을 증명하는 가장 중요한 개념으로 그 가치는 개인의 소장품이 아니라 공공의 것일 때 나타난다. 어느 재벌의 빌딩이 불에 타버렸다면 이는 단순히 재산 유실이지만 숭례문 화재는 온 국민을 비탄에 잠기게 했다. 인간은 살면서 각자의 역사를 만들지만 보전 가치는 공공성에서 비롯된다.

선조들이 살았던 장소는 우리의 근원과 실체를 증명하는 중요한 증거다. 조상에게 부동산을 상속받았다는 사실은 일확천금의 행운이 아니다. 철저하게 보존하여 후세들에게 상속해야 하는 의무를 뜻한다. 또 과거의 잘못을 뉘우치지 않는 인간들을 고발해 반성하게 만든다. 한국과 같은 민족분단의 시련을 거친 독일은 과거 독재자들이 극악무도한 행위를 저질렀던 장소들을 보전하여 전 세계에 낱낱이 고발하지만 한국은 역사적 증거들을 부동산 요지로 둔갑시켜 팔아버렸다.

4년 동안 약 400만 명 이상의 유대인과 폴란드인을 학살하고 그들의 신체로 비누·카펫·수제품 등을 만들었던 아우슈비츠 수용소, 유대인들을 잡아 아우슈비츠로 보냈던 베를린의 안알터Anhalter역의 장소는 그 당시 상황을 그대로 보전하고 있다.

한국은 1995년 민족정기 부활을 외치며 일제침략의 상징인 조선총독부를 소멸시켰다. 50년 동안 정부청사로 사용한 일제의 건물을 사라지게 한 것은 일제가 36년간 저지른 학살과 만행의 장소도 역사에서 사라지게 한 것이다. 처참했던 위안부들의 삶, 독립열사의 사지와 목을 자르는 대학살, 문화의 말살행위를 전 세계에 고발해 민족의 명예를 회복하는 일이 그 건

폭격으로 폐허가 된 베를린 중심의 안알터역은 나치의 만행을 인류의 후손들에게 폭로하기 위해 부서진 모습 그대로 70여 년간 보전되고 있다. 그러나 우리는 일제가 저지른 잔학한 만행의 장소가 어디인지, 그런 일이 있었는지조차 알 수 없다.

물을 때려 부수는 것보다 더 진정한 민족정기의 부활이었을 것이다.

한국 고유문화를 말살하는 일제 무단정치에 대항해 1919년 3월 1일 일어난 독립민족운동은 주요 지도자들이 종로구 경운동에서 모여 협의하고 인사동 태화관에서 독립선언문을 완성했다. 독립운동으로 많은 독립열사들이 경성복심법원에서 형을 선고받아 서대문형무소에 수감되었고, 유관순 열사는 고문으로 순국했다. 하지만 이 민족독립운동이 실제로 일어난 장소에는 볼품없는 콘크리트 기념비만 있고, 엉뚱한 곳에 세워진 거창한 기념관에서의 '전설의 이야기'가 되었다.

3·1운동은 폭력의 투쟁이 아닌 정의와 인도주의를 내세운 평화 시위였다. "조선의 독립운동은 인류의 보편적 가치와 동양의 평화로 세계평화와

인류 행복에 필요한 계단이 되기 위한 목적이다"라는 독립선언문은 우리 선조들의 인격과 성품이 얼마나 고귀했는지를 증명한다. 그러나 그 고귀함과 성스러움의 장소인 옛 종로의 흔적은 사라지고, 지금은 부동산 건물들로 난장판이다.

　민족대표 48인이 태어나 살아온 실제의 장소는 보전되어 있는지, 도시 어디에서 무슨 일이 벌어졌는지, 어떻게 살았는지 흔적도 기억도 남아 있지 않다.

　영광스럽고 숭고한 선조들의 역사적 장소를 보전하기는커녕 꼴불견의 재개발로 민족정기를 말살하면서 세계를 향해 서울디자인 만세를 외치고 민족의 긍지를 운운하고 있다.

– 《경향신문》 2010년 2월 27일자

ㄱ

가뉴뺑Jean Gagnepain _ 33, 169, 192, 317

가톨릭교회 _ 42, 64, 66~67, 71, 73, 138

개별도시Individual City _ 253

개별화 _ 86, 116

개체화 _ 86, 116

경험적 지식 _ 34, 49

계급사회 _ 65, 76, 125

계약정치 _ 40

고대도시 _ 19~20, 26, 93, 102, 105, 173

고전도시 _ 19~20, 26, 60, 62, 70, 88, 93, 96, 108~109, 155, 172

공공장소 _ 159, 230, 249~252, 256, 300, 302, 307

공동체주의 _ 138

공화정치 _ 38, 40, 74, 76, 325

과학철학 _ 53

교외 _ 31, 155

구스타프 아돌프 왕 _ 274

구트킨트Erwin A. Gutkind _ 171

구획도시Sectionalized City _ 253

귀르비치Georges Gurvitch _ 153

그랑파리 _ 94, 246~248

그로Gros _ 65

그림쇼Nicholas Grimshaw _ 177

근교 _ 31, 82, 87~88, 242~243

근대사회 _ 59

근접성 _ 133~134, 304

글로벌리즘globalism _ 163~166, 224~ 225, 227

글로컬리즘Glocalism _ 163~165, 224~ 225, 235, 276

기분Stimmung _ 207

기의 _ 51, 54, 316

기표 _ 51, 54, 316

길드 _ 67, 73, 110, 138

ㄴ

낭시Jean-Luc Nancy _ 291

농경사회 _ 20, 59~61, 63~64, 68, 83, 86, 93

뉴암스테르담New Amsterdam _ 174

뉴앙굴렘New-Angoulême _ 173

ㄷ

대도시 계곡Metropolis Valley _ 27

대우주 세계 _ 93, 100~101, 216, 239

대체도시화 _ 158~159, 163, 239, 246, 259, 265, 326

대체도시화 정책 _ 258~259

데이Jacques Theys _ 257, 277

데카르트René Descartes _ 206, 293, 313, 321

데카르트 이원론 _ 54, 100

도덕문화 _ 55, 57

도덕철학 _ 122
도시 다이너미즘Dynamism _ 28~30,
  101, 116, 133
도시 유동성 _ 30, 46, 163, 177, 217,
  220, 239, 247, 250, 266
도시 클리닉 _ 316
도시개발정책 _ 78, 81, 180, 257,
  267~268, 270, 277~298
도시공동체 _ 33, 39
도시사회학 _ 19, 103, 139, 200
도시의 권력 _ 143~145
도시정책 _ 25, 219, 277, 280, 303,
  311, 316
도심 _ 31~32, 87~88, 155, 157, 219,
  243, 245, 323
돔 구조 _ 177
드레스덴 _ 96~97

ㄹ

라데팡스 _ 165
라루스Pierre Larousse _ 45
라이프치히 선언Leipzig Charter _ 267
랑가주Langage _ 200~201
랑그Langue _ 54
레글Lydie Laigle _ 284
레미제라블Les miserables _ 65, 67~68,
  105~106
로컬리즘localism _ 163~166, 270
루소Jean-Jacques Rousseau _ 105, 185~
  186
르 그랑파리Le Grand Paris 사업 _ 161
리스본 _ 274~275
리우 선언Rio Declaration _ 267
리커Paul Ricoeur _ 296, 313
린치Kevin Lynch _ 159

ㅁ

마르크스Karl Marx _ 86, 223
마셜플랜 _ 78
마이크로코즘microcosm _ 21, 92
말레비치Kazimir Malevici _ 183
말뫼 _ 308~309
망쟁David Mangin _ 253
매듭Node _ 135
매크로코즘macrocosm _ 21, 92
메갈로폴리스megalopolis _ 7
메를로퐁티Maurice Merleau-Ponty _ 295,
  297
메타포라metaphora _ 51
메트로폴리스 _ 20, 26, 28, 60, 79~
  83, 87~88, 98, 155, 160, 171, 240~
  241, 325
메트로폴리스의 외곽 _ 80, 83
메트로폴리스화 _ 241
메트로폴리탄 _ 19, 27, 93, 102, 104,
  155, 224, 322
모자이크 공동체 _ 139
몽쟁Olivier Mongin _ 171, 183
《물질과 기억》 _ 303
므뉘Menu _ 65
미래의 탄생Futur de Nascer _ 295
미학 _ 54, 206
밀스Charles Wright Mills _ 144

ㅂ

바상Michel Bassand _ 33, 134, 171, 235,
  259
바우반 생태지역 프로젝트 _ 268
바움가르텐Alexander Gottlieb Baumgarten
  _ 54
반동단체 _ 141~142

방리유Banlieue _ 84, 242

법철학 _ 53~54, 122

《법철학 강요》 _ 54

베르그송Henri Bergson _ 303

베르크Augustin Berque _ 292, 297

베버Max Weber _ 190, 316

벨Daniel Bell _ 81

보편타당성의 도시 _ 9, 25~27, 137

보편타당성의 복합체Universal
   Complexity _ 9, 26

본체Noumenon _ 208

봉건사회 _ 20, 60~61

부겔Guy Burgel _ 171

부르댕Alain Bourdin _ 32

부르디외Pierre Bourdieu _ 210, 321

부르주아 _ 34, 63~69, 71~76, 78,
   105, 108, 126, 221

부르즈 칼리파 _ 237

브룬트란트 보고서 _ 257

브요르비카 _ 310

비동빌bidonville _ 77, 195, 245

비인간적 장소 _ 82

빌르Ville _ 172, 174~176, 178

ㅅ

4대강 _ 222, 248, 262, 272

4대강 사업 _ 91, 96, 197

사회계약 _ 105

사회공동체 _ 20~22, 32, 39, 76, 81,
   94, 103, 105, 116, 118, 121, 133,
   137~139, 141, 152, 163, 167, 169,
   194, 203, 210, 221, 260, 323, 325

사회성 _ 29, 116~117, 133, 210

사회적 요인 _ 115~116

사회적 장소 _ 39, 90, 129, 153, 163

사회혁신 _ 223, 235

산업도시 _ 19~20, 26, 60, 70, 81,
   102, 108~109, 155

산업사회 _ 64, 71, 81, 86, 109, 221

산업혁명 _ 21, 37, 68, 75, 104, 127,
   157, 215, 224

삶의 철학Biosophie _ 292~293

상층계급 _ 37, 64, 87, 128, 135, 221

상호의존관계 _ 25, 39, 47, 133~134,
   224, 227, 256, 302, 309

새만금 간척사업 _ 286

생태도시화 _ 284

선진 7개국G7 _ 77, 224~227

세르Michel Serres _ 292

세상에서 사람이 살 수 있는 장소
   Ecouméne _ 292

세종시 _ 96~98, 222, 248, 262, 272

세키Bernardo Secchi _ 290

소바즈André Sauvage _ 33, 134, 174,
   314

소베Marc Sauvez _ 276

소쉬르Ferdinand de Saussure _ 51, 54

소시오그램Sociogram _ 179, 314

소시오노믹Socionomique _ 143

소시오드라마Sociodrama _ 314

소우주 세계 _ 92, 100, 239

소피아 _ 52

소피아앙티폴리스 _ 97, 286

쇼애Françoise Choay _ 78, 180, 315

스키마Schema _ 208

스탈린그라드 대로 _ 161

스토아철학 _ 122

스톡홀름의 생태지역 _ 268

스피리투스Spiritus _ 53

슬로터다이크Peter Sloterdijk _ 290, 292
   ~293, 298

시니피앙signifiant _ 51
시니피에signifié _ 51
시민공동체 _ 72, 76, 110, 121, 133,
  150, 230
시민단체 _ 21~22, 39, 132, 137, 143,
  152, 188
시민연합체제 _ 152~153
시테Cité _ 19~20, 24, 60~63, 93,
  102, 172, 174~176, 184~187, 242
시티바스Citivas _ 60, 102
시화방조제 사업 _ 287

ㅇ

아렌트Hannah Arendt _ 190
아리스토텔레스 _ 50, 189, 293, 295
아베 피에르 _ 140
아비투스Habitus _ 210
악티알리자시옹Artialisation _ 208~209
안알터Anhalter 역 _ 328
알바슈Maurice Halbwachs _ 181
알보그 선언Alborg Charter _ 267
암스테르담 _ 305~306
앵트라뮈로스Intra-muros _ 242
언어공동체 _ 139
언어문화 _ 55
언어철학 _ 53~54
에덴 프로젝트 _ 177
에마위스 _ 140
에멜리아노프Cyria Emelianoff _ 257,
  302
에이뷔르흐 개발사업 _ 306
에이IJ 프로젝트 _ 305
에코시티프로젝트 _ 279~280
연합정치 _ 40
영리단체 _ 141~142

영속성 _ 188, 263
영속성 도시 _ 7, 217, 257, 265, 269,
  270, 300~302, 307, 311
영토 _ 45~46, 60, 234, 277, 305
예술철학 _ 53~54, 56, 206
예테보리 _ 274~275
《오디세이아》 _ 189
오슬로 _ 310
외곽 _ 82, 87~88, 104, 155, 160, 242
  ~243, 245, 266, 326
외곽도시 _ 46, 162, 183
외곽전철RER 사업 _ 243
외레순 다리 _ 308
외레스타드 _ 309
외레스타드 사업 _ 307
요나스Hans Jonas _ 292
요크 공작Duke of York _ 174
〈우리 공동의 미래Our Common Future〉
  _ 46, 257
유네스Chris Younès _ 289, 293, 305
유동률Flux _ 135
유럽부흥계획ERP _ 78, 195
유럽연합 _ 77, 85, 110, 122, 225, 267
은유법Metaphor _ 51
의제Agenda 21 _ 266
의회정치 _ 40, 43, 282
이중성 _ 278, 288
인간적 장소 _ 82
인공 섬 팜 아일랜드 _ 177
인류학 철학 _ 53~54
인류학 클리닉 _ 10, 169, 172, 317
《일리아스》 _ 189

ㅈ

자연 그 자체Physis _ 294

자연계약Contrat Nature _ 292
《자연학Physique II》_ 295
자치도시 _ 190~192, 302
잠재공동체 _ 140
재벌 세력 _ 72, 145, 148, 158
절대군주 사회 _ 35, 68, 108
절대주의Suprematism _ 183
정보사회 _ 20, 60, 81, 84, 86~87,
    151, 207, 217, 325
정신철학 _ 53
정의단체 _ 141
정책의 결정 _ 145, 147
정체성 _ 29, 82, 118~119, 133~134,
    167~168, 301, 312~313
정치권력 _ 40, 42, 145~146, 157~
    158, 221
정치철학 _ 40~41, 43, 53, 106~107
제논Zenon de Citium _ 122
제유법Synecdoche _ 50
제이콥스Jane Jacobs _ 170
제1현대시대 _ 68, 75, 154
제2현대시대 _ 68, 154
제3계급 _ 61
조반니 다 베라차노 _ 173
주요 20개국G20 _ 8, 77, 90, 224~
    227, 284, 288
중간계층 _ 37, 69, 72, 87
중세도시 _ 62, 68~70, 83, 93, 102,
    105, 154~155
중세사회 _ 65, 67
중재이론 _ 25, 33~34, 169, 174, 192
지멜Georg Simmel _ 207
지식철학 _ 53
지향공동체 _ 140

ㅊ
차별사회 _ 34, 43, 63, 105, 120, 125
    ~126, 129, 136, 183, 241, 261,
    267, 276~277, 323
최하층 계급 _ 87

ㅋ
카시러Ernst Cassirer _ 209
칸트Immanuel Kant _ 206, 208, 210,
    313, 321
코뮌Commune _ 172, 174~176, 189~
    191
코펜하겐 _ 307~309
콜로라도 스프링 시 _ 243
쿠폴coupole _ 291
쿨투라Cultura _ 50
쿨투스Cultus _ 50
쿨하스Rem Koolhaas _ 183

ㅌ
테라Terra _ 45
투렌Alain Touraine _ 81, 215

ㅍ
파롤Parole _ 54
파코Thierry Paquot _ 45
파트리시아트Patriciate _ 64
팡탱보비니 _ 160
페토네Colette Pétonnet _ 192
폴리스Polis _ 19, 60, 102, 172, 189~
    190, 289
풀러Buckminster Fuller _ 177
프랑수아 1세 _ 173

프랑스 시민혁명 _ 20~21, 59, 68~
    69, 74~75, 111, 138, 186, 215, 224
프랜차이즈 _ 253~254
프랜차이즈 도시Franchise City _ 253~
    255
프로이트Sigmund Freud _ 198
플라이스토세Pleistocene _ 48
플라톤 _ 50, 293
피라미드식 계급 _ 87
필로소피아Philosophia _ 52
필로스 _ 52

ㅎ

하버마스Jürgen Habermas _ 85
하이데거Martin Heidegger _ 294

하층계급 _ 69, 128
행정권한 _ 145
헌터Floyd Hunter _ 145
헤겔Georg Wilhelm Friedrich Hegel _ 54
헤로도투스 _ 50
혁신정책 _ 9, 224, 235, 249, 256~
    258, 263, 265, 297
호메로스 _ 189
홀로세Holocene _ 48
환유법Metonymy _ 51
휴머니즘 _ 122~123, 303
휴먼타운 _ 299~300
흐름도표Flow Chart _ 135
히스토르ἵστωρ, hístōr _ 50
히스토리아Historia _ 50
히스토리History _ 50